HORST EHMANN

Betriebsrisikolehre und Kurzarbeit

Schriften zum Sozial- und Arbeitsrecht

Band 44

Betriebsrisikolehre und Kurzarbeit

Zur Verlagerung des Lohnrisikos im Arbeitskampf und Arbeitsfrieden

Von

Dr. Horst Ehmann

o. Professor an der Universität Trier
Richter am OLG Koblenz

DUNCKER & HUMBLOT / BERLIN

Gedruckt 1979 bei Berliner Buchdruckerei Union GmbH., Berlin 61
Printed in Germany

ISBN 3 428 04406 1

Die Menschen aber sind der Meinung, es sei in ihre Macht gegeben, Unrecht zu tun und deshalb sei es auch leicht, gerecht zu sein. Aber so ist das nicht. Die Frau des Nachbarn verführen, den Mitmenschen mißhandeln oder jemand ein Bestechungsgeld in die Hand drücken, das ist freilich leicht und in ihre Macht gegeben. Aber so handeln auf Grund einer ganz bestimmten, festen Grundhaltung, das ist nicht leicht und nicht in ihre Macht gegeben.

(*Aristoteles*, Nikomachische Ethik, Buch V, Kap. 13)

Vorrede

Der Erste Vorsitzende der Industriegewerkschaft Metall, *Eugen Loderer*, hat auf der sog. wissenschaftlichen Veranstaltung seiner Gewerkschaft am 13. September 1973 in München in seiner Begrüßungsansprache erklärt, die Probleme des Arbeitskampfs müßten aus den Studierstuben und Gerichtssälen heraus in eine Diskussion im größeren Kreis der Hauptbetroffenen überführt werden.

Die rechtspolitische Kampagne, die in den inzwischen vergangenen fünfeinhalb Jahren dieser Ankündigung folgte, ist mit großem Geschick geführt worden und hat in Wissenschaft und Rechtsprechung sichtbare Erfolge gezeitigt; die entscheidenden höchstrichterlichen Urteile des Bundesarbeitsgerichts und des Bundesverfassungsgerichts zur Aussperrung und zur Betriebsrisikolehre sind allerdings noch nicht gefällt.

In bezug auf die Betriebsrisikolehre sagte der Vorsitzende *Loderer* in seinem Schlußwort damals in München, die Grundsatzforderung der Gewerkschaft könne nicht darauf gerichtet sein, die Bundesanstalt für Arbeit zahlungspflichtig zu machen, deren Beiträge letztlich allein von den Arbeitnehmern aufgebracht würden.

Obwohl die zur Begründung dieser Forderung dienende Behauptung offensichtlich unrichtig ist, wird man einem Gewerkschaftsführer auf einem solchen Kongreß derartige Propagandaworte nachsehen müssen. Wenn jedoch auch Professoren und Richter zu solchem Ergebnis kommen, sind die Methoden ihres Erkenntnisstrebens zumindest kritisch zu prüfen.

Eine Reihe von Autoren und Instanzgerichten sind seit 1973 — sicherlich in guter sozialer Absicht — zu dem Ergebnis gekommen, daß auch außerhalb der Leistungsverbote des § 116 AFG und der Neutralitäts-Anordnung keine Zahlungspflicht der Bundesanstalt für Arbeit entstehe, weil der Arbeitgeber zur Lohnzahlung verpflichtet bleibe, so daß die Regelung der §§ 70, 116 AFG praktisch leer laufe.

Das Reichsgericht hat schon im Jahre 1923 „aus sozialen Rücksichten" den Grundsatz: Ohne Arbeit kein Lohn (§ 323 BGB) durchbrochen und das Betriebsrisiko grundsätzlich dem Arbeitgeber aufgebürdet; damals aber gab es für die mittelbar betroffenen Arbeitnehmer noch kein Arbeitslosen- oder Kurzarbeitergeld, nicht einmal Fürsorgeleistungen des Staates, die soziale Rücksicht war daher wohl begründet.

Heute sind jedoch die Arbeitnehmer auch im Arbeitskampf sozial weitestgehend gesichert; außerhalb der Leistungsverbote der Neutralitäts-Anordnung geht es für sie nur noch um die wenigen Prozentpunkte Differenz zwischen dem steuerfreien Kurzarbeitergeld und dem vollen Nettolohn.

Wenn daher heute aus „sozialen Gründen" die Verlagerung des arbeitskampfbedingten Lohnrisikos auf den Arbeitgeber gefordert wird, sind diese Prozentpunkte nur noch ein Vorwand zur Kostenverlagerung des Lohnrisikos von der Bundesanstalt für Arbeit auf den Arbeitgeber, damit die Waffe des Schwerpunktstreiks schärfer wirkt.

Friedrich A. von Hayek, Nobelpreisträger und *Grand Old Man* der Liberalen Schule, hat bei seiner Festrede zur 25-Jahr-Feier des Walter-Eucken-Instituts am 8. Februar 1979 in Freiburg den Begriff „sozial" als ein *„weasel-word"* bezeichnet und das dahingehend erläutert: Ein Wiesel könne den Inhalt aus einem Ei so geschickt heraussaugen, daß das Ei leer sei, ohne daß man es dem Ei hinterher ansehe. Genau diese Eigenschaften hätten auch die Wiesel-Wörter, die einem anderen Wort beigefügt, dem Wiesel gleich, den Inhalt raubten.

Was sozial heißt, sagte *Hayek,* wisse niemand. Klar sei nur, daß eine soziale Marktwirtschaft keine Marktwirtschaft, ein sozialer Rechtsstaat kein Rechtsstaat *und* — wohl auch eine soziale Demokratie keine Demokratie sei.

Der alte liberale Meister hat wohl bewußt etwas über das Ziel hinausgeschossen, um zu warnen, Halt zu gebieten einer Entwicklung, die von einigen sogar in guter sozialer Absicht betrieben, mit bösen sozialen Folgen enden muß. Denn die geschlachtete Kuh gibt keine Milch mehr.

Fraglich ist allerdings, ob es noch einen Sinn hat, mit rechtswissenschaftlichen Argumenten und Methoden gegen derartige „*Bewegungen*“ anzukämpfen. Ist es nicht vernünftiger, dem Zeitgeist Rechnung zu tragen und trotz aller Bedenken den Dingen ihren Lauf zu lassen, vielleicht auf eine Tendenzwende zu hoffen?

Wenn Zweifel solcher Art auftauchen und Resignation sich auszubreiten droht, sucht man Rat und Trost, wo immer man ihn findet. Ich habe Hoffnungsvolles in den Worten des *Vorsitzenden Mao Tse-Tung* gefunden[1]:

„Die Geschichte der Menschheit ist eine Geschichte der ununterbrochenen Vorwärtsentwicklung aus dem Reich der Notwendigkeit ins Reich der Freiheit. Dieser Prozeß findet niemals ein Ende. In jeder Gesellschaft, in der es Klassen gibt, hat der Klassenkampf kein Ende. In einer Gesellschaft, in der keine Klassen mehr bestehen, wird der Kampf zwischen dem Neuen und dem Alten, der Kampf zwischen Richtigem und Falschem niemals zu Ende sein ...

Alle Ansichten, in denen Stagnation, Pessimismus, Tatenlosigkeit oder Überheblichkeit und Selbstzufriedenheit zum Ausdruck kommen, sind falsch.“

Also knüpfen wir ein paar Knoten weiter an dem großen Teppich der Rechtswissenschaft und vertrauen darauf, daß die Gerichtsbarkeit das Geflecht der Knoten ernst nehmen wird; denn in unserem Arbeitsrecht gilt heute weitgehend der Satz von *Justice Oliver Wendell Holmes*, daß Rechtswissenschaft nichts anderes ist als eine Prognose, ein Vorschlag allenfalls für die Entscheidungen der Gerichte.

Die Arbeit ist entstanden auf der Grundlage eines Gutachtens, das ich für die Bundesvereinigung der Deutschen Arbeitgeberverbände erstattet habe. Den Grundgedanken zur Wandlung der Normsituation der Betriebsrisikolehre durch die Möglichkeit der Gewährung von Kurzarbeitergeld an mittelbar vom Arbeitskampf betroffene Arbeitnehmer habe ich freilich bereits in meinem Habilitationsvortrag 1973 in Heidelberg dargelegt.

Jener Skizze war freilich noch viel hinzuzufügen, insbesondere war die Parallele zur Regelung des Lohnrisikos im Arbeitsfrieden zu ziehen und die beiden Regelungssysteme gegeneinander abzugrenzen.

Für wertvolle Mitarbeit habe ich zu danken meinen Assistenten Assessor Gerhard Müller, Assessor Hans Peter Viethen, den wissenschaftlichen Hilfskräften Jürgen Olk, Albert Marxen und Ulla Böttger sowie meiner Sekretärin, Frau E. Abarbanell, die mit Sorgfalt das Manuskript geschrieben und es durch alle Veränderungen hindurch unermüdlich betreut hat.

---

[1] *Mao-Bibel*, S. 238.

Inhaltsverzeichnis

Abkürzungsverzeichnis

AcP	=	Archiv für civilistische Praxis
ANBA	=	Amtliche Nachrichten der Bundesanstalt für Arbeit
AOG	=	Gesetz zur Ordnung der nationalen Arbeit v. 20. Jan. 1934 (RGBl. I S. 45) in der Fassung v. 30. Nov. 1934 (RGBl. I S. 1193)
AP	=	Arbeitsrechtliche Praxis, Nachschlagewerk des Bundesarbeitsgerichts (Sammlung der Entscheidungen des Bundesarbeitsgerichts, der Landesarbeitsgerichte und Arbeitsgerichte)
ArbG	=	Arbeitsgericht
ArbGeb	=	Arbeitgeber
ArbN	=	Arbeitnehmer
ArbR	=	Arbeitsrecht
AR-Blattei	=	Arbeitsrechts-Blattei
ARS	=	Arbeitsrechtssammlung mit Entscheidungen des Reichsarbeitsgerichts, der Landesarbeitsgerichte und Arbeitsgerichte
AuR	=	Arbeit und Recht, Zeitschrift für Arbeitsrechtspraxis
AVAVG	=	Gesetz über Arbeitsvermittlung und Arbeitslosenversicherung (aufgehoben, s. jetzt AFG) i. F. v. 3. 4. 1957 (BGBl. I S. 322)
Az	=	Aktenzeichen
AZR	=	Revisionen beim BAG
BAG	=	Bundesarbeitsgericht
BAGE	=	Entscheidungen des Bundesarbeitsgerichts
BAnstArb	=	Bundesanstalt für Arbeit
BB	=	Der Betriebs-Berater
BetrVG 1952	=	Betriebsverfassungsgesetz v. 11. Okt. 1952 (BGBl. I S. 681)
BetrVG	=	Betriebsverfassungsgesetz v. 15. Jan. 1972 (BGBl. I S. 13)
BGB	=	Bürgerliches Gesetzbuch
BGBl.	=	Bundesgesetzblatt
BGH	=	Bundesgerichtshof
BGHZ	=	Entscheidungen des Bundesgerichtshofs in Zivilsachen
BR	=	Betriebsrat
BRL	=	Betriebsrisikolehre
BSG	=	Bundessozialgericht
BSGE	=	Entscheidungen des Bundessozialgerichts

BVerfG	=	Bundesverfassungsgericht
BV	=	Beschlußverfahren bei ArbG
BvL	=	Normenkontrolle auf Vorlage der Gerichte beim BVerfG
BvR	=	Verfassungsbeschwerden beim BVerfG
DB	=	Der Betrieb, Wochenschrift für Betriebswirtschaft, Steuerrecht, Wirtschaftsrecht, Arbeitsrecht
EStG	=	Einkommensteuergesetz
FAZ	=	Frankfurter Allgemeine Zeitung
Ga	=	Arreste und einstweilige Verfügungen bei ArbG
GewO	=	Gewerbeordnung
GG	=	Grundgesetz
GMH	=	Gewerkschaftliche Monatshefte
HGB	=	Handelsgesetzbuch
JurA	=	Juristische Analysen
JuS	=	Juristische Schulung
JZ	=	Juristenzeitung
KSchG	=	Kündigungsschutzgesetz
LAG	=	Landesarbeitsgericht
MTV	=	Manteltarifvertrag
NAO	=	Anordnungen des Verwaltungsrats der Bundesanstalt für Arbeit über die Gewährung von Leistungen der Bundesanstalt für Arbeit bei Arbeitskämpfen (Neutralitäts-Anordnung) vom 22. März 1973
NJW	=	Neue Juristische Wochenschrift
RdA	=	Recht der Arbeit
RG	=	Reichsgericht
RGBl.	=	Reichsgesetzblatt
RGZ	=	Entscheidungen des Reichsgerichts in Zivilsachen
RVO	=	Reichsversicherungsordnung
SAE	=	Sammlung arbeitsrechtlicher Entscheidungen
Südd. Z.	=	Süddeutsche Zeitung
Ta	=	Allgemeine Beschwerdesachen bei LAG
TaBV	=	Beschwerdesachen in Beschlußverfahren bei LAG
TVG	=	Tarifvertragsgesetz
Z	=	Zusammenfassung
ZfA	=	Zeitschrift für Arbeitsrecht
ZR	=	Revision in Zivilsachen beim BGH

Ein vollständiges Verzeichnis der Registerzeichen ist abgedruckt bei *Schönfelder,* Deutsche Gesetze (Anhang I); vorstehend sind nur die wichtigsten, insbes. der zitierten unveröffentlichten Entscheidungen der Arbeitsgerichte angeführt. Die Punkte hinter den Kleinbuchstaben der Abkürzungen, die in den Fußnoten gesetzt wurden, sind nicht korrekt, wurden aber wie andere, die im fachlichen Gebrauch gleichfalls nicht üblich sind (z. B. BAnstArb.) zur Vermeidung von Fehlerquellen bewußt nicht korrigiert.

§ 1 Einführung

I. Fragestellung

Die gestellte Ausgangsfrage war, ob dem BR bei der Feststellung der Voraussetzungen der Betriebsrisikolehre (künftig: BRL) und der Geltendmachung der sich daraus ergebenden Rechte (Verweigerung der Beschäftigung, Einstellung der Lohnzahlung) ein Mitbestimmungsrecht gemäß § 87 Abs. 1 Ziff. 3 BetrVG oder entsprechenden tariflichen Regelungen zusteht.

Die Frage ist anläßlich des Arbeitskampfes in der Metallindustrie von Nordwürttemberg/Nordbaden im Frühjahr 1978[1] und des Stahlarbeiterkampfes im Winter 1978/79[2] praktisch geworden und in einer Reihe von Fällen bei Arbeitsgerichten rechtshängig gemacht und zum Teil auch schon entschieden worden[3].

Die Beantwortung der Frage ist jedoch in zureichender Weise nur möglich auf Grund einer Darlegung der verschiedenen *arbeits-* und *sozialversicherungsrechtlichen* Voraussetzungen und Rechtsfolgen der Rechtsinstitute *„Kurzarbeit"* und *„Betriebsrisikolehre (mit Sphärentheorie)"*.

II. Kurzarbeit und Betriebsrisikolehre

Die *Voraussetzungen* und *Rechtsfolgen* der Rechtsinstitute „Kurzarbeit" und „Betriebsrisikolehre (mit Sphärentheorie)" sind verschieden.

Im Ergebnis haben die beiden Institute jedoch eine vergleichbare, teilweise übereinstimmende Wirkung, indem sie dem ArbGeb. das *Lohnrisiko* abnehmen, es quasi für eine logische Sekunde auf den ArbN und dann über die §§ 63 ff. AFG großteils auf die Bundesanstalt für Arbeit (BAnstArb.) verlagern.

Auf Grund der Arbeitsverträge ist der ArbGeb. verpflichtet, den ArbN für die vereinbarte (betriebs- oder tarifübliche) Zeit Arbeit zu

---

[1] Vgl. z. B. die Berichte in *FAZ* v. 25. 3. 1978, S. 13; *Südd. Z.* v. 29. 3. 1978, S. 1.

[2] Vgl. dazu *FAZ* v. 29. 12. 1978, S. 11; *Südd. Z.* v. 3. 1. 1979, S. 17.

[3] Veröffentlicht sind z. B. *LAG Frankfurt*, DB 1978, 2496; *LAG Hamm*, DB 1979, 216; *ArbG Köln*, DB 1979, 457; auf einige unveröffentlichte Entscheidungen wird im folgenden Text eingegangen.

geben (Beschäftigungspflicht) und den dafür vereinbarten Lohn zu zahlen. Diese Rechtslage kann grundsätzlich nur durch *rechtsgeschäftliche Vereinbarung* oder *kraft Gesetzes* geändert werden; in der Regel muß der ArbGeb. die Arbeitsverhältnisse kündigen, wenn er sich von der Beschäftigungs- und Lohnzahlungspflicht befreien will. ArbGeb. und ArbN können sich jedoch auch durch Einzel- oder Kollektivvereinbarung über eine „Verkürzung der betriebsüblichen Arbeitszeit" mit der Folge entsprechender Lohnkürzungen einigen. Eine derartige *Einführung von Kurzarbeit* kann im *gemeinsamen Interesse* von ArbGeb. und ArbN liegen, weil so im Falle wahrscheinlich bloß vorübergehenden Arbeitsmangels „den ArbN die Arbeitsplätze und dem Betrieb die eingearbeiteten ArbN erhalten werden" (vgl. § 63 AFG). Weil dieses gemeinsame Interesse von ArbN und ArbGeb. zugleich ein *öffentliches Interesse* ist (die Erhaltung der Arbeitsplätze und funktionsfähiger Betriebe), wird das *Lohnrisiko* in derartigen Fällen in der Regel durch die Leistungen der BAnstArb. („Kurzarbeitergeld" gem. §§ 63 ff. AFG) großteils ausgeglichen, d. h. letztlich auf die von ArbN und ArbGeb. gemeinsam finanzierte BAnstArb. *verlagert*.

Die Beschäftigungs- und Lohnzahlungspflicht kann außer durch rechtsgeschäftliche Vereinbarungen jedoch auch *kraft Gesetzes* erlöschen. Dies gilt z. B. wenn die Arbeitsleistung der ArbN in weder von ihnen noch vom ArbGeb. zu vertretender Weise mit der Folge des § 323 BGB *unmöglich* wird und auch keine Ausnahmeregelung (z. B. §§ 615, 616 BGB) den Grundsatz: Ohne Arbeit kein Lohn, durchbricht. Auch die *BRL (mit Sphärentheorie)* ist eine derartige Regelung objektiven Rechts, die in entsprechender Weise kraft Gewohnheits-(Richter-)rechts während der Dauer arbeitskampfbedingten Arbeitsausfalls die Beschäftigungs- und Lohnzahlungspflicht des ArbGeb. suspendieren kann. Weil auch die *Tarifautonomie* und als deren letztes Mittel der Arbeitskampf im öffentlichen Interesse liegt, kann auch in solchen Fällen das Lohnrisiko durch Leistungen der BAnstArb. („Kurzarbeitergeld") ausgeglichen werden, sofern nicht durch solche Leistungen in die Arbeitskämpfe eingegriffen wird (§ 116 Abs. 1 AFG). Die Neutralitäts-Grenze für diese Leistungen der BAnstArb. wird durch § 116 Abs. 3 AFG i. V. m. der sog. Neutralitäts-Anordnung[4] (künftig: NAO) der BAnstArb. bestimmt.

Sowohl durch die *Einführung von Kurzarbeit* als auch auf Grund der *BRL* kann also über die ArbN das Lohnrisiko als Teil des Betriebs- und Wirtschaftsrisikos vom ArbGeb. großteils *auf die BAnstArb. verlagert* werden.

---

[4] Vgl. § 3 Fußn. 46.

III. Mitbestimmungsrecht kraft Begriffsvertauschung

Gemäß § 87 Abs. 1 Ziff. 3 BetrVG hat der BR bei „vorübergehender Verkürzung der betriebsüblichen Arbeitszeit" ein Mitbestimmungsrecht.

Die angeführte Umschreibung des Tatbestands des § 87 Abs. 1 Ziff. 3 BetrVG entspricht der Definition der „Kurzarbeit" durch rechtsgeschäftliche Änderung der Arbeitsverträge[5].

Wie bereits angedeutet, wird in Fällen einer derartigen mitbestimmungspflichtigen Einführung von Kurzarbeit regelmäßig zur weitgehenden Entlastung der ArbN vom Lohnrisiko Kurzarbeitergeld gemäß §§ 63 ff. AFG gewährt[6].

Kurzarbeitergeld kann jedoch auch dann gewährt werden, wenn infolge der Fernwirkungen von Arbeitskämpfen kraft objektiven Rechts (BRL mit Sphärentheorie) ein Betrieb infolge Liefer- oder Absatzstörungen vorübergehend stillgelegt werden muß[7].

Dieser Tatbestand hat ArbN, BRe, sonstige Laien und auch Juristen aller Qualifikationsgrade dazu verführt, auch die Fälle der vorübergehenden Betriebsstillegung auf Grund der BRL als *„Einführung von Kurzarbeit"* zu bezeichnen. Dieser juristische Terminus ist in diesem Zusammenhang weder *arbeitsrechtlich* noch *sozialversicherungsrechtlich* korrekt, weil die Gewährung von Kurzarbeitergeld gemäß §§ 63 ff. AFG nicht an den Begriff „Kurzarbeit" (den das AFG überhaupt nicht verwendet) anknüpft, sondern an den Begriff des *„Arbeitsausfalls"*.

Die bloß ungenaue und offensichtlich nicht korrekte Ausdrucksweise hat jedoch bei BRen, Gewerkschaften und Juristen zur *begriffsvertauschenden* Folgerung geführt, der BR habe auch bei der Feststellung der Voraussetzungen der BRL und der Geltendmachung ihrer Rechte (was auch als „Einführung von Kurzarbeit" bezeichnet wird) ein Mitbestimmungsrecht gemäß § 87 Abs. 1 Ziff. 3 BetrVG[8].

---

[5] Vgl. unten § 2 III u. § 3 IV, 2 und die dort gegebenen Nachweise, insbes. aber *Hueck / Nipperdey* I, S. 113. *Hueck* weist dabei darauf hin, daß *Siebert* (AR-Blattei, Arbeitszeit V; jetzt bearbeitet von *Farthmann*) der Definition das Merkmal „vorübergehend" hinzufügte und meint dazu, daß dies zwar richtig aber überflüssig sei, weil bei dauernder Verlängerung die neue Arbeitszeit zur betriebsüblichen werde.

[6] Näheres unten § 2 IV.

[7] Näheres unten § 3 III.

[8] So unrichtig *Simitis / Weiss*, DB 1973, 1244; ihnen folgend *Farthmann*, RdA 1974, 70; denen folgend dann *Borrmann*, DB 1978, 1980 (gegen diese vgl. die Ausführungen unten § 3 IV, 2 u. 3); auf der Grundlage jener Lehren unrichtig z. B. *ArbG Siegen*, Beschl. v. 4. 1. 1979 — 1 BV Ga. 2/78 —; *ArbG Siegburg*, Beschl. v. 3. 4. 1978 — 1 BV Ga. 2/78 —; *ArbG Düsseldorf*, Beschl.

Diese *Begriffsvertauschung* ist die *unlogische* Grundlage der Behauptung, die Einstellung der Lohnzahlung auf der Grundlage der BRL infolge der Fernwirkungen eines Arbeitskampfs sei nur wirksam, wenn der BR dem zustimme. Hinter dieser „unlogischen Grundlage" steht selbstverständlich ein *eminentes Interesse* der ArbN-Seite (BRe und Gewerkschaften), gerade im Arbeitskampf bei der rechtlichen Bewältigung der Folgewirkungen in Drittbetrieben beteiligt zu werden, um mit so vereinigten Kräften gemeinsam das *Kampfrisiko* zu Lasten der ArbGeb. verschieben zu können[9].

Es ist daher notwendig, im folgenden die *verschiedenen Interessenlagen* von Arbeitsausfällen auf Grund allgemeiner wirtschaftlicher Ursachen einerseits und arbeitskampfbedingter Störungen von Drittbetrieben andererseits aufzuzeigen sowie die verschiedenen rechtlichen Voraussetzungen und Rechtsfolgen von „Kurzarbeit" und „Betriebsrisikolehre (mit Sphärentheorie)" klarzulegen[10].

IV. Interessenlage im Arbeitskampf und Arbeitsfrieden

1. Das Pentagramm der Interessen

Es ist zu einfach, das Problem der Verlagerung des Lohnrisikos im Arbeitskampf und Arbeitsfrieden nur als Interessengegensatz zwischen ArbGeb und ArbN zu verstehen, wie es mehr oder weniger unbewußt fast allgemein geschieht. Die zu beachtenden Interessen sind vielmehr in einer Mehrzahl von Polen gelagert, zwischen denen die verschiedensten Spannungen bestehen. Im Kernbereich des Interessengeflechts ist jedenfalls deutlich ein Fünfeck zu erkennen, dessen Eckpunkte sind: die Arbeitnehmer — der Betriebsrat — die Gewerkschaft — der Arbeitgeberverband — der Arbeitgeber.

Der Staat in den verschiedensten Gestalten unmittelbarer und mittelbarer Staatlichkeit, in denen er in diesem Interessenbereich wirksam

v. 29. 12. 1978 — 1 BV Ga. 31/78 — und noch a. m. Zweifelnd dagegen *LAG Frankfurt*, Beschl. v. 3. 4. 1978 — 5 Ta. BV Ga. 27/78 —, S. 13 f. (insoweit nicht abgedruckt in DB 1978, 2496). Richtig dagegen *LAG Hamm*, Beschl. v. 3. 11. 1978 (DB 1979, 217): „Soweit abweichend von den allgemeinen Grundsätzen der Betriebsrisikolehre der Arbeitgeber zur Verweigerung der Lohnzahlung in den Fällen berechtigt ist, in denen infolge eines Arbeitskampfes im eigenen oder Drittbetrieb die Arbeit ruhen muß, bedarf es — wie dargelegt — der Einführung von Kurzarbeit nicht." Richtig auch *ArbG Düsseldorf*, Beschl. v. 29. 12. 1978 — 2 BV Ga. 32/78 —.

[9] Zum Verbot der Kumulation arbeitsrechtlicher Macht und Schutzprinzipien vgl. unten § 4 III, 3 um Fußn. 74; IV, 2 um Fußn. 102; § 5 III, 4 b um Fußn. 55 u. 59.

[10] Zur Kurzarbeit vgl. § 2; zur BRL vgl. §§ 3 u. 4; zur Ersetzung der BRL durch das Institut der Kurzarbeit vgl. § 2 V (Existenzrisiko) und § 5 („arbeitskampfbedingtes Lohnrisiko").

wird — als Gesetzgeber, als Arbeitsamt, als Bundesanstalt für Arbeit, als Arbeits- oder Sozialgerichtsbarkeit — ist als zentripedale Kraft im Mittelpunkt dieses Fünfecks zu erkennen, dort darum bemüht, die auseinanderstrebenden Interessen und Kräfte beieinander zu halten und auszugleichen mittels Geldleistungen (Arbeitslosen- oder Kurzarbeitergeld), rechtlichen Regeln (Kurzarbeit, BRL, NAO), dem Prinzip der Kampfparität[11], Verwaltungsakten und Richtersprüchen sowie allen anderen rechtlich zulässigen Formen staatlicher Machtausübung.

Die Interessenlagen und Spannungen zwischen den verschiedenen Polen und die Möglichkeiten staatlicher Einflußnahme sind verschieden im *Arbeitskampf* und im *Arbeitsfrieden.*

2. Im Arbeitsfrieden

a) Das Interesse des Arbeitgebers

Leicht verständlich und „natürlich" ist das Interesse des ArbGeb, keinen Lohn zahlen zu müssen, wenn er keine Gegenleistung dafür erhält, denn er hat den Lohn nur für Arbeit versprochen und er muß mit den Arbeitsleistungen die Löhne erwirtschaften. Der ArbGeb kann nicht — wie die Staaten es manchmal tun — Geldscheine drucken und ohne Gegenleistung ausgeben.

Das ist die tatsächliche Basis des rechtlichen Grundgedankens: Ohne Arbeit kein Lohn (§ 323 BGB).

b) Das Interesse der Arbeitnehmer

Ebenso leicht verständlich und auch „natürlich" ist das Interesse eines ArbN, Lohn auch in solchen Zeiten zu erhalten, in denen er seine ihm in der Zeiteinheit nur einmal zur Verfügung stehende Arbeitskraft nicht einsetzen kann. Arbeitsleistungen können im Unterschied zu Sachleistungen nicht nachgeholt werden, sie werden mit der vergehenden Zeit unmöglich. Hinzu kommt, daß die Arbeitskraft und der damit zu verdienende Lohn die wesentliche, manchmal einzige „Existenzgrundlage" eines ArbN ist. Darauf ruht der Gedanke der Durchbrechung des § 323 BGB aus „sozialen Gründen" und damit der Grundgedanke der Lohnfortzahlung.

Je größer die Organisation des ArbGeb, d. h. dessen Betrieb ist und je singulärer und zeitlich kürzer die Unmöglichkeit der Arbeitsleistung des ArbN ist, desto mehr ist es gerechtfertigt, dem einzelnen „kleinen

[11] Ein „probates Instrument zur Erfüllung der Integrationsaufgabe des Staates", so treffend *Mayer-Maly* (DB 1979, 98) unter Hinweis auf die staatskirchenrechtliche Herkunft des Paritätsprinzips.

Mann" das Lohnrisiko abzunehmen und es auf die größere, leistungsfähigere Einheit zu verlagern (z. B. § 616 Abs. 1 BGB).

Wenn jedoch die Unmöglichkeit der Arbeitsleistung nicht nur „eine verhältnismäßig unerhebliche Zeit" anhält oder keine singuläre, sondern eine *Massenerscheinung* ist, sind je nach Größe des Betriebes auch der Verlagerung auf den ArbGeb einsichtige wirtschaftliche Grenzen gesetzt.

An diesen Grenzen würde der Interessengegensatz zwischen ArbN, deren soziales Schutzbedürfnis nicht geringer ist, wenn auch der ArbGeb die Last nicht mehr tragen kann, und den ArbGeb unversöhnlich werden, wenn nicht ein ausgebautes Sozialversicherungssystem diese Risiken auf ein größeres Kollektiv verlagern und damit gleichzeitig die ArbN-Interessen schützen und den ArbGeb von untragbaren Lasten befreien würde.

Für das Lohnrisiko infolge vorübergehender wirtschaftlicher Schwierigkeiten geschieht dies insbesondere durch die Leistung von *Kurzarbeitergeld* gemäß §§ 63 ff. AFG.

Insoweit als die ArbN derartiges Kurzarbeitergeld erhalten, verletzt der Wegfall der Lohnzahlungspflicht nicht mehr ihre elementaren Interessen; im Gegenteil, es kann ihnen evtl. sogar vorübergehend einmal ganz angenehm sein, größere Freizeit zu erhalten, die mit 68 % steuerfreiem Kurzarbeitergeld (das kann nach dem Lohnsteuerjahresausgleich, je nach Steuerbelastung bis über 90 % des Nettogehalts sein) „bezahlt" wird. Durch die Leistung der BAnstArb wird der Interessengegensatz zwischen ArbGeb und ArbN in derartigen Fällen also weitgehend versöhnt[12].

In Einzelfällen kann für einzelne ArbN allerdings eine andere Interessenlage bestehen; sie können u. U. auf die Differenz zwischen Kurzarbeitergeld und Nettogehalt angewiesen sein. Dieses singuläre Interesse muß jedoch gegenüber dem allgemeinen Interesse an der Erhaltung der Arbeitsplätze und des Betriebs zurücktreten.

c) Das Interesse der Gewerkschaft

Die Gewerkschaft vertritt zunächst die Interessen ihrer Mitglieder, darüber hinaus die Interessen aller ArbN eines Betriebes, für den sie zuständig ist, noch weitergehend beansprucht sie für die gesamte Arbeitnehmerschaft und auch das allgemeine Wohl zu sprechen und zu handeln.

---

[12] Vgl. dazu auch unten § 2 V; § 3 IV, 3 b.

Zu beachten ist aber auch, daß sowohl die Organisationen der Einzelgewerkschaften als auch die Dachorganisation des Deutschen Gewerkschaftsbundes nicht bloße Interessenorganisationen sind, sondern auch Machtgebilde, deren Spitzenfunktionäre vom Willen zur Macht beseelt sind und ihre Organisationen auch zu diesem Zweck einsetzen; dies dient freilich teilweise — vielleicht sogar überwiegend — wieder der bestmöglichen Wahrung der Interessen der Mitglieder und der Arbeiterschaft, jedoch die verfolgten Ziele gehen darüber hinaus[13].

Im konkreten Fall der wirtschaftlichen Schwierigkeiten eines Betriebs überwiegt jedenfalls auch für die Gewerkschaft das Interesse, den Betrieb und die Arbeitsplätze möglichst zu erhalten. Die Gewerkschaften sind daher grundsätzlich damit einverstanden, daß in solchen Fällen eines „vorübergehenden, unvermeidbaren Arbeitsausfalls" Kurzarbeit eingeführt wird und die ArbN des Betriebs sich zum Zwecke der möglichen Erhaltung des Betriebs und ihrer Arbeitsplätze für vorübergehende Zeit mit Kurzarbeitergeld statt Lohn zufrieden geben. Diese Entscheidung der Gewerkschaften in einem derartigen Interessenkonflikt wird durch alle die *Tarifverträge*[14] bestätigt, in denen „bei dringenden betrieblichen Erfordernissen" oder „aus wirtschaftlichen Ursachen" zur Einführung von Kurzarbeit „durch Betriebsvereinbarung" oder „mit Zustimmung des BR" ermächtigt wird.

d) Das Interesse der Arbeitgeberverbände

Eher noch als die Gewerkschaften müßten die Arbeitgeberverbände gemäß den Gesetzen der Marktwirtschaft ein Interesse daran haben, daß schwach gewordene Unternehmen aus dem Wettbewerb ausgeschieden werden. Subventionen, auch in der Form von Kurzarbeitergeld, verzerren den Wettbewerb und führen zu dem Vorwurf, daß die Gewinne privatisiert, Verluste aber sozialisiert würden. Dennoch müssen auch die Arbeitgeberverbände bei vorübergehenden Schwierigkeiten dem Interesse an der Erhaltung funktionsfähiger Betriebe und deren Arbeitsplätze den Vorrang geben.

Ebenso wie die Gewerkschaften bestätigen die Arbeitgeberverbände diese Entscheidung in solcher Interessenlage durch den Abschluß von *Tarifverträgen* mit Kurzarbeitsklauseln[14].

e) Das Interesse des Betriebsrats

Eigene Interessen hat der BR theoretisch nicht zu vertreten, er will freilich auch wiedergewählt werden, einzelne BR-Mitglieder wollen

---

[13] Vgl. *Hayek*, Verfassung der Freiheit, S. 339 ff.; *Beyme*, Gewerkschaften, S. 112 ff.; *Scholz*, Gewerkschaften, S. 86 ff.

[14] Vgl. die unter § 2 II, 2 und § 3 IV, 6 angeführten Beispiele.

auch über Gewerkschaftslisten einen Sitz im Aufsichtsrat erhalten oder haben sonstige Karriereerwartungen; im übrigen aber ist es das Amt des BR, die Interessen der ArbN (der Belegschaft) zu vertreten, dabei soll er auch die Interessen (das Wohl) des Betriebs beachten und mit den im Betrieb vertretenen Gewerkschaften zusammenwirken (§ 2 BetrVG).

Diese Aufgabenstellung kann den BR ganz allgemein in die verschiedensten Interessenkonflikte bringen: zwischen den Interessen der ArbN und denen des Betriebes; zwischen den Interessen einzelner ArbN und der Belegschaft als Ganzes; zwischen den Interessen des Betriebs (und auch der ArbN des Betriebs) einerseits und der Gewerkschaft andererseits.

Im Falle eines vorübergehenden Arbeitsausfalls aus wirtschaftlichen Ursachen ist jedoch auch für die BRe im allgemeinen die Entscheidung vorgegeben: allenfalls gegen die Interessen einzelner ArbN werden sie im Interesse der Erhaltung des Betriebs und seiner Arbeitsplätze der Einführung von Kurzarbeit zustimmen, jedenfalls dann, wenn die ArbN für den Lohnausfall Kurzarbeitergeld erhalten können[15].

f) Die öffentlichen Interessen

Die Erhaltung von Arbeitsplätzen und funktionsfähigen Betrieben liegt auch im *Interesse der Allgemeinheit*. Darum hat die staatliche Gesetzgebung in den §§ 63 ff. AFG die Einrichtung des Kurzarbeitergeldes geschaffen. Das Kurzarbeitergeld überbrückt den Interessengegensatz zwischen dem ArbGeb, der möglichst vom Lohnrisiko entlastet sein möchte, und den ArbN, die dieses Risiko grundsätzlich nicht übernehmen können, weil sie für sich und ihre Familie auf den Lohn angewiesen sind. In der Regel werden die ArbN, Gewerkschaften und BRe daher der Verkürzung der Arbeitszeit mit der Folge der Lohnminderung (Kurzarbeit) nur zustimmen, wenn die Lohneinbußen der ArbN zumindest durch Kurzarbeitergeld ausgeglichen werden.

Die Einrichtung der Kurzarbeit und die Zahlung des Kurzarbeitergeldes dient daher nicht nur vordergründig der Erhaltung der Arbeitsplätze und der Betriebe, sondern auch weitergehend dem sozialen Schutz der ArbN und dem sozialen Frieden in der Arbeitswelt; es macht die Bewältigung wirtschaftlicher Krisen auch durch Vereinbarungen zwischen ArbGeb einerseits und ArbN und BRen im Zusammenwirken mit den Gewerkschaften andererseits leichter oder oft gar erst möglich.

---

[15] Vgl. dazu auch unten § 2 III; § 3 IV, 1 - 3.

g) Das Regelungssystem zum Ausgleich der Interessen

Die dargestellten gegensätzlichen Interessen zwischen ArbGeb und ArbN und ihren Organisationen bei massenhaftem Arbeitsausfall infolge unvermeidbarer wirtschaftlicher Ursachen gleichen sich nicht von selbst aus; unreguliert müßten sie unversöhnlich aufeinanderstoßen; der Kampf würde viel Schaden verursachen und keine Gewähr für ein gerechtes Ergebnis bieten.

Materiell sind zum Ausgleich dieser Interessen die finanziellen Leistungen durch die BAnstArb notwendig.

Formell ist zum Ausgleich dieser Interessen ein rechtliches Regelungssystem erforderlich, das im einzelnen in der folgenden Arbeit dargestellt wird, dessen Grundprinzipien jedoch sehr einfach und daher praktikabel sind.

Ob Kurzarbeit eingeführt werden soll, kann der ArbGeb mit den ArbN bzw. mit dem BR durch Einzel- oder Kollektivvereinbarung grundsätzlich frei vereinbaren[16]. Ob Kurzarbeitergeld bezahlt wird, entscheidet die BAnstArb nach den Regeln der §§ 63 ff. AFG[17].

Wie die Erfahrung zeigt, funktioniert das System im *Arbeitsfrieden* bestens, weil jedenfalls, wenn Kurzarbeitergeld bezahlt wird, die Interessengegensätze praktisch aufgehoben sind. ArbGeb und ArbN sitzen in einem Boot, das sie retten wollen, die Gewerkschaften und die BRe unterstützen die Rettungsaktion und die BAnstArb versorgt die ArbN.

3. Im Arbeitskampf

Das Regelungssystem der Einführung von Kurzarbeit kann bei Arbeitsausfällen infolge von Arbeitskämpfen nicht funktionieren, weil die in dieser Zeit im Kampf liegenden Interessen eine vernünftige Vereinbarung verhindern.

a) Das Interesse des Arbeitgebers

Ohne Gegenleistung will der ArbGeb grundsätzlich keinen Lohn bezahlen; er weiß aber und ist seit langem daran gewöhnt worden, daß dieser Grundsatz aus sozialen Gründen mehrfach durchbrochen werden muß.

Im Arbeitskampf kommt jedoch hinzu, daß der ArbGeb keinesfalls die ihn bekämpfende Partei — und zwar weder die einzelnen ArbN noch deren Organisationen — unterstützen will.

---

[16] Vgl. unten § 2 II u. III.

[17] Vgl. unten § 2 IV.

Problematisch ist freilich die Abgrenzung des Kreises derer, die zur „gegnerischen" Partei und deren Organisation zu rechnen sind.

b) Das Interesse der Arbeitnehmer

Das Interesse der ArbN auf Lohn bleibt natürlich auch im Arbeitskampf und bei Arbeitsausfall infolge Arbeitskampfs unverändert. Nur wird ehrenhafterweise kein unmittelbar oder mittelbar am Kampf beteiligter ArbN erwarten, daß der bekämpfte ArbGeb ihm in solcher Zeit aus „sozialen Gründen" den Lohn fortzahlt. Das Problem ist wiederum die Bestimmung der Grenze zwischen *beteiligten* und *nicht beteiligten* ArbN. Die Grenze können aber die im Kampf befindlichen Parteien während des Kampfes nicht selbst bestimmen[18].

Bei Arbeitsausfall im Arbeitskampf geht es in der Regel auch nicht um die Existenz des betroffenen Betriebs und der Arbeitsplätze, sondern um *Erfolg* oder *Nichterfolg im Arbeitskampf*. Die ArbN können daher kein Interesse daran haben, den ArbGeb im Arbeitskampf von der Lohnzahlungspflicht zu entlasten; den ArbGeb durch den Streik zu schädigen, bis er nachgibt, ist vielmehr das legitimierte Kampfmittel des Arbeitskampfs.

Vor allem ist im Arbeitskampf zur Wahrung staatlicher Neutralität aber auch die Zahlung von Kurzarbeitergeld eingeschränkt und es kann nicht erwartet werden, daß die ArbN innerhalb des Geltungsbereichs dieser Leistungsverbote selbst mit der Einstellung der Lohnzahlung durch den ArbGeb einverstanden sind, wenn sie wegen der Leistungsverbote der NAO kein Kurzarbeitergeld erhalten[19].

Außerhalb der Leistungsverbote der NAO werden einzelne ArbN, deren Arbeitsleistungen infolge der Fernwirkungen eines Arbeitskampfs unmöglich werden, freilich manchmal auch denken, daß die paar zusätzlichen Tage (ausnahmsweise gar Wochen) Freizeit bei 68 %-igen Lohnverlustausgleich (plus zusätzlichem Steuerausgleich) eine annehmbare Sache sind. Die regelmäßig mit alten Klassenkampfparolen angeheizte Stimmung im Arbeitskampf wird ihnen aber nicht erlauben, solchem Denken nachzugeben. Als Masse werden die ArbN bzw. die BR oder gewerkschaftlichen Vertrauensleute oder sonstigen „Sprecher" daher die Gefährdung ihrer sozialen Existenz behaupten und den vollen Lohn beanspruchen, obwohl es eigentlich nicht um die Differenz zwischen Kurzarbeitergeld und Lohn geht, sondern um die weitere Belastung des ArbGeb mit den Lohnkosten im Interesse des Erfolgs im Arbeitskampf.

---

[18] Da sie sich nicht einmal im Frieden auf eine tarifliche Regelung der Frage einigen können, vgl. unten § 3 IV, 6.

[19] Vgl. dazu unten § 3 III; IV, 3.

Solange der Betrieb nicht durch den arbeitskampfbedingten Arbeitsausfall in existenzielle Schwierigkeiten gerät, fehlt auch die Sorge um den eigenen Arbeitsplatz, die im Falle des Arbeitsausfalls aus wirtschaftlichen Schwierigkeiten das Interesse der ArbN mit dem des ArbGeb an der Einführung der Kurzarbeit koinzidieren läßt.

c) *Das Interesse der Gewerkschaft*

Auch im Arbeitskampf ist natürlich das Interesse der Gewerkschaft nicht darauf gerichtet, die Existenz eines Betriebs und damit die Arbeitsplätze zu vernichten, aber eben doch darauf, den ArbGeb solange zu schädigen, bis er die Forderungen der Gewerkschaft akzeptiert. Darum können die Gewerkschaften nicht daran interessiert sein, die ArbGeb vom Lohnrisiko eines Arbeitskampfs irgendwie zu entlasten. Darum ist auch in den Verhandlungen über die Manteltarifverträge eine Einigung über die Regelung der BRL nicht möglich[20]. Darum hat Eugen *Loderer* auf der sog. wissenschaftlichen Veranstaltung der IG Metall 1973 in München auch erklärt, daß die Grundsatzforderung der Gewerkschaft nicht darauf gerichtet sein kann, die BAnstArb zahlungspflichtig zu machen[21]. *Loderer* aber weiß, was die Interessen der Gewerkschaft sind und was diese Interessen gebieten.

Sowenig wie jedoch den ArbGeb zugemutet werden kann, im Arbeitskampf den sozialen Gegenspieler zu unterstützen, kann den Gewerkschaften zugemutet werden, von sich aus den Gegner im Arbeitskampf zu entlasten. Grenzen der Interessenverfolgung sind freilich notwendig, aber sie können nicht von den Interessenträgern selbst gesetzt, sondern müssen von den zuständigen neutralen staatlichen Stellen gezogen und überwacht werden. Da in unserem Staatswesen der Gesetzgeber sich dieser Aufgabe weitgehend entzieht, müssen Rechtswissenschaft und Rechtsprechung die erforderlichen rechtlichen Regeln entwickeln.

d) *Das Interesse der Arbeitgeberverbände*

Auch zwischen einzelnen ArbGeb und dem zuständigen ArbGeb-Verband können im Arbeitskampf erhebliche Interessengegensätze bestehen.

Ein einzelner ArbGeb kann aussperren wollen, der ArbGeb-Verband aber an einer Ausweitung des Arbeitskampfs nicht interessiert sein; umgekehrt kann ein einzelner ArbGeb bis zur letzten Schraube weiterarbeiten wollen, während der Verband Solidarität mit den bestreikten

---

[20] Vgl. dazu unten § 3 IV, 6.

[21] Vgl. das Zitat unten § 4 IV, 4 nach Fußn. 135.

Betrieben fordert. Der einzelne ArbGeb kann bereit sein, der Forderung der Gewerkschaft nachzugeben, weil seine Gewinnspannen dies erlauben; der Verband kann aber im Interesse anderer Unternehmen auf günstigeren Bedingungen bestehen und umgekehrt. Der einzelne ArbGeb kann die Leistung von *Kurzarbeitergeld* an seine ArbN wünschen, sogar trotz Unmöglichkeit der Arbeitsleistung im *Interesse des Betriebsklimas* zur *„Lohnfortzahlung"* bereit sein; der Arbeitgeberverband dagegen jedoch wegen der Auswirkungen auf den Arbeitskampf und des Einflusses auf andere Betriebe ein anderes Verhalten seiner Mitglieder fordern.

e) Das Interesse des Betriebsrats

Der BR hat auch im Falle eines arbeitskampfbedingten Arbeitsausfalls die Interessen der ArbN zu vertreten und die sind — wie dargestellt — in solchem Falle anders gelagert als im Falle eines Arbeitsausfalls infolge wirtschaftlicher Schwierigkeiten. Hinzu kommt, daß die Mitglieder des BR häufig zugleich Mitglieder der Gewerkschaft sind.

Als BR haben sie zwar auch im Arbeitskampf das Wohl des Betriebs zu beachten (§§ 2, 74 Abs. 2 BetrVG), aber der arbeitskampfbedingte Arbeitsausfall ist in der Regel für den Betrieb nicht existenzgefährdend und darum ist es legitim, wenn auch die BRe zunächst das Interesse am Erfolg im Arbeitskampf voranstellen. Schließlich können die BRe nicht gegen die Interessen der ArbN handeln und ihnen durch eine Zustimmung zur Kurzarbeit die Lohnansprüche nehmen, wenn diese wegen des Neutralitätsgebots (§ 116 AFG) kein Kurzarbeitergeld erhalten; die Amtszeit solcher BRe wäre bald zu Ende.

Selbst wenn aber außerhalb der Leistungsverbote der NAO die BAnstArb Kurzarbeitergeld bezahlen darf, kann im Arbeitskampf es nicht im Interesse der BRe sein, die ArbGeb von der Lohnzahlung zu entlasten und das arbeitskampfbedingte Lohnrisiko auf die BAnstArb zu verlagern[22]; selbst wenn die BRe es zum Wohle des Betriebs so wollten, werden sie sich, jedenfalls wenn sie der streikführenden Gewerkschaft angehören, alsbald deren Pressionen ausgesetzt sehen.

Wenn *Farthmann*[23] demgegenüber behauptet, eine solche Auffassung verkenne die Interessenlage des BR, der in erster Linie bestrebt sei, Entlassungen im Betrieb zu vermeiden, muß das bei einem in den Techniken des Arbeitskampfes so erfahrenen Mann als Einsatz der Waffe des Nebelwerfers verstanden werden, der damit wohl die zu klaren Worte des Vorsitzenden *Loderer* verwischen will.

---

[22] Vgl. auch unten § 3 IV, 2 b, cc; § 3 IV, 3 b; § 5 I, 1.

[23] RdA 1974, 70; dazu unten § 3 IV, 2 b, cc.

Ein Beispiel aus dem Arbeitskampf der Metallindustrie 1978 zeigt jedenfalls, daß die IG Metall BRe, die bei Fernwirkungen von Arbeitskämpfen einer Einführung von Kurzarbeit zustimmen wollen, „zur Ordnung ruft“[24].

f) Das öffentliche Interesse

Alle Schäden eines Arbeitskampfs verletzen natürlich auch die öffentlichen Interessen und die Interessen aller Staatsbürger einschließlich aller ArbN. Dennoch darf der Staat wegen der verfassungsrechtlich gewährleisteten Tarifautonomie (Art. 9 Abs. 3 GG) und dem damit nach verbreiteter Meinung[25] auch gewährleisteten Arbeitskampfrecht nicht in die Arbeitskämpfe eingreifen.

Deswegen sind auch Leistungen der BAnstArb an die am Arbeitskampf unmittelbar beteiligten ArbN und auch an die mittelbar am Arbeitskampf beteiligten ArbN, in deren Interessen der Arbeitskampf geführt wird, gemäß § 116 AFG und der darauf ruhenden NAO verboten[26].

Innerhalb der Reichweite dieser Verbote bleibt daher der volle Interessengegensatz zwischen ArbGeb und ArbN bestehen. Die Sozialpartner bleiben in ihrem Kampf sich selbst überlassen. Der Staat hat freilich die Aufgabe, mittels Gesetzgebung und Rspr. ein am Prinzip der Kampfparität ausgerichtetes Arbeitskampfrecht zur Verfügung zu stellen, das als Rechtsform das gefährliche Instrument des Arbeitskampfs reguliert. Die Konkretisierung des Prinzips der Kampfparität für die verschiedenen Regelungssachverhalte ist dabei eine der schwierigsten juristischen Aufgaben, zu der auch die folgende Arbeit Stellung nehmen wird[27].

g) Das Regelungssystem zum Ausgleich der Interessen

Der Staat kann die Interessengegensätze zwischen ArbGeb und ArbN hinsichtlich eines Arbeitsausfalls infolge Arbeitskämpfen nicht beliebig aufheben und mildern, weil er nicht in die Tarifautonomie eingreifen darf und daher Neutralität wahren muß. In welchen Fällen die BAnstArb Arbeitslosen- und Kurzarbeitergeld aus Neutralitätsgründen nicht zahlen darf, ist im einzelnen in der NAO geregelt und wird später erörtert werden[28].

---

[24] Vgl. § 3 Fußn. 97.

[25] Vgl. *Hueck / Nipperdey / Säcker*, II, 2, S. 912 ff.; zurückhaltender jedoch BVerfGE 38, 386 (396); gegen die verfassungsrechtliche Erhöhung aller Regelungen des Arbeitskampfrechts insbes. *Mayer-Maly*, DB 1979, 96 f.

[26] Näheres unten § 3 III, 3.

[27] Vgl. unten § 5 III, 4.

[28] Vgl. unten § 3 III, 3.

Soweit diese Leistungsverbote reichen, bleibt also der volle Interessengegensatz zwischen ArbGeb und ArbN hinsichtlich des Lohnrisikos eines arbeitskampfbedingten Arbeitsausfalls bestehen, was eine Einigung über die Einführung von Kurzarbeit zwischen ArbGeb und ArbN bzw. dem BR zumindest erschwert, letztlich aber wohl unmöglich macht[29].

Auch außerhalb der Leistungsverbote der NAO bestehen aber im Arbeitskampf zwischen den ArbGeb einerseits und den ArbN und BRen andererseits Interessengegensätze, die im Falle eines wirtschaftlich bedingten Arbeitsausfalls im Arbeitsfrieden nicht gegeben sind. Daher scheint es notwendig, die Verlagerung des Lohnrisikos im Arbeitskampf nicht durch Einzel- oder Kollektivvereinbarung zwischen ArbGeb und ArbN, sondern durch objektives Recht, d. h. die BRL zu regeln.

Das im einzelnen auszuführen, ist Aufgabe der nachstehenden Arbeit.

[29] Vgl. unten § 3 IV.

§ 2 Kurzarbeit auf Grund Vereinbarung, meist infolge wirtschaftlicher Schwierigkeiten

I. Die tatsächlichen Voraussetzungen

Die Einführung von Kurzarbeit ist unmittelbar nicht durch *objektive Gründe* bestimmt oder bestimmbar. Der ArbGeb. kann auf der Grundlage einer Einzel- oder Kollektivvereinbarung mit den ArbN aus den verschiedensten Gründen die Arbeitszeit mit der Folge entsprechender Lohneinbußen verkürzen. Falls es jedoch zwischen ArbGeb. und BR nicht zu einer Einigung kommt, bedarf es eines rechtfertigenden Grundes, um über die Einigungsstelle die Zustimmung des BR erzwingen zu können. Der BR und die Einigungsstelle müssen bei pflichtgemäßer Ausübung ihres „billigen Ermessens"[1] (vgl. § 76 Abs. 5 Satz 3 BetrVG) die Zustimmung gewähren, wenn — vorbehaltlich anderer tariflicher Regelungen — die Voraussetzungen zur Gewährung von Kurzarbeitergeld gemäß §§ 63 ff. AFG gegeben sind, weil nach dem Inhalt dieser Regelungen der Gesetzgeber entschieden hat, daß im Falle eines unvermeidbaren Arbeitsausfalls das Lohnrisiko vom ArbGeb. auf die BAnstArb. zu verlagern ist. Für arbeitsrechtliche Individualvereinbarungen gilt der Grundsatz *stat pro ratione voluntas* jedoch nur bedingt. Der ArbN kann gemäß § 315 Abs. 3 Satz 2 BGB eine *richterliche* Ermessenskontrolle verlangen[2]. Die Zustimmung des BR öffnet aber „die Schranke für die Anwendung einzelvertraglicher Regelungsmittel" ohne solche Einschränkungen[3]. Eine Mindestarbeitszeit ist allerdings rechtlich zwingend nicht mehr festgelegt[4]. In aller Regel werden *wirtschaftliche Schwierigkeiten* den ArbGeb. veranlassen, den ArbN die Einführung von Kurzarbeit anzutragen. Aus Übermut oder sonstiger Willkür wird ein ArbGeb. schon allein deswegen kaum je Kurzarbeit

---

[1] Zur Konkretisierung dieses „Ermessens" in justitiable objektive Regeln vgl. unten § 2 III, 3 b; § 5 I, 2; III, 4 b.

[2] Für diese *rechtliche* Ermessenskontrolle gelten dieselben objektiven *Regeln* wie zur Kontrolle des BR durch die Einigungsstelle und das Arbeitsgericht; vgl. die Nachw. in vorstehender Fußn. 1; ferner zum Problem *Söllner*, Einseitige Leistungsbestimmung, S. 64, 67 f.; *ders.*, in: Anm. zu *BAG* AP Nr. 3 zu § 615 BGB Kurzarbeit, Bl. 3 R; *Säcker*, Gruppenautonomie, insbes. S. 224 ff.

[3] Vgl. unten § 2 III, 1 m. w. Nachw.

[4] Nach § 20 Abs. 3 Satz 2 AOG durfte die Wochenarbeitszeit eines Beschäftigten nicht unter 24 Stunden herabgesetzt werden; vgl. *Hueck / Nipperdey* I, 6. Aufl., S. 640.

einführen wollen, weil ein in der Produktionskapazität nicht ausgelasteter Betrieb, sofern in der Branche Konkurrenz herrscht, wegen der fixen Kosten des Betriebs und des Anlagevermögens nicht mehr mit Gewinn arbeiten kann. Die Maßnahme der Kurzarbeit kann daher wohl stets nur die Funktion haben, die Verluste zu verringern und den Betrieb über die Schwierigkeiten hinwegzuretten. Auch werden die ArbN bzw. BR in der Regel nur in solchen Fällen bereit sein, der Einführung von Kurzarbeit und der Abänderung der Arbeitsverträge zu ihren Ungunsten zuzustimmen. Schließlich bestehen auch nur in solchen Fällen, in denen auf Grund unvermeidbarer wirtschaftlicher Ursachen ein Arbeitsausfall eintritt, Ansprüche auf *Kurzarbeitergeld* gemäß §§ 63 ff. AFG.

II. Die rechtsgeschäftliche Änderung der Arbeitsverträge

1. Rechtsgrundlagen (Überblick)

a) Rechtsgeschäftliche Formen

Die ArbN haben auf Grund ihres Arbeitsvertrags Anspruch darauf, die vereinbarte betriebs-(tarif-)übliche Zeit beschäftigt zu werden und den dafür versprochenen Lohn zu erhalten. Die Verkürzung der üblichen Arbeitszeit mit der Folge entsprechender Lohnminderungen setzt daher grundsätzlich — soweit nicht Rechtsänderungen kraft objektiven Rechts erfolgen — eine *rechtsgeschäftliche Änderung*[5] der Arbeitsverträge voraus, die auf verschiedene Weise erfolgen kann[6], z. B.:

(1) *auf Grund eines Tarifvertrags:*
durch Betriebsvereinbarung oder durch einseitige Anordnung;

(2) *durch Betriebsvereinbarung;*

(3) *durch Vereinbarung mit jedem einzelnen ArbN;*

(4) *durch einseitige Anordnung auf der Grundlage einer Ermächtigung im Einzelarbeitsvertrag;*

(5) *durch Änderungskündigung.*

Mittels dieser nicht abschließend aufgezählten rechtsgeschäftlichen Gestaltungsmittel können die Arbeitsverträge zum Zwecke der vorüber-

---

[5] Ohne Stellungnahme zu dem Streit um die *Rechtsnatur* der Kollektivvereinbarungen (vgl. statt aller *Wiedemann / Stumpf*, TVG, § 1 Rdnr. 21 ff. und *Dietz / Richardi*, § 77 Rdnr. 17 ff.) werden hier und im folgenden auch die auf Grund oder durch Kollektivvereinbarung erzeugten Änderungen der Arbeitsverträge als „rechtsgeschäftliche Änderungen" bezeichnet, selbst wenn das *Willenswerk* des Kollektivvertrags erst infolge der *normativen Kraft* (§ 4 Abs. 1 TVG, § 77 Abs. 4 BetrVG) die Individualverträge verändert.

[6] Vgl. *Hueck / Nipperdey* I, S. 213 f.; *Nikisch* I, S. 644 ff.; *BAG* AP Nr. 2 zu § 56 BetrVG 1952, Bl. 1 R; teilweise unklar *Schaub*, ArbR, § 47 II, 1; ferner *Böhm*, BB 1974, 372 ff.; *Stebut*, RdA 1974, 332 ff.

gehenden Verkürzung der üblichen Arbeitszeit und mit der Folge entsprechender Lohnminderungen geändert werden. Die auf diesen rechtlichen Erfolg gerichtete Willenserklärung des ArbGeb. ist jedoch nur wirksam mit Zustimmung des BR gemäß § 87 Abs. 1 Ziff. 3 BetrVG[7].

b) *Ermächtigung und einseitige Anordnung*

„Die in den Arbeitsverträgen liegenden Hinderungsgründe für die Einführung von Kurzarbeit"[8] konnten nach § 20 Abs. 3 des Gesetzes zur Ordnung der nationalen Arbeit (AOG) vom 20. 1. 1934[9] auch dadurch beseitigt werden, daß der Unternehmer „als Führer des Betriebs" (§ 1 AOG) auf Grund einer Zulassung des Treuhänders der Arbeit (§ 18 AOG) die „Verkürzung der Arbeitszeit (Streckung der Arbeit)" einseitig anordnete[10].

Die Grundgedanken der Vorschrift[11], eine Belastung des Arbeitsmarkts durch Massenentlassungen möglichst zu vermeiden und stattdessen die Arbeit zu strecken, sind in § 19 KSchG erhalten geblieben. Auffallend ist, daß nach § 20 Abs. 3 Satz 3 AOG (gleichlautend heute § 19 Abs. 2 KSchG) die Lohnkürzung „erst von dem Zeitpunkt an wirksam (wird), in dem das Arbeitsverhältnis nach den allgemeinen gesetzlichen oder vertraglichen Bestimmungen enden würde". Solcher *Individualschutz* ist heute bei einer Verkürzung durch *Kollektivvereinbarung* nicht mehr gegeben.

Die Ermächtigung des Landesarbeitsamtes soll jedoch auch heute noch zur Verkürzung von Beschäftigungszeit und Lohnzahlung bei allen ArbN des Betriebs, nicht nur bei den von der Massenentlassung betroffenen, berechtigen[12]. Sehr zweifelhaft ist jedoch, ob ein solcher Eingriff in die vertraglichen Rechte der nichtgekündigten ArbN noch als rechtmäßig anerkannt werden kann. In der Praxis werden wohl wegen dieser Problematik solche Ermächtigungen kaum noch gegeben.

---

[7] Näheres unten § 2 III.

[8] So *Hueck / Nipperdey* I, S. 703.

[9] RGBl. I, S. 220; vgl. dazu *Mansfeld / Pohl / Steinmann / Krause*, Die Ordnung der nationalen Arbeit, Kommentar, 1934.

[10] Vgl. § 2 AOG:
„(1) Der Führer des Betriebes entscheidet der Gefolgschaft gegenüber in allen betrieblichen Angelegenheiten, soweit sie durch dieses Gesetz geregelt werden.
(2) Er hat für das Wohl der Gefolgschaft zu sorgen. Diese hat ihm die in der Betriebsgemeinschaft begründete Treue zu halten."

[11] Die Grundgedanken der Vorschrift des § 20 AOG entstammen der Verordnung betr. Maßnahmen gegenüber Betriebsabbrüchen und Stillegungen (StillVO) v. 8. Nov. 1920 (RGBl. I, S. 1901) und v. 15. Okt. 1923 (RGBl. I, S. 1901); vgl. *Mansfeld*, Komm. zum AOG, § 20 Bem. 1.

[12] *Hueck*, KSchG, § 19 Rdnr. 5.

Diese Rechtsform der Einführung von Kurzarbeit soll daher in dieser Arbeit nicht weiter behandelt werden[13].

Ein letzter Rest der Rechtsform der einseitigen Anordnung war auch noch in den älteren Tarifverträgen bzw. gemäß § 10 TVG fortgeltenden Tarifordnungen[14] enthalten, die den ArbGeb. ermächtigten, „aus dringenden betrieblichen Gründen" durch einseitige Anordnung Kurzarbeit einzuführen. Das BAG[15] hat zu Recht solchen vor Inkrafttreten des BetrVG 1972 entstandenen tariflichen Regelungen keinen Vorrang i. S. d. § 87 Abs. 1 Eingangssatz mehr zuerkannt und die Einführung der Kurzarbeit gemäß § 87 Abs. 1 Ziff. 3 BetrVG dem Mitbestimmungsrecht des BR unterworfen. Das Gericht hätte sich zur Begründung jedoch nicht auf den „Geist des Gesetzes" berufen brauchen[16] und dürfen, weil eine so begründete Gesetzesauslegung immer in der Gefahr steht, nicht Gesetz gewordene allgemeine Vorstellungen (Vorverständnisse) zum Inhalt des Gesetzes zu erheben. Und der Geist der Zeiten ist wechselhaft[17].

---

[13] Ein Mitbestimmungsrecht des BR bei dieser Form der Einführung von Kurzarbeit läßt wegen der Polarität des ideengeschichtlichen Gedankenguts einen seltsamen Zwitter entstehen. Die wohl überwiegende Meinung (vgl. *Säcker*, ZfA-Sonderheft 1972, 49; *Hueck*, KSchG, § 19 Rdnr. 8; *Stege / Weinspach*, BetrVG, zu § 87 Abs. 1 Nr. 3; *Böhm*, BB 1974, 284; a. A. *Fitting / Auffahrth / Kaiser*, § 87 Rdnr. 27 a; *Galperin / Löwisch*, § 87 Rdnr. 114) *verneint* deswegen das *Mitbestimmungsrecht* des BR gem. § 87 Abs. 1 Ziff. 3. Wenn ein derartig ermächtigender Verwaltungsakt ergeht, sollte er zugleich den notwendigen sozialen Schutz der ArbN gewährleisten. Es wäre schwer erträglich, wenn der BR durch sein Veto in die arbeitsmarktsteuernden Maßnahmen des LAA eingreift und sie verändern könnte. Die Rechte des BR im Sachzusammenhang einer Massenentlassung („in den besonders brisanten Fällen", *Löwisch*, ebd.) werden durch ein ganzes Bündel anderer Mitbestimmungstatbestände gewahrt. Zunächst muß der BR vor den einzelnen Kündigungen gehört werden (§ 102); sodann muß er vor der Anzeige über die Massenentlassung unterrichtet und die Maßnahmen mit ihm beraten werden (§ 17 Abs. 2 KSchG). Schließlich führen derartige Massenentlassungen häufig zu einer Betriebsänderung, welche die Mitbestimmungsrechte in wirtschaftlichen Angelegenheiten nach §§ 106 ff., insbesondere 111 ff. (Unterrichtung, Interessenausgleich, Sozialplan) auslösen. Vgl. *Hueck / Nipperdey* I, S. 703 ff.; *Nikisch* I, S. 851; ferner *Böhm*, BB 1974, 281 ff.; *Stebut*, RdA 1974, 332 ff. (345).

[14] Vgl. *Wiedemann / Stumpf*, TVG, § 10 und die dort gegebenen Erl. u. Nachw.

[15] *BAG* AP Nr. 1 u. 2 zu § 87 BetrVG 1972 Kurzarbeit; vgl. dazu auch *Wiedemann / Stumpf*, TVG, § 4 Rdnr. 210.

[16] Zutreffend *Wiese*, in: Anm. zu *BAG* AP Nr. 1 zu § 87 BetrVG Kurzarbeit, Bl. 8.

[17] Um das ganz verständlich zu machen, sei es erlaubt, aus dem „Giftschrank" zu zitieren: „Das Verständnis für dieses Gesetz erschöpft sich niemals in der Kenntnis der einzelnen Rechtsnormen. Hier ist vielmehr ausschließlich das Wissen um den Geist des neuen Gemeinschaftsrechts entscheidend, das zu dem Willen und der seelischen Bereitschaft führt, das Arbeitsleben nach den Geboten der Ehre und der gegenseitigen Treue zu gestalten. Das Gesetz ist nur ein Rahmen. Seine buchstabengetreue Innehaltung mag zwar vor unliebsamen Folgen schützen, macht aber noch nicht zu

2. Tarifliche Regelungen

Die Einführung von Kurzarbeit beruht jedenfalls in der Großindustrie heute überwiegend auf tariflichen Ermächtigungen. Die längste Tradition haben *Kurzarbeitsregelungen* wohl in den Tarifverträgen des Kohlenbergbaus. Aber auch die Manteltarifverträge der Metallindustrie enthalten regelmäßig Kurzarbeitsregelungen[18].

Die Voraussetzungen zur Einführung der Kurzarbeit sind in diesen *Manteltarifverträgen* meist nur formelhaft umschrieben oder gar nicht genannt[19]. Häufig sind die Wendungen: „*Aus dringenden betrieblichen Gründen kann* ...[20]", oder: „*Zur Vermeidung von Entlassungen kann* ..."[21], oder: „*Wenn die betrieblichen Verhältnisse es erfordern, kann* ..."[22].

Betreffend die Mitwirkung des BR heißt es meist entweder: „... *durch Betriebsvereinbarung* ..."[23], oder: „... *mit Zustimmung des Betriebsrats*..."[24], oder: „... *im Einvernehmen mit dem Betriebsrat* ..."[25].

Diese tariflichen Regelungen führen die Änderung der Einzelarbeitsverträge nicht selbst unmittelbar herbei, sie bilden nur eine allgemeine *Ermächtigungsgrundlage* zur Einführung der Kurzarbeit[26].

---

einem fürsorgenden Führer des Betriebes oder zu einem treuen Gefolgsmann. Dazu gehört wesentlich mehr. Und gerade dieses Mehr kann weder ein Kommentar noch eine erläuternde Textausgabe geben. Denn es liegt im Seelischen und Weltanschaulichen begründet." (so *Mansfeld* im Vorwort zur Handausgabe des AOG, Berlin im März 1941).

[18] Vgl. die Nachweise bei *Simitis / Weiss*, DB 1973, 1251; ferner die folgenden Fußnoten.

[19] MTV Schleswig-Holstein und gleichlautend MTV Hamburg (Metallarbeiter): „Im Einvernehmen mit dem BR kann für die gesamte Belegschaft ... die regelmäßige Arbeitszeit vorübergehend herabgesetzt werden."

MTV Nordwürtt./Nordbaden (Metallarbeiter) und gleichlautend für Südbaden und Südwürtt.-Hohenzollern: „Die Einführung von Kurzarbeit (AFG) oder einer kürzeren als der tariflichen Arbeitszeit erfolgt mit Zustimmung des BR."

[20] z. B.: § 6 MTV NRW (Metallarbeiter); § 8 MTV NRW (Stahlarbeiter) u. a. m.

[21] z. B.: § 22 MTV Bremen (Metall-Angestellte); § 6 Abs. 1 MTV Niedersachsen (Metall-Angestellte); § 8 Abs. 1 MTV Rheinland-Rheinhessen (Metall-Angestellte) u. a. m.

[22] z. B.: § 26 MTV Bremen (Metallarbeiter); § 2 Ziff. 7 MTV Nordw.-Niedersachs. (Metallarbeiter); § 6 Abs. 1 MTV Osnabrück (Metallarbeiter); § 5 Abs. 1 MTV Rheinland-Pfalz u. a. m.

[23] z. B. die in Fußn. 20 genannten MTV NRW für die Metall- und Stahlarbeiter.

[24] z. B. die in Fußn. 19 genannten drei MTV aus Baden-Württemberg.

[25] z. B. die in Fußn. 19 genannten MTV Schleswig-Holstein und Hamburg.

[26] Tarifverträge, die die rechtliche Wirkung der Verkürzung der Arbeitszeit, „wenn die betrieblichen Verhältnisse es erfordern", unmittelbar selbst herbeiführen, sind aus praktischen Gründen kaum denkbar, auch nicht bekannt.

Die tariflichen Kurzarbeitsklauseln sind jedoch keine Betriebsnormen i. S. v. § 3 Abs. 2 TVG, sondern Inhaltsnormen[27]. Dies schafft allerdings einige Probleme wegen des Normsetzungsvorbehalts der Tarifvertragsparteien aus § 77 Abs. 3 Satz 1 BetrVG[28]. Jedoch sperrt nach richtiger Ansicht § 77 Abs. 3 Satz 1 nicht Individualvereinbarungen des ArbGeb. mit jedem einzelnen ArbN (arbeitsvertragliche Einheitsregelungen) in Verbindung mit formlosen Zustimmungen des BR (Regelungsabreden)[29]. § 77 Abs. 3 Satz 1 BetrVG sperrt auch nicht Betriebsvereinbarungen, welche auf der Grundlage der allgemeinen tariflichen Ermächtigungen die „Kurzarbeit einführen", d. h. unmittelbar die tarifliche Arbeitszeit verkürzen[30]. Das gilt auch, soweit die Betriebsvereinbarungen nicht tarifgebundene Belegschaftsmitglieder erfassen[31]. Die Ermächtigung muß in bezug auf die nicht tarifgebundenen ArbN zugleich als ausdrückliche Zulassung einer ergänzenden Betriebsvereinbarung verstanden werden[32], weil es widersinnig wäre, wenn die Kurzarbeit auf Grund des Tarifvertrags nur für tarifgebundene ArbN eingeführt werden dürfte[33]. Die Arbeitsverträge der nicht tarifgebun-

---

[27] So zutreffend *Stebut* (RdA 1974, 335 f.) gegen *Simitis / Weiss*, DB 1973, 1249 f. und *Farthmann*, RdA 1974, 69 und *ders.*, AR-Blattei, Arbeitszeit V, B II, 4. Vgl. auch *Wiedemann / Stumpf*, TVG, § 3 Rdnr. 65 ff.

[28] Vgl. dazu vor allem *Wiedemann / Stumpf*, TVG, § 4 Rdnr. 275 ff.; *Thiele*, GK, § 77 Rdnr. 80 ff.; ferner *Dietz / Richardi*, § 77 Rdnr. 173 ff., *Galperin / Löwisch*, § 77 Rdnr. 73 ff.; *Fitting / Auffarth / Kaiser*, § 77 Rdnr. 50; dazu auch BAG AP Nr. 1 zu § 87 BetrVG 1972 mit Anm. *Richardi* = SAE 1976, 14 (mit Anm. *Reuter*) = JuS 75, 402 (Anm. *Reuter*); neuestens dazu auch *Vollmer*, DB 1979, 308 ff. u. 355 ff.

[29] So zutreffend *Wiedemann / Stumpf* (TVG, § 4 Rdnr. 295): „Auszugehen ist vom Wortlaut des § 77 Abs. 3 Satz 1 BetrVG, der ausdrücklich nur von Betriebsvereinbarungen spricht und insoweit eindeutig ist. Wer hiervon abweichen will, trägt die Argumentationslast." Ebenso *Wiese*, GK, § 87 Rdnr. 18 ff.; a. A. *Dietz / Richardi:* § 77 Rdnr. 202; vgl. auch BAG AP Nr. 1 zu § 87 BetrVG 1972 Kurzarbeit, Bl. 3 (mit Anm. *Wiese*); ferner *Thiele*, GK, § 77 Rdnr. 119; *Fitting / Auffarth / Kaiser*, § 77 Rdnr. 61 ff.

[30] So richtig *BAG* (AP Nr. 1 zu § 87 BetrVG 1972 Kurzarbeit, Bl. 3 mit zust. Anm. *Wiese*, bes. Bl. 7 f.): „Durch TV materiell geregelt ist aber nur ein Tatbestand, bei dem der ArbGeb. nur noch eine tarifl. Norm zu vollziehen, also nichts zu „bestimmen" hat, denn wie der *Senat* schon in seinem Beschluß vom 13. 3. 1973 — 1 ABR 16/72 — AP Nr. 1 zu § 87 BetrVG 1972 Werkmietwohnungen — ausgeführt hat, kann der soziale Schutzzweck der Mitbestimmungsrechte nur durch eine die sachliche Substanz selbst regelnde gesetzl. oder tarifl. Norm verdrängt werden."

Zustimmend auch *Stege / Weinspach*, BetrVG, zu § 87 Abs. 1 Nr. 3; ebenso schon *Simitis / Weiss*, DB 1973, 1248 unter Bezug auf BAG AP Nr. 8 zu § 56 BetrVG 1952; a. A. *Dietz / Richardi*, § 77 Rdnr. 209; vgl. auch *Stebut*, RdA 1974, 338 m. w. Nachw.

[31] So grundsätzlich auch *Thiele*, GK, § 77 Rdnr. 111; *Fitting / Auffarth / Kaiser*, § 77 Rdnr. 63; *Stebut*, RdA 1974, 338.

[32] Zur Bedeutung des Merkmals „ausdrücklich" in § 77 Abs. 3 Satz 2 zutreffend *Thiele*, GK, § 77 Rdnr. 14; ähnlich *Fitting / Auffarth / Kaiser*, § 77 Rdnr. 63; allgemein zum Merkmal „ausdrücklich" *Ehmann*, Gesamtschuld, S. 141 f.

denen ArbN werden dann durch die normative Wirkung der Betriebsvereinbarung (§ 77 Abs. 4 Satz 1 BetrVG) geändert. Soweit jedoch gemäß anderen tariflichen Kurzarbeitsklauseln die Kurzarbeit durch Anordnung des ArbGeb. mit Zustimmung des BR oder im Einvernehmen mit dem BR eingeführt wird, kann die normative Kraft des Tarifvertrags (§ 4 Abs. 1 TVG) nur die Arbeitsverhältnisse der tarifgebundenen ArbN ändern. Die materiell-rechtliche Abänderung der Arbeitsverträge (Verkürzung der Beschäftigungs- und Lohnzahlungspflicht) der nicht tarifgebundenen ArbN muß in diesen Fällen durch Individualvereinbarungen zwischen dem ArbGeb. und den einzelnen ArbN erfolgen bzw. durch stillschweigende Annahme[34] des in der „Anordnung" steckenden Änderungsangebots als erfolgt gedacht werden[35].

Verweigern die BR den Abschluß einer Betriebsvereinbarung zur Einführung der Kurzarbeit oder stimmen sie einer derartigen „Anordnung" des ArbGeb. nicht zu, so schreiben die Manteltarifverträge der Metallindustrie regelmäßig die Entscheidung einer tariflichen Einigungsstelle vor[36].

3. Ohne tarifliche Regelungen

Besteht keine tarifliche Kurzarbeitsregelung, so kann der ArbGeb. dennoch durch Betriebsvereinbarung die Arbeitszeit der ArbN verkürzen (§ 77 Abs. 4 Satz 1 BetrVG)[37]. Weigert sich der BR, eine derartige Betriebsvereinbarung abzuschließen, so kann der ArbGeb. versuchen, durch Individualvereinbarungen mit jedem einzelnen ArbN die Arbeitsverträge zu ändern[38]; wirksam sind solche Individualvereinbarungen, wenn sie zum Zweck einer *kollektiven Regelung* erfolgen, allerdings auch nur mit Zustimmung des BR gemäß § 87 Abs. 1 Ziff. 3 BetrVG[39]. Verweigert der BR diese Zustimmung, so muß auf Antrag des ArbGeb. oder des BR die Einigungsstelle entscheiden (§§ 87 Abs. 2, 77 Abs. 5 BetrVG)[40].

---

[33] So auch *Stebut*, RdA 1974, 341; *Fitting / Auffarth / Kaiser*, § 77 Rdnr. 63.

[34] Vgl. dazu *Söllner*, Einseitige Leistungsbestimmung, S. 64.

[35] Individualrechtliche Vereinbarungen zur Erstreckung tariflicher Regelungen auf Nichtorganisierte sind zulässig; so zutreffend *Säcker*, ZfA-Sonderheft 1972, S. 42 Fußn. 4; *Thiele*, GK, § 77 Rdnr. 118; *Fitting / Auffarth / Kaiser*, § 77 Rdnr. 65; *Stebut*, RdA 1974, 342.

[36] Vgl. die Beispiele unten § 3 IV, 6 e.

[37] Ist eine tarifliche Regelung „üblich" (vgl. dazu *Thiele*, GK, § 77 Rdnr. 94 ff.), ergeben sich Probleme, wenn man der sog. Zwei-Schranken-Theorie folgt; vgl. *Säcker*, ZfA-Sonderheft 1972, S. 63 ff.; *Farthmann*, RdA 1974, 71 f.

[38] Richtig *Galperin / Löwisch*, § 87 Rdnr. 110.

[39] Vgl. unten § 2 III, 1 um Fußn. 42.

[40] Vgl. oben § 2 I vor Fußn. 1 und die dort gegebenen Nachweise, insbes. aber unten § 2 III, 3 b.

Soll auch die Arbeitszeit leitender Angestellter (§ 5 Abs. 3 BetrVG) verkürzt werden, so muß dies durch Individualvereinbarung geschehen; der BR hat in solchem Falle kein Mitbestimmungsrecht.

III. Das Mitbestimmungsrecht des Betriebsrats

1. Zweck der Mitbestimmungsrechte

Allgemeiner Zweck der Mitbestimmungsrechte des BR in sozialen Angelegenheiten ist es, die Macht des ArbGeb. zur alleinigen Betriebsgestaltung zu beschränken[41]. Das gilt nicht nur für einseitige Gestaltungsrechte, insbesondere das *Direktionsrecht,* sondern auch für *individuelle Vereinbarungen* mit dem ArbN, sofern sie eine *Kollektivmaßnahme*[42] bilden. Durch die Zustimmung des BR werden für den ArbGeb. „die Schranken für die Anwendung einzelvertraglicher Regelungsmittel geöffnet"[43]. Das gilt aber nicht in allen Angelegenheiten, auch nicht in allen *sozialen Angelegenheiten,* die der ArbGeb. im Betrieb zu regeln hat, sondern grundsätzlich nur insoweit, als ein gesetzlicher Tatbestand dem BR ein Mitbestimmungsrecht einräumt[44]. Auch die *Erweiterung* der notwendigen Mitbestimmung durch Tarifvertrag ist grundsätzlich ausgeschlossen[45].

2. Von § 56 BetrVG 1952 zu § 87 Abs. 1 Ziff. 2 u. 3

Unter der Geltung des BetrVG 1952 hatte der BR nach der Rspr. des BAG bei der *Einführung von Kurzarbeit* kein Mitbestimmungsrecht[46]; nur hinsichtlich des „Beginns und Endes der täglichen Arbeitszeit und der Pausen" bestand das Mitbestimmungsrecht aus § 56 Abs. 1 lit. a BetrVG 1952.

Im BetrVG 1972 ist § 87 Abs. 1 *Ziff. 2* dem § 56 Abs. 1 lit. a BetrVG 1952 nachgebildet und gewährt ein Mitbestimmungsrecht in bezug auf

---

[41] Vgl. *Dietz / Richardi,* § 87 Rdnr. 64.

[42] Richtig *Wiese,* GK, § 87 Rdnr. 80; *Böhm,* BB 1974, 373 f.; *Stege / Weinspach,* BetrVG, zu § 87 Abs. 1 Nr. 3; a. A. *Simitis / Weiss,* DB 1973, 1242; *Dietz / Richardi,* § 87 Rdnr. 19 ff.

[43] *Hueck / Nipperdey / Säcker* II, 2, S. 1304.

[44] Im Katalog des § 87 Abs. 1 Ziff. 1 - 12 sind die Angelegenheiten, die der notwendigen Mitbestimmung unterliegen, abschließend („erschöpfend") aufgeführt, so *Dietz / Richardi,* vor § 74 Rdnr. 39; *Wiese,* GK, § 87 Rdnr. 3 m. w. Nachw.

[45] So zutreffend *Dietz / Richardi,* vor § 74 Rdnr. 39; *Galperin / Löwisch,* vor § 1 Rdnr. 27, 28; *Stege / Weinspach,* BetrVG, zu § 87 Abs. 1 Nr. 3; etwas differenzierend *Thiele,* GK, Einl. Rdnr. 113 ff.; a. A. *Wiese,* GK, § 87 Rdnr. 6; *Galperin / Löwisch,* § 87 Rdnr. 13; zum BetrVG 1952 vgl. BAGE 8, 143 ff. (153 f.) = AP Nr. 14 zu § 56 BetrVG 1952 (mit Anm. *Hueck*), Bl. 5 R.

[46] *BAG* AP Nr. 1 u. 2 zu § 56 BetrVG Arbeitszeit.

„Beginn und Ende der täglichen Arbeitszeit einschließlich der Pausen sowie (über § 56 Abs. 1 lit. a BetrVG 1952 hinaus) bei der Verteilung der Arbeitszeit auf die einzelnen Wochentage“[47]. Die Vorschrift des § 87 Abs. 1 *Ziff. 3* BetrVG hat demgegenüber kein Vorbild im BetrVG 1952[48] und gewährt, was das BAG zuletzt in seinen Urteilen vom 15. 12. 1961[49] mit Hinweis auf den „klaren Wortlaut des Gesetzes“ auch deswegen verwehrt hatte, weil es sich um eine *materielle Arbeitsbedingung* handelt, nämlich ein *Mitbestimmungsrecht* des BR bei der Entscheidung über eine „vorübergehende Verkürzung (oder Verlängerung) der betriebsüblichen Arbeitszeit“[50]. Es ist *unmöglich*, die Worte des § 87 Abs. 1 Ziff. 3 BetrVG noch im Sinne der Rspr. zu § 56 Abs. 1 lit. a BetrVG 1952 zu verstehen. Vielmehr hat der Gesetzgeber mit § 87 Abs. 1 Ziff. 3 BetrVG dem BR ein Mitbestimmungsrecht auch hinsichtlich der Fragen gewährt, *ob* die „Kurzarbeit“ und *für welche Dauer* sie eingeführt werden soll; der Gesetzgeber hat damit das Mitbestimmungsrecht in dieser Frage insoweit auf *materielle Arbeitsbedingungen* erstreckt[51]. Das gilt nicht nur für die Verkürzung der täglichen und damit auch der wöchentlichen Arbeitszeit, sondern auch für den Ausfall ganzer Schichten oder Arbeitstage[52].

Materiell ist die Einführung von Kurzarbeit, wenn sie auf *wirtschaftlichen Gründen* beruht, freilich eine *wirtschaftliche Angelegenheit*, jedoch hat der Gesetzgeber den Tatbestand bewußt der notwendigen Mitbestimmung des § 87 BetrVG unterworfen. Eine „wirtschaftliche Angelegenheit“ im Sinne des § 111 BetrVG liegt daher erst vor, wenn nicht bloß eine „vorübergehende“ Kürzung der Arbeitszeit vorgenommen werden soll[53].

---

[47] Vgl. *Dietz / Richardi*, § 87 Rdnr. 159, 174.

[48] In der sog. amtlichen Begründung (BT-Drucks. VI, 1786/48) setzte der Verf. der Begründung wohl seine eigene Meinung (die sich allerdings auf die vom *BAG* zitierten und abgedruckten Stimmen im Schrifttum berufen konnte) an die Stelle der durch die Rspr. des BAG geschaffenen Rechtslage; so richtig *Simitis / Weiss*, DB 1973, 1240; *Böhm*, BB 1974, 373; *Dietz / Richardi*, § 87 Rdnr. 174; *Fitting / Auffarth / Kaiser*, § 87 Rdnr. 27. Diese „amtl. Begr.“ ist nur ein Beispiel für die Grenzen der auf solche Begr. gestützten *subjektiven* Gesetzesauslegung; vielleicht diente die Begr. auch nur der „Beruhigung“ anderer.

[49] *BAG* AP Nr. 1 u. 2 zu § 56 BetrVG 1952 Arbeitszeit; ebenso schon *BAG* AP Nr. 14 zu § 56 BetrVG 1952.

[50] Allg. Meinung; beachte insbes. BAG AP Nr. 1 u. 2 zu § 87 BetrVG Kurzarbeit mit umfangreichen Nachweisen aus dem Schrifttum und Anm. v. *Wiese* (Nr. 1) und *Löwisch* (Nr. 2); dazu jetzt auch *Stege / Weinspach*, BetrVG, zu § 87 Abs. 1 Nr. 3.

[51] Vgl. die Nachw. in Fußn. 50 und dazu *Böhm*, BB 1974, 373.

[52] So ausdrücklich *BAG* AP Nr. 2 zu § 87 BetrVG 1972 Kurzarbeit, Bl. 2/3 mit insoweit zust. Anm. *Löwisch*, Bl. 5 R.

[53] So auch *Löwisch* (Fußn. 52); a. A. aber *Weitnauer*, ZfA 1978, 611.

3. Rechtsnatur des Mitbestimmungsrechts

a) Notwendige Betriebsvereinbarung, Initiativrecht?

Dem BR steht bei der „vorübergehenden Verkürzung der betriebsüblichen Arbeitszeit" also ein *„notwendiges Mitbestimmungsrecht"*[54] zu.

Notwendige Mitbestimmung heißt bei § 87 Abs. 1 Ziff. 3 BetrVG aber nicht, daß der BR notwendigerweise in Form einer Betriebsvereinbarung bei der materiellen Vertragsänderung der Arbeitsverträge mitwirken muß. Das folgt daraus, daß die materiell-rechtliche Änderung der Arbeitsverträge nicht notwendigerweise kraft der normativen Wirkung der Betriebsvereinbarung (§ 77 Abs. 4 Satz 1) erfolgen muß, sondern auch durch andere rechtliche Gestaltungsmittel, z. B. durch arbeitsvertragliche Einheitsregelung, geschehen kann[55]. Notwendig ist nicht eine Betriebsvereinbarung, notwendig ist nur die Zustimmung des BR zu der Abänderung der Arbeitsverträge durch *Einzelvereinbarungen* (arbeitsvertragliche Einheitsregelung), durch *Gestaltungsrecht* (z. B. auf Grund tariflicher Ermächtigung) oder durch *Änderungskündigungen.* Darum kann weder der ArbGeb. noch der BR mit Hilfe der Einigungsstelle eine Betriebsvereinbarung zur Einführung der Kurzarbeit erzwingen. Dem BR steht also *kein Initiativrecht* zur Einführung von Kurzarbeit zu[56]. Der ArbGeb. kann mit Hilfe der Einigungsstelle nur die Zustimmung des BR erzwingen, wenn er die Änderung der Arbeitsverträge mit Hilfe von Individualvereinbarungen oder notfalls Änderungskündigungen erreicht hat.

Die Betriebsvereinbarung zur Einführung der Kurzarbeit ist also nach wie vor eine freiwillige, sie enthält freilich zugleich die notwendige Zustimmung nach § 87 Abs. 1 Ziff. 3 BetrVG und erspart dem ArbGeb., dank der normativen Wirkung, die Änderung der Arbeitsverträge mit anderen rechtlichen Mitteln[57].

---

[54] Zum Begriff der „notwendigen" und „erzwingbaren" Mitbestimmung vgl. *Thiele,* GK, Einl. Rdnr. 100 f. und *Wiese,* (Fußn. 50) Bl. 5.

[55] Richtig *Galperin / Löwisch,* § 87 Rdnr. 110; *Simitis / Weiss,* DB 1973, 1242; *Stebut,* RdA 1974, 337; a. A. *Böhm,* BB 1974, 373; vgl. auch oben § 2 II, 2 u. 3, bes. um Fußn. 29 u. Fußn. 38; ferner die in Fußn. 24 zitierten tariflichen Regelungen, welche die hier vertretene Auffassung bestätigen; unklar dagegen *Dietz / Richardi,* § 87 Rdnr. 182; unklar auch *Stege / Weinspach,* (BetrVG, zu § 87 Abs. 1 Nr. 3), die mit der Formulierung, „ein Vorgehen auf einzelvertraglicher Ebene anstelle einer Betriebsvereinbarung" sei „hier" ausgeschlossen, wohl nur meinen, wenn eine kollektive Maßnahme vorliegt, sei die Mitbestimmung des BR notwendig.

[56] So im Ergebnis auch *Wiese,* Initiativrecht, S. 42 ff. mit vollst. Nachw. über den Streitstand; ebenso *Stege / Weinspach,* BetrVG, zu § 87 Abs. 1 Nr. 3; a. A. *Fitting / Auffarth / Kaiser,* § 87 Rdnr. 27 a.

[57] Insoweit zutreffend auch *Stege / Weinspach,* (Fußn. 55).

b) Nach billigem Ermessen

Es steht *nicht* in der *Willkür* (im „freien Belieben", § 319 Abs. 2 BGB) des BR, ob er der Einführung der Kurzarbeit zustimmt[58]. Insbesondere in Fällen, in denen der BR über *materielle Arbeitsbedingungen,* d. h. über Leistung und Gegenleistung im Arbeitsverhältnis mitzubestimmen hat, würde ein ungebundenes Ermessen gegen fundamentale Rechtsprinzipien verstoßen, die auch im Betriebsverfassungsrecht Ausdruck gefunden haben. Nach § 76 Abs. 5 Satz 3 BetrVG faßt die *Einigungsstelle* ihre Beschlüsse „unter angemessener Berücksichtigung der Belange des Betriebs und der betroffenen ArbN nach billigem Ermessen". Wenn aber schon der „Schiedsgutachter-Stelle" (dem Dritten i. S. d. § 319 BGB) nur eine Entscheidung nach „billigem Ermessen" erlaubt ist, so ist erst recht der zur Mit-Entscheidung berufenen *Partei* eine Entscheidung nach *freiem Belieben* verboten. Das kann nicht nur gelten, wenn die beteiligte Partei gemäß § 315 BGB allein zu entscheiden hat, sondern auch bei Mit-Bestimmungsrechten. Der BR darf also grundsätzlich *nicht,* wie *Stebut* annimmt,

„seine Zustimmung zur Anordnung der Kurzarbeit selbst dann verweigern, wenn sie aus unternehmerischer Sicht wirtschaftlich dringend erforderlich ist"[59].

Ob ein BR, der vorsätzlich oder grob fahrlässig gegen diese Pflicht zur Entscheidung nach billigem Ermessen verstößt, sich neben der *Sanktion des § 23 BetrVG* auch noch *schadenersatzpflichtig* macht, ist eine ungelöste Rechtsfrage[60], die im Ergebnis aber bejaht werden muß.

Die entscheidende Frage ist jedoch, an welchen Kriterien der BR in derartigen Fällen seine *Ermessensentscheidung* ausrichten soll. Sofern dies nicht ausnahmsweise durch das Gesetz, wie z. B. in § 99 Abs. 2 BetrVG, vorgeschrieben ist, kann die Frage nur für jeden einzelnen Mitbestimmungstatbestand nach sorgfältiger *Interessenanalyse* entschieden werden.

Für den Fall der Einführung von Kurzarbeit bei *nicht* arbeitskampfbedingten *wirtschaftlichen* Schwierigkeiten muß bedacht werden, daß das Beschäftigungs- und Lohnrisiko innerhalb der Kündigungsfristen und des sonstigen Kündigungsschutzes *grundsätzlich* vom ArbGeb. zu tragen ist. Es kann dem BR ebenso *grundsätzlich* daher nicht zugemutet

---

[58] Ähnlich *Farthmann* (RdA 1974, 68 um Fußn. 36); anders aber *Stebut* (RdA 1974, 346).

[59] *RdA* 1974, 346.

[60] Vgl. *Galperin / Löwisch,* vor § 1 Rdnr. 96 ff.; *Kraft,* GK, § 1 Rdnr. 51 ff.; *Dietz / Richardi,* Vorbem. § 26 Rdnr. 6 ff.; einschränkend *Weiss,* RdA 1974, 269 ff.

werden, den ArbGeb. von diesem Risiko zu Lasten der ArbN zu befreien.

Etwas anderes muß aber gelten, wenn die Voraussetzungen zur Gewährung von Kurzarbeitergeld gemäß §§ 63 ff. AFG vorliegen. Können die ArbN für die ausfallende Arbeitszeit 68 % ihres Nettogehaltes als *steuerfreies* Kurzarbeitergeld erhalten, so entspricht es billigem Ermessen, wenn der BR zur Erhaltung der Arbeitsplätze für die ArbN und zur Erhaltung des Betriebs (vgl. § 63 Abs. 1 AFG), d. h. zum Wohl der ArbN und des Betriebs (§ 2 BetrVG), der Einführung von Kurzarbeit zustimmt. Im Falle der Verweigerung müßte die Zustimmung des BR durch den Spruch der Einigungsstelle gemäß § 76 BetrVG ersetzt werden[61].

Liegen jedoch die Voraussetzungen der §§ 63 ff. AFG nicht vor, z. B. weil der Arbeitsausfall witterungs- oder saisonbedingt oder nicht unvermeidbar war, so ist es auch nicht gerecht und billig, daß der ArbGeb. zu Lasten der ArbN vom Lohnrisiko entlastet wird, d. h. der BR braucht der Einführung der Kurzarbeit nicht zuzustimmen; er kann es freilich, wenn er z. B. meint, zur Erhaltung der Arbeitsplätze sei dies auch im Interesse der ArbN die richtige Entscheidung[62].

IV. Kurzarbeitergeld

Um Entlassungen zu vermeiden, Arbeitsplätze und zugleich funktionsfähige Betriebe möglichst zu erhalten, kann nach §§ 63 ff. AFG Kurzarbeitergeld gewährt werden, wenn die wirtschaftlichen Schwierigkeiten voraussichtlich nur „vorübergehender" Natur sind[63]. Das AFG knüpft die Gewährung des Kurzarbeitergelds jedoch nicht an den Begriff *„Kurzarbeit"* an, den es nicht kennt, sondern an den weiteren Begriff *„Arbeitsausfall"*; der freilich durch weitere positive und negative betriebliche und persönliche Voraussetzungen eingeschränkt und präzisiert wird[64].

Es ist daher durchaus möglich, daß trotz rechtswirksamer „vorübergehender Verkürzung der betriebsüblichen Arbeitszeit" („Einführung

---

[61] Ähnlich auch *Farthmann* (RdA 1974, 68 f.), der jedoch die versch. Interessenlagen im Arbeitsfrieden und im Arbeitskampf verkennt, vgl. § 3 IV, 2 b, cc.

[62] Erfolgt die Änderung der Arbeitsverträge durch die normative Kraft einer Betriebsvereinbarung und ist die Entscheidung des BR grob pflichtwidrig und schuldhaft, so ist andererseits zum Schutz der individuellen Rechte der einzelnen ArbN vor der Kollektivmacht der BRe. eine Schadenersatzpflicht des BR gegenüber den betroffenen ArbN zu erwägen.

[63] Vgl. § 63 Abs. 1 Satz 1 AFG.

[64] Vgl. insbes. den Runderlaß 370/76.4 der BAnstArb.

von Kurzarbeit") für die betroffenen ArbN des Betriebs kein Kurzarbeitergeld gezahlt wird, z. B. weil der Arbeitsausfall nicht unvermeidbar war, oder weniger als $^1/_{10}$ der üblichen Arbeitszeit[65] ausfällt. Demgemäß unterscheiden auch einige *Manteltarifverträge* im Bereich der Metallindustrie ausdrücklich zwischen der *„Einführung der Kurzarbeit"*, d. h. unter Voraussetzungen, die zugleich die Bedingungen zur Gewährung von Kurzarbeitergeld erfüllen, und der sonstigen *„Einführung einer verkürzten Arbeitszeit"*[66].

Die Einführung der Kurzarbeit ist dem Arbeitsamt *anzuzeigen* (§§ 64 Abs. 1 Nr. 4, 72 Abs. 1 AFG) und das Kurzarbeitergeld zu beantragen (§ 72 Abs. 2 AFG). Der *Antrag* kann vom ArbGeb. und vom BR gestellt werden (§ 72 Abs. 2 i. V. m. Abs. 1 Satz 2 AFG); stellt der ArbGeb. den Antrag, so ist die *Stellungnahme des BR* beizufügen (§ 72 Abs. 1 Satz 1 AFG). Die positive Stellungnahme des BR enthält zwar nicht notwendigerweise zugleich die Zustimmung zur Einführung der Kurzarbeit gemäß § 87 Abs. 1 Ziff. 3 BetrVG, begründet jedoch jedenfalls dann, wenn eine förmliche Betriebsvereinbarung nicht erforderlich ist und eine Regelungsabrede genügt, eine *Vermutung* dafür, daß der BR mit der Einführung der Kurzarbeit einverstanden ist[66a]. Sinnvoll ist ein divergierendes Verhalten des BR nur, wenn er deutlich macht, daß er mit der Einführung der Kurzarbeit nur einverstanden ist, wenn zugleich die Voraussetzungen der §§ 63 ff. AFG vorliegen, d. h. Kurzarbeitergeld gewährt wird.

Die Zustimmung des BR gemäß § 87 Abs. 1 Ziff. 3 BetrVG kann also unter die *Bedingung* der Gewährung von Kurzarbeitergeld gestellt sein; der BR kann das in seiner Stellungnahme zum Antrag auf Kurzarbeitergeld deutlich machen.

Andererseits gibt es auch Fälle, in denen die Voraussetzungen zur Gewährung von Kurzarbeitergeld gegeben sind, ohne daß durch oder auf Grund von Einzel- oder Kollektivvereinbarungen unter Mitwirkung des BR eine „vorübergehende Verkürzung betriebsüblicher Arbeitszeit" erfolgt wäre, z. B. wenn die ArbN ihren Anspruch auf Lohnzahlung vorübergehend kraft Gesetzes bzw. kraft der BRL verlieren[67].

---

[65] Vgl. § 64 Abs. 1 Ziff. 3 AFG.

[66] z. B. in oben § 2 Fußn. 19 genannten MTV von Nordwürtt./Nordbaden, Südwürtt./Hohenzollern und Südbaden.

[66a] Zutreffend *Weber / Paul*, AFG, § 65 Rdnr. 24.

[67] Das ergibt sich aus §§ 70, 116 AFG; vgl. *Schönefelder / Kranz / Wanka*, § 63 Rdnr. 9; § 70 Rdnr. 5 - 8; § 116, insbes. Rdnr. 25 ff.; vgl. dazu aber unten § 3 III, 2 um Fußn. 34.

V. Abschied vom sog. existenzgefährdenden Betriebsrisiko

Wegen des Zusammenhangs mit der vorstehend dargestellten Funktion der Kurzarbeit sei hier ein Vorgriff erlaubt auf die spätere Darstellung der Fortentwicklung der BRL.

Als Bestandteil der BRL wird immer noch der Satz fortgeschleppt, das Lohnrisiko (als Teil des Betriebsrisikos) solle ausnahmsweise dann von den ArbN getragen werden, wenn die Betriebsstillegung den Betrieb so schwer trifft, daß die Zahlung der vollen Löhne die Existenz des Betriebs gefährden würde[68].

Dieser Satz ist durch die Rechtseinrichtung der Kurzarbeit in Verbindung mit der Kurzarbeitergeldregelung der §§ 63 ff. AFG überholt. Will der ArbGeb. sich in solchen Krisenfällen, die *nicht durch einen Arbeitskampf bedingt sind,* von seiner Lohnzahlungspflicht befreien, so muß er durch Individual- oder Kollektivvereinbarungen oder Änderungskündigungen *mit Zustimmung des BR* die Arbeitsverträge ändern; ist der Arbeitsausfall unvermeidbar gewesen und liegen die sonstigen Voraussetzungen der §§ 63 ff. AFG vor, so kann er mit Hilfe des *Kurzarbeitergelds* den Betrieb vielleicht über die Schwierigkeiten hinwegbringen, anderenfalls ist sein wirtschaftliches Ende gemäß dem Gesetz der Marktwirtschaft gekommen.

Sind die wirtschaftlichen Schwierigkeiten wahrscheinlich nur von vorübergehender Art, so koinzidiert das Interesse der ArbN und BR an der Erhaltung der Arbeitsplätze mit dem Interesse des ArbGeb. an der Erhaltung des Betriebs und es kann auf eine *vernünftige* Einigung (Betriebsvereinbarung zur Einführung der Kurzarbeit) vertraut werden[69]. Für den angeführten Satz der alten BRL, der rechtlich stets umstritten war[70], besteht daher auch praktisch kein Bedürfnis mehr; er ist durch die dargestellte Entwicklung des Instituts der Kurzarbeit „aufgehoben"[71] worden.

---

[68] Vgl. *BAG* AP Nr. 2, 15, 28 zu § 615 BGB Betriebsrisiko; dazu oben § 3 II, 1 These 6 m. w. Nachw. in Fußn. 18 zu § 3; vgl. auch *Däubler,* Streik und Aussperrung, S. 418.

[69] Ähnlich und insoweit richtig für den Arbeitsfrieden *Farthmann* (RdA 1974, 68 f.), der jedoch die andere Interessenlage im Arbeitskampf verkennt; dazu unten § 3 IV, 2 b, cc.

[70] Vgl. insbes. *Biedenkopf,* Betriebsrisikolehre, S. 18; dazu auch *Schwerdtner,* ArbR I, S. 90.

[71] Im doppelten Sinne *Hegels:* des Vernichtens und Bewahrens.

VI. Zwischenergebnis I

1. Durch die Einführung von Kurzarbeit kann sich der ArbGeb. ganz oder teilweise vom Lohnrisiko entlasten, es bedarf dazu der Zustimmung des BR gemäß § 87 Abs. 1 Ziff. 3 BetrVG. Das Lohnrisiko ist dann zunächst von den ArbN zu tragen. Irgendwelche *objektiven Gründe* sind nicht *notwendige* Voraussetzung zu solcher Einführung von Kurzarbeit; es genügt die Einigung mit dem BR, meist werden solche objektiven Gründe jedoch vorliegen; sie sollten vorliegen bei arbeitsvertraglichen Einheitsregelungen (Ermessenskontrolle).

2. Der BR wird mit der Einführung regelmäßig jedoch nur einverstanden sein, wenn die ArbN Kurzarbeitergeld erhalten; dazu müssen jedoch die Voraussetzungen der §§ 63 ff. AFG vorliegen, d. h. der Arbeitsausfall muß vorübergehend und unvermeidbar sein, auf wirtschaftlichen Ursachen beruhen etc. Liegen diese Voraussetzungen vor, so erhalten die ArbN 68 % des Nettogehalts steuerfreies Kurzarbeitergeld; mit dem Lohnsteuerjahresausgleich also (je nach Steuerbelastung) bis über 90 % Lohnausgleich. Das Lohnrisiko ist damit praktisch großteils auf die BAnstArb. verlagert.

3. Ob und inwieweit der ArbGeb. oder die ArbN oder großteils die BAnstArb. im Falle eines nicht arbeitskampfbedingten Arbeitsausfalls das Lohnrisiko zu tragen haben, wird

   (1) gemeinsam von ArbGeb. und ArbN (Mitbestimmung gemäß § 87 Abs. 1 Ziff. 3 BetrVG) und

   (2) durch die Arbeitsämter gemäß §§ 63 ff. AFG bestimmt.

   Bei der gemeinsam zu bestimmenden Einführung der Kurzarbeit ist nach *billigem Ermessen* zu entscheiden. Letztlich muß der BR der Einführung von Kurzarbeit zustimmen, wenn die BAnstArb. für den Arbeitsausfall Kurzarbeitergeld gewährt.

§ 3 Betriebsstillegungen — auch sog. „Kurzarbeit“ auf Grund der Betriebsrisikolehre infolge Arbeitskampfs

I. Beschreibung der Fallgruppe

Diese Fallgruppe ist dadurch gekennzeichnet, daß der ArbGeb. — meist vorübergehend[1] — *kraft objektiven Rechts* von der Beschäftigungs- und Lohnzahlungspflicht befreit wird, weil die Arbeitsleistung des ArbN aus Gründen, die nicht in seiner Person liegen (§ 616 BGB), nicht vom ArbGeb zu vertreten sind (§ 324 Abs. 1 BGB) und ohne daß der ArbGeb. sich im Verzug der Annahme befindet (§§ 324 Abs. 2, 615 BGB), *unmöglich* oder *wirtschaftlich sinnlos* wird.

In arbeitsrechtlichen Kategorien ausgedrückt jene Fälle also, in denen das Lohnrisiko auf Grund der BRL (i. V. m. der Sphärentheorie), d. h. *kraft objektiven Rechts* von den ArbN zu tragen ist.

Die Unterscheidung zu den Fällen der Kurzarbeit auf Grund Vereinbarung (meist infolge wirtschaftlicher Schwierigkeiten) erfolgt also nicht danach, ob die Produktion aus objektiven Gründen *„zwangsläufig“* („quasiautomatisch“) oder auf Grund *„willentlicher Entscheidung“* zum Erliegen kommt, sondern danach, ob die Lohnzahlungs- und Beschäftigungspflicht *kraft objektiven Rechts* (BRL) oder *kraft Rechtsgeschäfts* (Einzel- oder Kollektivvereinbarung oder Änderungskündigung) verändert wird[2]. Die (einredeweise) *Geltendmachung der Rechte* aus der BRL ist allerdings eine „willentliche“ Entscheidung und die *Subsumtion* eines Sachverhalts (Naturkatastrophe, Fernwirkungen eines Arbeitskampfs etc.) unter die begrifflichen Voraussetzungen der BRL enthält auch einen *„Beurteilungsspielraum“*[3]; jedoch sind diese Entscheidungen keine *Willenserklä-*

---

[1] Bei dauernder Unmöglichkeit der Beschäftigung könnte an eine *Betriebsstillegung* i. S. v. § 111 BetrVG gedacht werden; die Frage ist ungeklärt, ob nur rechtsgeschäftlich vollzogene Stillegungen von § 111 BetrVG erfaßt werden; so wohl *Nikisch* (Bd. I) mit der Unterscheidung Betriebsstillegung (S. 648 ff.) und Betriebsstörung (S. 598 ff.); vgl. auch *Ehmann*, Betriebsstillegung und Mitbestimmung, S. 23 (was heißt „geplant“?). Auch für einen Interessenausgleich und Sozialplan (§ 112) ist kein Raum, wenn eine Fabrik durch eine Naturkatastrophe (z. B. Erdbeben) *endgültig* vernichtet wird.

[2] Vgl. *Helga Borrmann*, DB 1978, 1980; ihr folgend u. a. ArbG Düsseldorf, Beschl. v. 21. 12. 1978 — 1 BV Ga. 31/78 —, S. 7; dazu unten im Text § 3 IV, 2 b, dd.

[3] Zum Begriff „Beurteilungsspielraum“ vgl. insbes. *Bachof*, JZ 1955, 97 ff. (102); zur Unterscheidung von Gestaltungs-, Handlungs-, Rechtsfolge- und

rung (Rechtsgeschäfte), welche die Rechtslage deswegen verändern, weil die Veränderung *gewollt* ist[4].

Durch das Vorliegen der *objektiven Gründe* (fehlende Rohstoffe, Zulieferteile, Energie etc.), die die Voraussetzungen der BRL erfüllen, unterscheidet sich *von den Voraussetzungen her*[5] die Verweigerung der Beschäftigung und Lohnzahlung von der suspendierenden *Abwehraussperrung*. Die Voraussetzungen für eine Abwehraussperrung dürften — vor allem wenn der betroffene Betrieb in demselben fachlichen und räumlichen Tarifbereich gelegen ist, in dem der Arbeitskampf geführt wird — meist auch und schon zeitlich vor denen der BRL gegeben sein[6]. Während aber die Aussperrung eine — allerdings sicherlich nicht gemäß § 87 Abs. 1 Ziff. 3 BetrVG mitbestimmungspflichtige[6a] — *Willensentscheidung*[7] des ArbGeb. ist, ist die Erklärung, daß die Voraussetzungen der BRL erfüllt sind, die Feststellung eines Tatbestands, verbunden mit der Geltendmachung der sich daraus ergebenden Rechte.

Unter den *Kategorien des Betriebsverfassungsrechts* betrachtet, ist die Auseinandersetzung darüber, ob die Voraussetzungen der BRL gegeben sind, eine *Rechtsstreitigkeit,* und die Auseinandersetzung darüber, ob wegen der gegebenen wirtschaftlichen Schwierigkeiten durch Betriebsvereinbarung oder arbeitsvertragliche Einheitsregelung mit Zustimmung des BR vorübergehend die betriebsübliche Arbeitszeit verkürzt, d. h. Kurzarbeit eingeführt werden soll, eine *Regelungsstreitigkeit*[8].

Die Bezeichnung „Kurzarbeit" für die *Fälle der BRL* ist nur üblich geworden, weil auch in diesen Fällen, sofern nicht die Leistungsverbote des § 116 AFG und der NAO eingreifen, grundsätzlich die Voraussetzungen zur Gewährung von Kurzarbeitergeld vorliegen, das regelmäßig

---

Urteilsermessen insbes. *Larenz,* Methodenlehre, 2. Aufl., S. 267 ff., 272 f., 278 f.; vgl. dazu unten § 3 IV, 3 b vor Fußn. 125.

[4] Trotz Lösung des Arbeitsrechts aus den Denkformen des Zivilrechts vgl. *Flume,* Rechtsgeschäft, 2. Aufl., § 2: Die Begriffe „Rechtsgeschäft" und „Willenserklärung".

[5] *Von den Zielen* her unterscheiden sich BRL und Abwehraussperrung dadurch, daß mit der Aussperrung im Hinblick auf den umkämpften Tarifvertrag in den Arbeitskampf eingegriffen wird, während der ArbGeb., der sich auf die BRL beruft, sich im Kampf neutral verhält und lediglich erklärt, daß er gem. der BRL nicht bereit ist, hinsichtlich des Lohnrisikos die individualrechtlichen Folgen zu tragen; vgl. dazu im übrigen unten § 4 III, 2 b.

[6] Vgl. insbes. *Seiter,* Streikrecht, S. 323 ff.

[6a] Was sogar *Schwerdtner* (ArbR I, S. 100) einräumt.

[7] Vgl. *Seiter* (Fußn. 6), S. 351 f.

[8] Zur Bedeutung der Begriffe „Rechts- und Regelungsstreitigkeit" vgl. *Dietz / Richardi,* § 76 Rdnr. 42 m. w. Nachw.; zum konkreten Problem vgl. unten § 3 IV, 3 b um Fußn. 126.

auch vom ArbGeb. unter Beifügung der Stellungnahme des BR beantragt wird (§ 72 AFG)[9].

II. Betriebsrisikolehre — verunsicherte Rechtslage

1. Rechtslage bis Ende der 60er Jahre

Beginnend mit der berühmten „Straßenbahner-Entscheidung" des Reichsgerichts[10] über die Rspr. des RAG[11], die das BAG[12] kontinuierlich fortsetzte, hatte sich bis etwa Ende der 60er Jahre eine mit einer Sphärentheorie verbundene BRL herausgebildet, die in folgende *Thesen*[13] gefaßt werden kann:

1. *Hinsichtlich des Lohnrisikos ist zu unterscheiden zwischen Betriebs- und Wirtschaftsrisiko.*
2. *Zum Betriebsrisiko werden die Fälle gerechnet, in denen der ArbGeb. unverschuldet das Leistungssubstrat (Energie, Rohstoffe, Maschinen, Mitarbeiter etc.), d. h. einen funktionsfähigen Betrieb, nicht zur Verfügung stellen kann und infolgedessen die ArbN nicht arbeiten können.*
3. *Zum Wirtschaftsrisiko werden demgegenüber die Fälle gerechnet, in denen die Arbeitsleistung zwar technisch noch möglich, wirtschaftlich aber sinnlos ist, weil die Produkte nicht mehr abgesetzt oder gelagert werden können.*

---

[9] Vgl. oben im Text § 1 III und unten § 3 III.

[10] *RGZ* 106, 272 ff.

[11] Vgl. insbes. *RAG* 3, 69 ff. = ARS 5, 32 Revisionsentsch. zu LAG Elberfeld ARS 3 (LAG Nr. 38), 127 ff.; weitere Nachweise bei *Ehmann*, DB 1973, 1995 und *Kalb*, Betriebsrisikolehre, insbes. S. 25 ff.

[12] Vgl. *BAG* AP 1 - 30 zu § 615 BGB Betriebsrisiko; ferner *BAG* AP Nr. 45 zu Art. 9 GG Arbeitskampf; vgl. dazu *Ehmann*, DB 1973, 1946 ff. u. 1994 ff.; *Kalb*, Betriebsrisikolehre, S. 33 ff.; *Weiss*, AuR 1974, 37 ff.; *Schmid*, JuS 1977, 92 ff. und neuestens *Lieb*, Fernwirkungen (Akademievortrag). Leider ist mir der Manuskript-Druck des Vortrags, den *Lieb* am 25. Okt. 1978 innerhalb der *Akademie für Erwachsenenbildung Köln im Haus der Begegnung* gehalten hat, erst nach Abschluß meines Manuskripts in die Hände gekommen. Das Vortragsmanuskript *Liebs* ist zugleich vorweg vorgelegter Bestandteil der *Festschrift zum 25jährigen Bestehen des BAG*. Ich habe mich deshalb bemüht, den Beitrag noch in folgenden Fußnoten zu verwerten: § 3 Fußn. 12, 19, *35*, 38, 103, 116, *117*, 125, *126*, 129, *139;* § 4 Fußn. 50, 51, 60, 66, 84, 105, 114, 124, 125 a, *130;* § 6 Fußn. 12.

[13] Die Thesen habe ich in ähnlicher Fassung nach dem Vorbild der von *Hueck*, insbes. in Anm. zu BAG AP Nr. 2 zu § 615 BGB Betriebsrisiko herausgearbeiteten Grundsätze und auf der Grundlage der in vorstehender Fußnote angeführten Rspr. in meinem Habilitationsvortrag formuliert; vgl. DB 1973, 1948 und die dort gegebenen Nachweise. Vgl. auch die Formulierungen der „Grundsätze" bei *Kalb*, Betriebsrisikolehre, S. 36 f.; ferner *Schmid*, JuS 1977, 93; insbes. aber *Hoffknecht*, Arbeitskampfrecht, S. 114 f.

4. *Das Wirtschaftsrisiko hat grundsätzlich*[14] *der Unternehmer zu tragen.*

5. *Das Betriebsrisiko hat ebenfalls grundsätzlich der Unternehmer zu tragen; ausnahmsweise ist das Betriebsrisiko jedoch von den ArbN zu tragen, insbesondere wenn es durch einen Streik verursacht wird, wobei es gleichgültig ist, ob es sich um einen gewerkschaftlich geführten oder einen wilden Streik handelt*[15]*, ob im eigenen oder fremden Betrieb gestreikt wird*[16]*, ob die ArbN der Gewerkschaft angehören, von der der Streik ausgeht*[16] *oder ob es sich um Arbeiter oder Angestellte handelt*[17].

6. *Das Betriebsrisiko (Lohnrisiko) sollte ausnahmsweise auch dann von den ArbN zu tragen sein, wenn die Betriebsstillegung den Betrieb so schwer trifft, daß die Zahlung der vollen Löhne die Existenz des Betriebs gefährden würde*[18].

7. *Die vorstehenden Grundsätze (BRL mit Sphärentheorie) sind dispositives objektives Recht*[19].

2. Gegenargumente

Gegen die BRL (und Sphärentheorie) in dieser Form sind dann Ende der 60er Jahre schwerwiegende Argumente vorgetragen worden, die sich im wesentlichen dahin zusammenfassen lassen:

---

[14] Gegen meine Formulierung (in DB 1973, 1947 vor Fußn. 16), das Wirtschaftsrisiko habe der Unternehmer *stets* zu tragen, *Schmid* (JuS 1977, 93). In BAG AP Nr. 13 zu § 615 BGB Betriebsrisiko Bl. 2 R heißt es in der Tat nur: „Der Absatzmangel fällt vielmehr unter das vom ArbGeb. *grundsätzlich* (Hervorh. v. Verf.) voll zu tragende Wirtschaftsrisiko." Vgl. aber auch BAG AP Nr. 2 zu § 615 BGB Kurzarbeit Leitsatz 2; dazu *Ballerstedt,* AuR, 1966, 227; jetzt auch *Kalb,* Betriebsrisikolehre, S. 37 These (6).

[15] *BAG* AP Nr. 3 zu § 615 BGB Betriebsrisiko.

[16] *BAG* AP Nr. 2 zu § 615 BGB Betriebsrisiko.

[17] *BAG* AP Nr. 2, 4 zu § 615 BGB Betriebsrisiko.

[18] Vgl. AP Nr. 2, 15, 28 zu § 615 BGB Betriebsrisiko; *Biedenkopf,* Betriebsrisikolehre, S. 14 ff.; *Kalb,* Betriebsrisikolehre, S. 108 ff.; ferner im Text oben § 2 V.

[19] *BAG* AP Nr. 5, 14, 15, 16, 29 zu § 615 BGB Betriebsrisiko; dagegen möchte *Kalb* (Betriebsrisikolehre, S. 148 ff.) seine Auffassung zu (nahezu) zwingendem bloß tarifdispositivem Recht festgeschrieben wissen; obwohl auch ich *glaube,* die allein richtige Lösung gefunden zu haben, möchte ich doch die Vertrags- und Betriebspartner Herr ihrer Angelegenheiten sein lassen, weil wir so viel Privatrecht wie möglich bewahren sollten. Neuestens seinem Schüler *Kalb* folgend auch *Lieb,* Fernwirkungen, um Fußn. 57 (vgl. auch § 3 Fußn. 129 u. 139); unrichtig auch *Eisenmann* (BB 1979, 218 ff. (222) mit der Behauptung, die BRL sei *Arbeitnehmerschutzrecht.* Die BRL ist eine *Gefahrtragungsregel* und insoweit sie dem ArbN das Lohnrisiko zuordnet, kann sie nicht Arbeitnehmerschutzrecht sein; zu den abwegigen Vorstellungen *Eisenmanns,* der sich auf die „grundlegende" Dissertation von *Kalb* beruft (BB 1979, 221 Fußn. 48), vgl. im übrigen unten § 4 Fußn. 61.

1. *Die Unterscheidung zwischen Wirtschafts- und Betriebsrisiko sei nicht gerechtfertigt, denn es sei rein zufällig, ob ein Unternehmen als Zulieferer oder als Abnehmer der Kampfbetriebe zur Einstellung der Arbeit gezwungen werde*[20].

2. *Die Unterscheidung von Streiks und Aussperrungen als Ursache von Betriebsstörungen werfe insbesondere bei Abwehraussperrungen verwickelte Kausalitätsprobleme und unlösbare Beweisprobleme auf*[21].

3. *Die Sphärentheorie und der ihr zu Grunde liegende Gedanke der Solidarität aller ArbN beruhe auf dem Kommunistischen Manifest und habe keine rechtliche Grundlage*[22].

4. *Der Umfang des von den ArbN zu tragenden Risikos müsse abhängig sein vom Umfang ihrer Mitbestimmungsrechte*[23].

5. *Schließlich habe ich im Jahre 1973 vorgetragen, die Schadensfolgen eines Arbeitskampfs hätten grundsätzlich diejenigen zu tragen, bei denen sie eintreten, d. h. das arbeitskampfbedingte Lohnrisiko sei grundsätzlich von den ArbN zu tragen, gleichgültig, ob es durch einen Streik oder eine Aussperrung ausgelöst oder dem Betriebs- oder Wirtschaftsrisiko zugerechnet werden könne*[24].

Diese Einwendungen entstammen verschiedenen Wurzeln. Einmal ist es die schlichte Beobachtung, daß die Grundsätze der BRL und Sphärentheorie die Schadensfolgen der modernen Arbeitskämpfe, insbesondere im verflochtenen Bereich der Metallindustrie, nicht mehr sachgerecht und überzeugungskräftig zu erfassen und zu unterscheiden vermögen (Argument 1 und 2)[25]. Zum anderen verletzte die Sphärentheorie ein aus tiefliegenden Gründen plötzlich hochsensibilisiertes Rechtsbewußtsein, das auch auf anderem Felde einen weitgehenden Außenseiterschutz forderte[25]. Der Zusammenhang von Herrschaft und Haftung (Argument 4) auch auf diesem Felde ist dagegen schon vom Reichsgericht in der „Straßenbahner-Entscheidung" als Argument verwendet worden[26]. Meinen Vorschlag (Argument 5) habe ich damit ge-

[20] So insbes. *Löwisch* (schon in) DB 1963, 899; *ders.*, RdA 1967, 45 ff.; *ders.*, RdA 1973, 22 ff.; *Mayer-Maly / Nipperdey*, Risikoverteilung; weitere Nachw. bei *Ehmann*, DB 1973, 1948 Fußn. 23; sowie bei *Kalb*, Betriebsrisikolehre, S. 142.

[21] So insbes. *Mayer-Maly / Nipperdey*, Risikoverteilung, S. 17 ff.

[22] So insbes. *Biedenkopf*, Betriebsrisikolehre, S. 18; weitere Nachw. bei *Kalb*, Betriebsrisikolehre, S. 64 ff.; gegen meine Verkürzung der Argumentation *Biedenkopfs* differenziert *Schwerdtner*, ArbR I, S. 96.

[23] So insbes. *Küchenhoff* bei Erman, § 615 Rdnr. 18; *Ehmann*, DB 1973, 1994 f.; dazu *Kalb*, Betriebsrisikolehre, S. 85 f.

[24] DB 1973, 1997 f.

[25] Vgl. die bei den Argumenten angegebene Literatur.

[26] RGZ 106, 272 ff.; dazu unten im Text § 4 I, 4.

rechtfertigt, daß der soziale Grund, aus dem das Reichsgericht einen Teil des arbeitskampfbedingten Lohnrisikos den Unternehmern aufgebürdet habe, durch das ausgebaute Sozialversicherungssystem, insbesondere die Arbeitslosenversicherung, überholt sei[27].

Die Argumente (vor allem 1 - 3) sind nicht ohne Einfluß auf die Rspr., insbesondere der Instanzgerichte[28], geblieben und auch der *5. Senat des BAG* hat im Urteil vom 7. 11. 1975[29] — Rohrleitungsmonteure — zu erkennen gegeben, daß ihm zumindest die *Begründung* der Sphärentheorie zweifelhaft erscheint und damit zusätzliche Erörterungen im Schrifttum „hervorgelockt“[30].

Die Fortentwicklung der BRL, die damit begonnen hat, muß jedoch die durch das Arbeitsförderungsgesetz in solchen Fällen gewährleistete Sozialversicherungsleistungen mitberücksichtigen, und auch die Frage, ob dem BR in solchen Angelegenheiten ein Mitbestimmungsrecht zukommt, darf nicht außer Betracht bleiben. Diese Probleme sollen daher zunächst dargestellt werden, bevor zur *Fortentwicklung der BRL* noch einige Argumente beigesteuert werden.

III. Arbeitslosen- und Kurzarbeitergeld

Nach §§ 70, 116 AFG kann an die mittelbar durch einen Arbeitskampf beschäftigungslos gewordenen ArbN Arbeitslosen- oder Kurzarbeitergeld gezahlt werden, soweit dadurch nicht in Arbeitskämpfe eingegriffen wird.

1. Arbeitslosengeld

Nach § 100 AFG setzt der Anspruch auf Arbeitslosengeld u. a. voraus, daß der ArbN *arbeitslos* ist. Arbeitslos ist gemäß § 101 AFG ein ArbN, „der vorübergehend nicht in einem Beschäftigungsverhältnis steht“. Weder das Beschäftigungsverhältnis der unmittelbar am Arbeitskampf beteiligten noch der mittelbar betroffenen ArbN wird durch den Arbeitskampf jedoch unmittelbar aufgelöst. Solange die ArbN nicht lösend ausgesperrt oder wirksam gekündigt werden oder abkehren, bleibt das *Beschäftigungsverhältnis* vielmehr bestehen[31]. Zur Lösung der Pro-

---

[27] DB 1973, 1997 ff. und nochmals in: DB 1978, 2023 ff.

[28] Vgl. insbes. *ArbG Kassel*, DB 1972, 1121 ff. (dazu unten § 4 II, 2); *LAG Hamm*, DB 1979, 216 ff. (dazu unten § 4 II, 5); ferner zahlreiche weitere unveröffentlichte neuere Entscheidungen von ArbG, die an jeweils einschlägiger Stelle zitiert werden.

[29] AP Nr. 30 zu § 615 BGB Betriebsrisiko m. Anm. *Seiter*.

[30] Vgl. *Hilger*, Festschrift für Larenz, S. 120.

[31] Solange die ArbN Kurzarbeitergeld erhalten, ergibt sich dies aus §§ 162 Abs. 1, 166 Abs. 1 AFG; wird kein Kurzarbeitergeld gezahlt, bleibt das Beschäftigungsverhältnis längstens drei Wochen bestehen, § 311 Nr. 1 RVO;

blematik hat die BAnstArb. mit *Schnellbrief-Runderlaß vom 2. Dezember 1971* folgendes angeordnet:

„Arbeitnehmer, die wegen der Folgewirkungen des Arbeitskampfs in Nordwürttemberg-Nordbaden von ihren Arbeitgebern ohne Anspruch auf Arbeitsentgelt „freigestellt" werden und sich hierauf hin arbeitslos melden, sind als arbeitslos i. S. d. § 101 Abs. 1 Satz 1 AFG anzusehen. Sie haben bei Vorliegen der sonstigen Voraussetzungen (Erfüllung der Anwartschaftszeit, Verfügbarkeit usw.) Anspruch auf Arbeitslosengeld oder Arbeitslosenhilfe. In solchen Fällen kann der Arbeitnehmer einen Anspruch gegen den Arbeitgeber auf Zahlung von Arbeitsentgelt für die Zeit der Leistungsgewährung haben. Ich bitte deshalb, dem Arbeitgeber vorsorglich den Übergang des etwaigen Anspruchs auf die Bundesanstalt bzw. den Bund anzuzeigen (§ 117 Abs. 4 AFG)."

Damit wird also die Voraussetzung der Arbeitslosigkeit von der *Praxis* als bestehend angenommen. Das Ergebnis ist vernünftig und kann *theoretisch* befriedigend so erklärt werden, daß § 116 AFG das Bestehen der „Arbeitslosigkeit" in derartigen Fällen fingiert[32]. Die Praxis unterstellt vernünftigerweise auch, daß der ArbN der Arbeitsvermittlung zur Verfügung steht, selbst wenn angenommen werden kann, daß der ArbN nach Beendigung des Arbeitskampfs wieder an der alten Arbeitsstelle arbeiten wird[33].

2. Kurzarbeitergeld

In der Praxis wird an die vom Arbeitskampf mittelbar Betroffenen meist Kurzarbeitergeld gemäß §§ 63 ff. AFG gewährt, obwohl *„Kurzarbeit"* im eigentlichen Sinne (gemäß oben § 2 I. u. II.) nicht vorliegt. Das Gesetz über Arbeitsvermittlung und Arbeitslosenversicherung (AVAVG)[34] unterschied noch zwischen „Stillegungsvergütungen" und „Kurzarbeitergeld"; das AFG hat diese Unterscheidung aufgegeben, verwendet nur noch den Begriff „Kurzarbeitergeld" und knüpft seine Gewährung nicht mehr an den Begriff „Arbeitsmangel", sondern an den Begriff „Arbeitsausfall" an[35].

---

vgl. dazu BSG 33, 254 = AP Nr. 46 zu Art. 9 GG Arbeitskampf; ferner *Schönefelder / Kranz / Wanka*, AEG, § 101 Rdnr. 10.

[32] Entgegen dieser Auffassung der BAnstArb. meint *Säcker* (Gruppenparität, S. 70), weil die unmittelbar betroffenen ArbN nicht „arbeitslos" seien, habe § 116 Abs. 3 AFG kein unmittelbares (nur über § 70 AFG) Anwendungsfeld; an meiner auf *Säcker* (in DB 1978, 2031) gestützten Auffassung, der sich inzwischen *Lieb* (Fernwirkungen, um Fußn. 48) angeschlossen hat, halte ich im Hinblick auf die vernünftige Praxis der BAnstArb. nicht fest; vgl. auch *Eckert / Maibaum / Schmidt / Schrader / Weber*, AFG, § 101 Anm. 14.

[33] Vgl. *Schönefelder / Kranz / Wanka*, AFG, § 116 Rdnr. 34.

[34] In der Fass. v. 3. 4. 1957 (BGBl. I, S. 322).

[35] Zutreffend *Schönefelder / Kranz / Wanka*, AFG, vor § 64 Rdnr. 4 ff.; deswegen ist es verfehlt, für die Einführung „arbeitskampfbedingter Kurzarbeit" die „förmliche Einführung von Kurzarbeit" (vgl. *Lieb*, Fernwirkungen, um Fußn. 49), d. h. die Zustimmung des BR zu fordern, was auch *Krebs*

Kurzarbeitergeld kann daher an mittelbar vom Arbeitskampf betroffene ArbN gezahlt werden, sofern die sonstigen Voraussetzungen der §§ 63 ff. AFG vorliegen. Dabei ist der Arbeitskampf als *wirtschaftliche Ursache* im Sinne des § 64 Abs. 1 Ziff. 1 AFG anzusehen[36]. Soweit zweifelhaft ist, ob ein Anspruch auf Arbeitsentgelt für Zeiten des Arbeitsausfalls gegeben ist, d. h. ob die Voraussetzungen der BRL vorliegen, leistet die BAnstArb. die Kurzarbeitergelder unter *Vorbehalt*[37]. Der Rückerstattungsanspruch setzt jedoch trotz dieses Vorbehalts gemäß § 71 AFG voraus, daß der ArbGeb. oder der BR bei der Antragstellung (§ 72 AFG) vorsätzlich oder grob fahrlässig gehandelt haben. Das Arbeitsamt ist jedoch nur *begrenzt* berechtigt, nachzuprüfen, ob der Arbeitsausfall auf dem Arbeitskampf oder auf unzulänglicher unternehmerischer Organisation (Lagerhaltung etc.) beruht[38].

Das Kurzarbeitergeld beträgt wie das Arbeitslosengeld 68 % des Nettolohns[39]; die Leistungen sind jedoch steuerfrei[40], so daß die ArbN im Ergebnis über den Lohnsteuerjahresausgleich für die Ausfallzeit je nach Steuerbelastung bis über 90 % ihrer Nettobezüge erhalten können.

Ob die betroffenen ArbN Arbeitslosen- oder Kurzarbeitergeld erhalten, ist allein davon abhängig, ob durch den ArbGeb. oder den BR der Antrag gemäß § 72 AFG auf Kurzarbeitergeld gestellt wird, oder ob die ArbN persönlich den Antrag auf Arbeitslosengeld gemäß § 100 AFG stellen[41].

Für die ArbGeb. ergibt sich jedoch ein wesentlicher Unterschied daraus, daß sie bei der Leistung von Kurzarbeitergeld gemäß §§ 163 Abs. 2 Satz 1, 166 Abs. 3 Satz 1 AFG zur Leistung eines Teils der So-

---

(AFG, § 64 Rdnr. 4) nicht tut, denn er behandelt dort nicht die „arbeitskampfbedingte Kurzarbeit" (d. h. die BRL), sondern nur die „echte Kurzarbeit". Auch *Weber / Paul* (AFG, § 65 Rdnr. 21 ff.; § 72 Rdnr. 5) behaupten nicht, daß im Falle arbeitskampfbedingten Arbeitsausfalls die Zustimmung des BR Voraussetzung der Gewährung von Kurzarbeitergeld sei (dem bloßen Verweis auf *Simitis / Weiss*, DB 1973, 1240 ff. kann diese Behauptung nicht entnommen werden). Auch in der Praxis der BAnstArb. wird im Falle der Fernwirkungen von Arbeitskämpfen diese Voraussetzung nicht gefordert. Im Ergebnis auch richtig *Lieb* (Fernwirkungen, um Fußn. 49), in der Begründung jedoch unklar. Vgl. auch *Schönefelder / Kranz / Wanka*, § 63 Rdnr. 9; § 70 Rdnr. 5 - 8; § 116 Rdnr. 25 ff.

[36] Vgl. *Säcker*, Gruppenparität, S. 79.

[37] Vgl. Runderlaß der BAnstArb. v. 2. 12. 1971 mit Hinweis auf Runderlaß 192/69.4.

[38] Insoweit zutreffend *ArbG Kassel*, DB 1972, 1124 li. Spalte; *LAG Kiel* AP Nr. 8 zu § 615 BGB Betriebsrisiko; ebenso *Lieb*, Fernwirkungen, um Fußn. 24; vgl. dazu die weiteren Ausführungen unten im Text § 6 II, 2.

[39] § 68 Abs. 4 AFG.

[40] Gemäß § 3 Nr. 2 EStG.

[41] A. A. *Säcker*, (Fußn. 32).

zialversicherungsbeiträge verpflichtet bleiben, nicht aber bei der Leistung von Arbeitslosengeld. Dieser Unterschied für die ArbGeb., der für die Fälle echter Kurzarbeit (gemäß oben § 2 I u. II) seine Berechtigung hat, ist für die Fälle arbeitskampfbedingten Arbeitsausfalls eine *gesetzgeberische Fehlleistung,* weil der ArbGeb. nicht dafür „bestraft" werden darf, daß er durch seinen Antrag nach § 72 AFG dem einzelnen ArbN den Gang zum Arbeitsamt abnimmt. Zwar ist der ArbGeb. nicht verpflichtet, die Kurzarbeit anzuzeigen und Antrag auf Kurzarbeitergeld zu stellen[42], jedoch kann dies bei Vorliegen der objektiven Voraussetzungen auch der BR tun, so daß sich der ArbGeb. im Ergebnis nach der — *wohl unrechten* — Gesetzeslage der Kostenbelastung aus den §§ 163, 166 AFG nicht entziehen kann.

Dem Antrag des ArbGeb. gemäß § 72 Abs. 2 AFG auf Gewährung des Kurzarbeitergelds ist wiederum[43] die Stellungnahme des BR beizufügen. Diese kann aber bei arbeitskampfbedingtem Arbeitsausfall nicht als Zustimmung zur Einführung von *Kurzarbeit* gedeutet werden, sofern sich ArbGeb. und ArbN nicht ausdrücklich und eindeutig auf die Einführung von *Kurzarbeit* geeinigt haben. Vielmehr betrifft die Stellungnahme, sofern die vorübergehende Betriebsstillegung infolge eines *Arbeitskampfs* auf Grund der *BRL* erfolgt, die Frage, ob die Liefer- oder Absatzstörungen auf einem Arbeitskampf *beruhen,* ob der Arbeitsausfall *unvermeidbar* war etc.[44].

Freilich liegt es auch nicht im Interesse des BR, die Auszahlung des Kurzarbeitergelds zu verhindern; jedoch ist er zu wahrheitsgemäßen Angaben verpflichtet, und die Wahrheit kann bei dieser Stellungnahme keine andere sein, als bei der aus demselben Anlaß auftretenden Frage, ob die Voraussetzungen der BRL gegeben sind, oder der ArbGeb. mit der Folge der Lohnzahlungspflicht in Annahmeverzug (§ 615 BGB) geraten ist.

3. Die Leistungsverbote der Neutralitätsanordnung

Durch die Leistung von Arbeitslosen- oder Kurzarbeitergeld darf jedoch nicht in die Arbeitskämpfe eingegriffen werden (§ 116 Abs. 1 AFG). Die aus Art. 9 Abs. 3 GG hergeleitete staatliche Neutralitätspflicht, die auch der BAnstArb. obliegt, dient der Wahrung der *Kampf-*

---

[42] A. A. *Schönefelder / Kranz / Wanka,* AFG, § 72 Rdnr. 3. Aus der Fürsorgepflicht des ArbGeb. kann diese Antragspflicht jedoch nicht abgeleitet werden, weil die ArbN in gleicher Höhe Arbeitslosengeld selbst beantragen und erhalten können und dazu auch wegen des Arbeitsausfalls genügend Zeit haben.

[43] Zur Stellungnahme des BR bei „echter" Kurzarbeit vgl. oben § 2 IV nach Fußn. 66.

[44] Zur begrenzten Nachprüfbarkeit dieser Fragen vgl. oben vor Fußn. 38 und unten § 6 II, 2.

parität der Tarifvertragsparteien[45]. So einleuchtend und unbestritten dieses Prinzip ist, so schwierig ist seine Umsetzung in praktikable Rechtssätze. Der Gesetzgeber in § 116 AFG und auf dessen Grundlage die BAnstArb. in der „Anordnung des Verwaltungsrats der Bundesanstalt für Arbeit über die Gewährung von Leistungen der Bundesanstalt für Arbeit bei Arbeitskämpfen (Neutralitäts-Anordnung)“ vom 22. März 1973 (NAO)[46] haben versucht, eine ausgewogene und deswegen notwendigerweise etwas komplizierte Regelung zu treffen[47].

Etwas vereinfacht kann die Regelung dahingehend zusammengefaßt werden, daß Arbeitslosen- und Kurzarbeitergeld nicht gezahlt werden darf in folgenden Fällen:

1. Bei *Teilstreiks*, wenn die Forderungen der Kampfparteien auch die Arbeitsbedingungen der nichtkämpfenden ArbN desselben Betriebs bestimmen würden[48];
2. bei *Schwerpunktstreiks*, wenn die mittelbar betroffenen ArbN in demselben fachlichen und räumlichen Geltungsbereich des umkämpften Tarifvertrags beschäftigt sind und dieser Tarifvertrag auch ihre Arbeitsbedingungen bestimmen würde[49];
3. bei *Modellstreiks*, wenn die mittelbar betroffenen ArbN zwar im fachlichen, nicht aber im räumlichen Geltungsbereich des Tarifvertrags beschäftigt sind und die Gewerkschaften für den Tarifvertragsbereich dieser ArbN „nach Art und Umfang gleiche Forderungen wie für die am Arbeitskampf beteiligten ArbN erhoben haben“[50].

Mit dieser Regelung der NAO soll gewährleistet werden, daß einerseits nicht durch Zahlung von Arbeitslosen- oder Kurzarbeitergeld zu Gunsten der ArbN und andererseits nicht durch Nichtzahlung zu Gunsten der ArbGeb. in den Arbeitskampf eingegriffen wird. Das *Leitprinzip der Regelung* ist das Interesse der betroffenen ArbN am Er-

---

[45] Zum vielerörterten und vielschichtigen Problem vgl. insbes. die Monographien von *Säcker*, Gruppenparität; *Schwerdtfeger*, Arbeitslosenversicherung; *Kreuzer*, Neutralität der Bundesanstalt; ferner *Kaiser*, Parität, S. 53 ff.; zuletzt *Kalb*, Betriebsrisikolehre, S. 74 ff. m. w. Nachw.

[46] ANBA, S. 365. Zur Rechtsnatur dieser „Anordnung“ vgl. *Ehmann*, DB 1973, 1949 Fußn. 32. Das BVerfG (Beschluß v. 23. 1. 1978 — 1 BvR 104/74) erklärte die Regelungen der „Anordnung“ für *Rechtssätze:* „Ob es sich dabei um eine autonome Satzung oder um *eine andere Art Rechtsetzung* (Hervorh. v. Verf.) handelt (zur Allgemeinverbindlichkeitserklärung von Tarifverträgen BVerfGE 34, 307; 44, 322), kann dahinstehen.“

[47] Neben den in Fußn. 45 zitierten Monographien von *Säcker*, *Schwerdtfeger* und *Kreuzer* vgl. die Aufsätze von *Muhr* (RdA 1973, 9 ff.); *Radke* (RdA 1973, 21 ff.) und *Jülicher* (DB 1973, 720 ff.); ferner *Schönefelder / Kranz / Wanka*, AFG, § 116 Rdnr. 44 ff.; zur Problematik der Konkretisierung des Prinzips der Kampfparität vgl. unten § 5 III, 4 b.

[48] § 2 NAO.

[49] § 3 NAO.

[50] § 4 NAO.

gebnis des umkämpften Tarifvertrags: Soweit die ArbN von dem den Arbeitskampf abschließenden Tarifvertrag einen Vorteil erwarten können, sollen sie dafür notfalls auch das Lohnrisiko ohne den Schutz der Arbeitslosenversicherung tragen müssen. Das entscheidende *Abgrenzungskriterium* zur Entscheidung der Frage, ob der Arbeitskampf im Interesse der mittelbar betroffenen ArbN geführt wird, ob sie einen Vorteil erwarten können, ist nach der NAO die *Zuständigkeit* der streikführenden Gewerkschaft auch für diese mittelbar betroffenen ArbN[51].

Über die Richtigkeit dieses Prinzips und seiner Ausgestaltung ist vor Erlaß der *NAO* und danach viel diskutiert und geschrieben worden[52].

Weitgehend akzeptiert werden die Regelungen betreffend den Teil- und Schwerpunktstreik; wenigstens theoretisch umstritten sind jedoch die Regelungen betreffend den räumlichen und fachlichen Bereich außerhalb des umkämpften Tarifvertrags. Es ist zunächst zweifelhaft, ob es z. B. den Arbeitskampf in der Automobilindustrie nicht beeinflußt (vgl. § 116 Abs. 3 Ziff. 2 AFG), wenn an die ArbN einer Reifenfirma, die infolge dieses Arbeitskampfs zum Erliegen kommt, Arbeitslosengeld gezahlt wird[53].

Andererseits hat das BSG[54] in einem *obiter dictum* die Nichtleistung von Arbeitslosengeld außerhalb des räumlichen Geltungsbereichs des umkämpften Tarifvertrags im Falle von Streiks mit Modellcharakter als rechtswidrig bezeichnet[55].

Seit dieser Entscheidung folgt die BAnstArb. der restriktiven Auslegung des § 4 NAO, die das BSG „nebenbei" glaubte machen zu müssen, und zahlt *außerhalb* des räumlichen Geltungsbereichs des umkämpften Tarifvertrags an die betroffenen ArbN Kurzarbeitergeld, sofern nicht, wie z. B. beim Arbeitskampf der Metallindustrie in Nordwürtt./Nordbaden im Frühjahr 1978, in einem anderen Tarifgebiet (damals nur im Bereich Südwürtt./Südbaden) *völlig identische* Forderungen erhoben werden.

---

[51] So richtig *Löwisch*, SAE 1976, 248; allerdings bleibt dabei § 116 Abs. 3 Nr. 2 AFG außer Betracht.

[52] Vgl. die in Fußn. 45 und 47 Genannten.

[53] Vgl. *Schönefelder / Kranz / Wanka*, AFG, § 116 Rdnr. 49; eine Verfassungsbeschwerde des Verbandes der Metallindustrie Baden-Württemberg e. V. ist vom „Dreierausschuß" (§ 93 a Abs. 2 BVerfGG) des 1. Senats nicht zur Entscheidung angenommen worden, weil sie unzulässig war (1 BvR 104/74).

[54] Urt. v. 9. 9. 1975 — 7 RAr 5/73 —, SAE 1976, 237 (mit Anm. *Löwisch*).

[55] Dagegen zu Recht *Löwisch*, SAE 1976, 246 ff.

IV. Mitbestimmungsrechte des Betriebsrats

1. Allgemeines

Zweck des Mitbestimmungsrechts des BR in sozialen Angelegenheiten ist es, das Recht des ArbGeb. zur alleinigen Betriebsgestaltung zu beschränken[56]. Jedoch stellen die Tatbestände des § 87 Abs. 1 Ziff. 1 - 12 BetrVG eine *abschließende, erschöpfende Regelung* der notwendigen („obligatorischen") Mitbestimmung in sozialen Angelegenheiten dar[57].

Ein Mitbestimmungsrecht des BR bei der Feststellung der Voraussetzungen der BRL oder der bei Vorliegen dieser Voraussetzungen erforderlichen organisatorischen Maßnahmen ist im Katalog des § 87 Abs. 1 BetrVG *nicht* aufgeführt[58]. Es wird jedoch behauptet, diese Tatbestände würden durch die Regelungen des § 87 Abs. 1 Ziff. 2 u. 3 BetrVG erfaßt[59].

Das ist zunächst zu prüfen. Die weitere Frage, ob ein solches tatbestandlich gegebenes Mitbestimmungsrecht durch den Normenvorbehalt des § 87 Abs. 1 BetrVG ausgeschlossen ist[60], ist nachrangig zu erörtern[61].

---

[56] *Dietz / Richardi*, § 87 Rdnr. 64.

[57] *Wiese*, GK, § 87 Rdnr. 3; *Galperin / Löwisch*, § 87 Rdnr. 3.

[58] Zu § 56 BetrVG 1952 so bereits *LAG Kiel* (AP Nr. 8 zu § 615 BGB Betriebsrisiko), Leitsatz 4: „Das Mitbestimmungsrecht des Betriebsrats gem. § 56 BetrVerfG betr. Beginn und Ende der täglichen Arbeitszeit erstreckt sich nicht auf die Entscheidung der Frage, ob Arbeitsleistungen unmöglich bzw. die Entgegennahme der Arbeit dem Arbeitgeber unzumutbar geworden ist und daher der Betrieb wegen des Streiks in einem anderen Betrieb geschlossen werden muß."

[59] *Simitis / Weiss*, DB 1973, 1244 f.; *Farthmann*, RdA 1974, 70; *Schwerdtner* (ArbR I, S. 99 f.) mit dem Hinweis, daß bei der Aussperrung selbstverständlich das Mitbestimmungsrecht des BR entfalle; *Helga Borrmann*, DB 1978, 1982; im Ergebnis bejahen in solchen Fällen jenen folgend ein Mitbestimmungsrecht des BR z. B. auch folgende *Arbeitsgerichte: ArbG Siegburg*, Beschl. v. 5. 4. 1978 — 1 BV Ga. 2/78 —, S. 6; *ArbG Dortmund*, Beschl. v. 27. 12. 1978 — 3 BV Ga. 15/78 —, S. 3; *ArbG Düsseldorf*, Beschl. v. 29. 12. 1978 — 1 BV Ga. 31/78 —, S. 5; *ArbG Siegen*, Beschl. v. 4. 1. 1979 — 1 BV Ga. 2/78 —, S. 8; *ArbG Iserlohn*, Beschl. v. 4. 1. 1979 — 2 BV Ga. 2/78 —, S. 5 f.; *ArbG Duisburg*, Beschl. v. 5. 1. 1979 — 2 BV Ga. 11/78 —, S. 10.
In bezug auf das Mitbestimmungsrecht bei der BRL jedoch richtig *LAG Hamm* (DB 1979, 217): „Einer Anordnung von Kurzarbeit bedarf es daher nicht, wenn der Arbeitnehmer für die Zeit der Arbeitssuche ohnehin keinen Lohnanspruch hat."

[60] So *Hanau*, BB 1972, 500; *Dietz / Richardi*, § 87 Rdnr. 178; *Stege / Weinspach*, BetrVG, zu § 87 Abs. 1 Nr. 3.

[61] Anders *Helga Borrmann* (DB 1978, 1979), die infolge des fehlerhaften Aufbaus durch Widerlegung einer fehlerhaften Begründung zu fehlerhaften Ergebnissen kommt; vgl. unten § 3 IV, 2 b, dd; IV, 5.

2. Der Tatbestand des § 87 Abs. 1 Ziff. 3 BetrVG

a) *Inhaltsbestimmung durch Gesetzesauslegung*

Die Frage ist, ob der Tatbestand des § 87 Abs. 1 Ziff. 3 BetrVG nur die *rechtsgeschäftliche* „Verkürzung der betriebsüblichen Arbeitszeit" der Mitbestimmung des BR unterwirft oder auch andere *gesetzliche* Formen der Verkürzung der Arbeitszeit und Lohnzahlungspflicht.

aa) Solange auch im Arbeitsrecht noch ein Rest von BGB-Dogmatik gültig bleibt[62], kann nicht bezweifelt werden, daß ein wesenhafter Unterschied besteht zwischen einer Änderung der Pflichten aus dem Arbeitsvertrag durch *Rechtsgeschäft* (Einzel- oder Kollektivvereinbarung oder Änderungskündigung)[63] und *kraft Gesetzes* (§§ 275, 323 BGB, BRL). Das kann auch in bezug auf die Verkürzung der Arbeitszeit und der Lohnzahlungspflicht ernsthaft nicht bestritten werden.

So werden z. B. im Lehrbuch von *Hueck / Nipperdey* das „vereinbarte Aussetzen der Arbeit (Kurzarbeit, Werksbeurlaubung)" mit der Folge entsprechender Lohnkürzungen in § 34[64] und die *gesetzlichen* Veränderungen der Beschäftigungs- und Lohnzahlungspflicht in § 44[65], und zwar die „Unmöglichkeit der Arbeitsleistung" mit der Folge des § 323 BGB und den Ausnahmen (§§ 615, 616 BGB u. a.) unter III.[66], und die „Betriebsrisikolehre" unter IV.[67], behandelt.

In entsprechender Weise getrennt behandelt *Nikisch*[68] die Fälle der Kurzarbeit auf Grund *rechtsgeschäftlicher* Änderung der Arbeitsverträge in § 44[69], und die Fälle der *Betriebsstörung* und die *objektivrechtlichen Wirkungen* der BRL in § 42[70] und die „Stillegung des Betriebs" in § 45[71] seines Lehrbuchs.

Diesen Autoren waren die privatrechtlichen und rechtsgeschäftlichen Grundlagen auch des Arbeitsrechts und die Verschiedenheit einer Willenserklärung von sonstigen Willensentscheidungen noch selbstverständliche Denkkategorien[72].

---

[62] Vgl. *Gamillscheg*, AcP 176, 197 ff. und *Zöllner*, Privatautonomie und Arbeitsverhältnis, AcP 176, 221 ff.

[63] Vgl. oben § 2 Fußn. 5.

[64] *Hueck / Nipperdey* I, S. 212 ff.

[65] S. 324 ff.

[66] S. 328 ff.

[67] S. 347 ff.

[68] *Nikisch*, Arbeitsrecht I.

[69] S. 642 ff.

[70] S. 598 ff.

[71] S. 648 ff.

[72] Zur dogmatischen Entwicklung des Arbeitsrechts vgl. die in Fußn. 62 zitierten Autoren und dazu das juristische Argumentationsniveau in den in

bb) Freilich muß zugegeben werden, daß die aus „faschistischem Geiste" stammende Möglichkeit, durch (einseitigen) *Befehl des „Betriebsführers"* (vgl. § 1 AOG) die Arbeit zu strecken und Kurzarbeit einzuführen, auf diesem Felde Verwirrung gestiftet hat, weil solche Änderung der Arbeitsverträge kaum mehr als *privatrechtlich* und rechtsgeschäftlich qualifiziert werden kann, setzt sie doch eine quasi „öffentlich-rechtliche" Ermächtigung, damals eine Zulassung des „Treuhänders der Arbeit" (§ 20 Abs. 3 AOG), heute einen Verwaltungsakt des Landesarbeitsamts (§ 19 KSchG), voraus. In den Lehrbüchern von *Hueck / Nipperdey*[73] und *Nikisch*[74] sind darum diese Formen der „Einführung von Kurzarbeit" auch getrennt von der *rechtsgeschäftlichen* Verkürzung der Arbeitszeit und der gesetzlichen Änderung der Arbeitsverhältnisse behandelt worden.

Eine gewisse Vermischung der Prinzipien ist allerdings durch die gem. § 10 TVG in Kraft gebliebenen *Tarifordnungen* erfolgt, die den ArbGeb. bis zu der Entscheidung des BAG vom 5. 3. 1974[75] zur *einseitigen* Einführung von Kurzarbeit ermächtigten.

Wie schon erwähnt hat das *BAG* im Ergebnis zu Recht, aber mit *Geist vom falschen Geist* — wenn auch von anderem — diese Regelungen außer Kraft gesetzt.

cc) Dies führt zur Ausgangsfrage dieses Abschnitts zurück: Welche Form der „Einführung von Kurzarbeit" wird vom Tatbestand des § 87 Abs. 1 Ziff. 3 BetrVG der Mitbestimmung unterworfen?

Trotz aller Vorbehalte kann zunächst einmal von der *Amtlichen Begründung*[76] ausgegangen werden, wonach mit § 87 Abs. 1 Ziff. 2 u. 3 BetrVG die zuvor geltende Rechtslage nicht geändert werden sollte. Der Inhalt der Begründung ist allerdings dahingehend auszulegen, daß nicht die durch die Rspr. des *BAG*[77] geschaffene Rechtslage, sondern die von *Fitting / Kraegeloh, Nipperdey, Nikisch* u. a.[78] vertretene Auffassung zum BetrVG 1952 in Bezug genommen war. Diese Autoren forderten ein Mitbestimmungsrecht des BR, aber nur bei der *rechtsgeschäftlichen* „Verkürzung der Arbeitszeit", sei es auf Grund einer Ermächtigung im Einzelarbeitsvertrag oder im Tarifvertrag oder durch Änderung der Arbeitsverträge mittels Individualvereinbarungen oder

Fußn. 59 zitierten Arbeitsgerichts-Urteilen, das weitgehend nur noch von einseitigem „Vorverständnis" (vgl. § 4 Fußn. 114) bestimmt ist.

[73] Lehrbuch I, § 66 VIII (S. 702): „Arbeitsstreckung".

[74] Lehrbuch I, § 53 IV (S. 851): „Arbeitsstreckung".

[75] AP Nr. 1 zu § 87 BetrVG 1972 Kurzarbeit.

[76] BT-Drucks. VI/1786, 48.

[77] *BAG* AP Nr. 1 u. 2 zu § 56 BetrVG 1952 Arbeitszeit.

[78] Alle zitiert in den in Fußn. 77 zitierten Entscheidungen.

Änderungskündigungen[79], nicht jedoch bei der Feststellung *gesetzlicher Tatbestände* (z. B. §§ 275, 323 BGB) oder der Voraussetzungen der BRL.

dd) Auch in den beiden Entscheidungen des *BAG* vom 15. 12. 1961[80] ging der Streit darum, ob die rechtsgeschäftliche Verkürzung der Arbeitszeit mitbestimmungspflichtig ist. So heißt es in beiden Entscheidungen wörtlich übereinstimmend:

„Die Gestaltung dieser Angelegenheit (lies: die Bestimmung der Leistung und Gegenleistung durch Verkürzung der Arbeitszeit) ist Sache der Parteien des Tarifvertrags oder der Einzelarbeitsverträge, nicht aber der Betriebspartner."

Sache der Parteien kann die Gestaltung der Angelegenheit (Einführung von Kurzarbeit) aber nur sein, wenn sie *nicht* kraft objektiven Rechts gestaltet wird.

In der zweiten Entscheidung (1 AZR 310/60) heißt es deutlich:

„Der Arbeitgeber kann Kurzarbeit, falls er nicht den hier nicht in Frage kommenden Weg der Änderungskündigung beschreitet, einseitig nur auf Grund einer Ermächtigung kollektivrechtlicher oder einzelvertraglicher Art einführen[81]."

In der Entscheidung ging es anscheinend sogar um eine — allerdings nicht arbeitskampfbedingte — *Betriebsstörung;* das Gericht führte zur Abgrenzung der Regelungsinstitute aus[82]:

„Selbst wenn unterstellt wird, daß die Ursache der Kurzarbeit eine Betriebsstörung i. S. d. Betriebsrisikolehre gewesen wäre und die Beklagte (lies: Arbeitgeber) deshalb nach dieser Lehre für den Lohnausfall hätte einstehen müssen, so gilt dies hier deshalb nicht, weil § 16 Nr. 4 TO dem Arbeitgeber das Recht gibt, in Fällen der Betriebsstörung anstatt der *Arbeitsunterbrechung* (unter Beschränkung der Lohnfortzahlungsverpflichtung auf 12 Stunden) *Kurzarbeit* (Hervorh. v. Verf.) einzuführen. Eine aus solchem Anlaß angeordnete Arbeitszeitverkürzung ist aber nach der ausdrücklichen Regelung der Tarifordnung rechtlich nicht anders zu beurteilen als die Kurzarbeit, die durch § 6 TO erfaßt ist."

Unter „Einführung von Kurzarbeit" verstand das BAG also eindeutig nur die *rechtsgeschäftliche* Verkürzung der betriebsüblichen Arbeitszeit auf Grund der tarifrechtlichen Ermächtigung. Sofern der Fall der „Arbeitsunterbrechung" der *BRL* zuzurechnen war, war das Gericht nur deswegen bereit, ihn dem Fall der *Kurzarbeit* gleichzustellen, weil dies durch die *Tarifordnung* so vorgeschrieben war.

---

[79] Vgl. insbes. *Nikisch* (I, S. 644; III, S. 393 f. (395)), der allerdings ebenso wie *Nipperdey* (II, 2, S. 1362 f.) auf Grund der Entscheidungen des *BAG* (vgl. oben Fußn. 77) seine Auffassung änderte.

[80] Vgl. Fußn. 77.

[81] AP Nr. 2 (a.a.O.), Bl. 1 R.

[82] AP Nr. 2 (a.a.O.), Bl. 1 R.

In einer dritten Entscheidung des *BAG*[82a] vom 14. 12. 1961 (1 AZR 207/59) ging es um die Frage, ob die Kurzarbeit wirksam eingeführt worden oder der ArbGeb. wegen „einseitiger Anordnung", wozu er sich offenbar in Fortwirkung von Rechtsgedanken des AOG berechtigt fühlte, in Annahmeverzug geraten war. Das BAG führte ganz klar aus:

„Es ist davon auszugehen, daß der ArbGeb. zur Verkürzung der ArbZeit und zu der damit verbundenen Lohnminderung *grundsätzlich einer Vereinbarung bedarf* (Hervorh. v. Verf.). Diese kann *gesamt- oder einzelvertragl.* (Hervorh. v. Verf.) getroffen werden. Liegt eine solche Vereinbarung nicht vor, dann ist eine ArbZeitverkürzung nur im Wege der Änderungskünd. des ArbGeb. zu erreichen.

Eine solche ist hier nicht erklärt worden. Insbes. kann in den Aushängen über die Ankündigung der Kurzarbeit keine Künd. gesehen werden. Diese Aushänge gehen erkennbar davon aus, daß die Bekl. zur Einführung der Kurzarbeit ohne weiteres berechtigt sei. Sie hatte demnach bei Abfassung der Aushänge gar nicht den *Willen* (Hervorh. v. Verf.), eine auf Beendigung der bisherigen und den Abschluß neuer ArbVerträge gerichtete *Erklärung* (Hervorh. v. Verf.) abzugeben."

Daraus geht klar hervor, daß das BetrVG 1972 nur für den Tatbestand der rechtsgeschäftlichen Verkürzung der Arbeitszeit in § 87 Abs. 1 Ziff. 3 BetrVG gegen die Rspr. des *BAG* zu § 56 BetrVG 1952 und mit der damaligen Mindermeinung ein Mitbestimmungsrecht des BR eingeführt hat.

ee) Die *Entstehungsgeschichte* des § 87 Abs. 1 Ziff. 3 BetrVG gibt *nicht den geringsten* Anhaltspunkt dafür, daß dieses Mitbestimmungsrecht auch die Fälle erfassen sollte, in denen die Beschäftigungs- und Lohnzahlungspflicht *kraft objektiven Rechts,* sei es wegen zu vertretender oder nicht zu vertretender *Unmöglichkeit* (§§ 275, 323, 324, 325 BGB), sei es auf Grund der arbeitsrechtlichen *BRL* erlöschen. Wenn solche Rechtsfolgen *ohne den Willen,* gar gegen den Willen des ArbGeb. *kraft objektiven Rechts* eintreten, also der ArbGeb. nicht bestimmen kann, ob die Rechtsfolge eintritt, kann auch der BR *kein Mitbestimmungsrecht* haben.

ff) Richtig in diesem Sinne *unterscheidet* auch das *LAG Hamm* im Beschluß vom 3. 11. 1978[83] zwischen der „Einführung von Kurzarbeit" und den rechtlichen Folgen der „BRL":

[82a] *BAG* AP Nr. 1 zu § 615 BGB Kurzarbeit. In einer späteren Entscheidung vom 10. 7. 1969 (AP Nr. 2 zu § 615 BGB Kurzarbeit) war die Frage der Wirksamkeit der Einführung von Kurzarbeit nochmals zu entscheiden, der 5. *Senat* führte aus: „Zu einer rechtswirksamen Verkürzung der betriebl. Arbeitszeit in der Abt. Sandgießerei ist es nicht gekommen. Dem ArbGeb. steht nicht ohne weiteres das Recht zu, kraft seines Direktionsrechts einseitig Kurzarbeit unter entsprechender Lohnminderung einzuführen (h. M.; vgl. *BAG* 11, 34 = AP Nr. 13 zu § 615 BGB Betriebsrisiko). Diese Befugnis kann sich nur aus einer kollektivrechtl. oder einzelvertragl. Vereinbarung ergeben oder auf Grund einer Änderungskündigung der Arbeitsverträge."

[83] DB 1979, 216 ff.

„Einer Anordnung von *Kurzarbeit* (Hervorh. v. Verf.) bedarf es daher nicht, wenn der Arbeitnehmer für die Zeit der Arbeitsruhe ohnehin keinen Lohnanspruch hat. ...

Soweit abweichend von den allgemeinen Grundsätzen der *Betriebsrisikolehre* (Hervorh. v. Verf.) der ArbGeb. zur Verweigerung der Lohnzahlung in den Fällen berechtigt ist, in denen infolge eines Arbeitskampfs im eigenen oder Drittbetrieb die Arbeit ruhen muß, bedarf es — wie dargelegt — der *Einführung von Kurzarbeit* (Hervorh. v. Verf.) nicht[84]."

b) Normerschleichung durch Begriffsvertauschung u. a.

aa) Einige *Arbeitsgerichte* sind trotz dieser eindeutigen Rechtslage jüngst dennoch von der Auffassung ausgegangen, der BR habe *bei der Feststellung der Voraussetzungen der BRL und der Geltendmachung ihrer Rechte,* die sie auch — freilich einige Male sogar in Übereinstimmung mit den betroffenen ArbGeb. — als *„Einführung von Kurzarbeit"* bezeichneten, ein Mitbestimmungsrecht aus § 87 Abs. 1 Ziff. 3 BetrVG[85].

Meist geschah dies *ohne Begründung* und wohl auf Grund *unbewußter Begriffsvertauschung;* manchmal vielleicht auch durch ein unausgesprochenes „Vorverständnis"[86] bestimmt, das im geltenden Recht keine Stütze findet.

Mit derselben Berechtigung könnte bei „Betriebsstillegungen" auf Grund der BRL auch ein Mitbestimmungsrecht des BR nach § 111 BetrVG und ein Sozialplan nach § 112 BetrVG gefordert werden, wenn infolge eines Arbeitskampfs ein vorübergehender Arbeitsausfall eintritt[87].

Allerdings konnten sich die Arbeitsgerichte bei ihren Entscheidungen auch auf literarische Äußerungen[88] stützen und haben es teilweise auch getan.

bb) Wohl als erster hat *Simitis*[89] behauptet, das Mitbestimmungsrecht aus § 87 Abs. 1 Ziff. 3 BetrVG sei „unsachenindifferent"[90]:

---

[84] DB 1979, 217.

[85] Vgl. die Nachweise in Fußn. 59.

[86] Vgl. *Esser,* Vorverständnis und Methodenwahl in der Rechtsfindung, 1970; ferner *Krey,* Zur Problematik richterlicher Rechtsfortbildung contra legem I, II u. III, in: JZ 1978, S. 361 ff.; 428 ff., 465 ff.; beachte insbes. S. 430 f.

[87] Unglaublicherweise will jedoch das *ArbG Siegen* (Beschluß v. 4. Jan. 1979 — 1 BV Ga. 2/78 —) eine solche vorübergehende Produktionsstillegung infolge Arbeitskampfs nicht anders beurteilen als eine endgültige Betriebsstillegung i. S. d. § 111 BetrVG (Beschluß, S. 17).

[88] Vgl. insbes. *Simitis / Weiss,* DB 1973, 1240 ff.; *Farthmann,* RdA 1974, 65 ff.; *Schwerdtner,* ArbR I, S. 99; *Helga Borrmann,* DB 1978, 1978 ff.

[89] DB 1973, 1244.

[90] „Unsachenindifferent" ist wohl nur ein Flüchtigkeitsfehler oder Druckfehler und soll „ursachenindifferent" heißen.

„Ob veränderte Marktlage oder Streik in Zulieferbetrieben, beides muß mit dem Betriebsrat besprochen werden. ...

Es bleibt ihm (lies: dem Arbgeb.) selbstverständlich völlig unbenommen, von einem bestimmten Augenblick an aktiv in diesen Arbeitskampf einzugreifen und sich dabei der Aussperrung zu bedienen. Ausgeschlossen ist lediglich eine indirekte Beteiligung durch die Einführung von Kurzarbeit[91].“

Ob *Simitis* den Unterschied zwischen *rechtsgeschäftlicher* Verkürzung der Arbeitszeit und Erlöschen der Beschäftigungs- und Lohnzahlungspflicht *kraft objektiven Rechts* (BRL) nicht erkannt hat oder nicht erkennen will oder nicht für erheblich hält oder de lege ferenda für verfehlt erachtet oder auch der Begriffsvertauschung erliegt, ist nicht zu erkennen, denn er begründet nicht, er behauptet nur[92]:

„Die Mitentscheidung ist insofern unsachenindifferent.“

Wer aber jahrtausendealte Denkkategorien für unerheblich („ursachenindifferent“) erklärt, hat dafür die *Begründungslast*.

Jeder Versuch, zu ergründen, warum *Simitis* zu solcher Auffassung kommt, liefe Gefahr zu Gründen zu kommen, auf denen *Simitis* nach seiner Meinung nicht steht und nicht stehen will[93]. Diese Gefahr soll vermieden werden; *Simitis* muß seine Thesen selbst begründen.

cc) Gestützt auf *Simitis / Weiss* hat dann *Farthmann*[94] folgendes vorgetragen:

„Da das Gesetz in § 87 Abs. 1 Ziff. 3 BetrVG ein Mitbestimmungsrecht bei jeder vorübergehenden Verkürzung der Arbeitszeit *ohne Rücksicht auf den Anlaß* (Hervorh. v. Verf.) vorschreibt, ist die Mitentscheidung des Betriebsrats auch dann zu beachten, wenn die Kurzarbeit als Folge eines *Arbeitskampfes* in einem Abnehmer- oder Zulieferbetrieb erforderlich wird. Die Gegenmeinung, die in derartigen Fällen offenbar eine Kooperationsunwilligkeit des Betriebsrats aus Gründen der Solidarität mit den Streikenden befürchtet, verkennt die Interessenlage des Betriebsrats. Da dieser in erster Linie bestrebt ist, Entlassungen in seinem Betrieb zu vermeiden, gibt es keinen Grund, *den gesetzlichen Anspruch der Belegschaft* (Hervorh. v. Verf.) auf Berücksichtigung ihrer Interessen bei der Einführung der Kurzarbeit zu versagen.“

Auch das sind bloß *mehrdeutige* Behauptungen ohne Begründung. Zwar ist es richtig, daß § 87 Abs. 1 Ziff. 3 BetrVG „ein Mitbestimmungsrecht bei jeder vorübergehenden Verkürzung der Arbeitszeit ohne Rücksicht auf den Anlaß vorschreibt“, aber das Mitbestimmungsrecht ist nur bei einer Verkürzung der Arbeitszeit durch *rechtsgeschäft-*

---

[91] *Simitis / Weiss*, DB 1973, 1244 f.

[92] DB 1973, 1244.

[93] An die Einlassung von *Simitis* auf dem 52. Deutschen Juristentag in Wiesbaden, insbes. im Anschluß an die Ausführungen von *Walter* (M 73 f.) und *Küsel* (M 88) sei erinnert; der *Sitzungsbericht M* gibt diese Diskussionspassage leider nicht wieder. Stehengeblieben ist lediglich die Verteidigungsrede *Zöllners* (M 120).

[94] RdA 1974, 65 ff. (70).

liche Vereinbarung gegeben, nicht bei Änderung der Vertragspflichten *kraft objektiven Rechts*. Richtig ist ferner, daß der ArbGeb. auch bei Liefer- oder Absatzstörungen infolge eines Arbeitskampfs Kurzarbeit einführen *kann*, aber dies ist nicht notwendig, wenn die Lohnzahlungspflicht schon kraft objektiven Rechts (BRL) erlischt[95]. Nicht richtig ist, daß die Belegschaft im Falle streikbedingter Betriebsstörungen „einen gesetzlichen Anspruch auf Berücksichtigung ihrer Interessen bei der Einführung der Kurzarbeit" aus § 87 Abs. 1 Ziff. 3 BetrVG hat. Dies ist bloß eine Behauptung.

Auch bei *Farthmann* bleibt unklar, ob er den Unterschied zwischen der *Einführung von Kurzarbeit* und der *BRL* bewußt oder unbewußt verkennt.

Schließlich verkennt *Farthmann* aber offensichtlich den *Interessenkonflikt* des BR im Falle arbeitskampfbedingter Betriebsstörungen[96]. Ebenso, wie es im Interesse der Belegschaft und des BR sein kann, sich selbst am Streik zu beteiligen, kann es in ihrem Interesse sein, den Streik mittelbar zu unterstützen unter gleichzeitiger Schonung der gewerkschaftlichen Streikkassen und Belastung des ArbGeb. mit den Lohnkosten. Auch steht infolge der Fernwirkung von Arbeitskämpfen in der Bundesrepublik Deutschland im Regelfall noch nicht die Entlassung der ArbN eines Betriebs bevor; das unterscheidet auch diese Fälle von der Einführung von Kurzarbeit *infolge wirtschaftlicher Schwierigkeiten* des Betriebs. Aber selbst wenn ein BR einmal versucht, *im Arbeitskampf* die Interessen seines Betriebs über die Interessen der streikführenden Gewerkschaft zu stellen, der er auch angehört, so gerät er alsbald in einen bösen Konflikt[97].

Wenn sich schon die Tarifvertragsparteien bei der Gestaltung der Manteltarifverträge über die Frage der arbeitskampfbedingten Fernwirkungen (BRL) nicht einigen können[98], wie sollen sich dann die BR im konkreten Fall der Auswirkungen eines Arbeitskampfs mit dem ArbGeb. einigen können? Welcher BR soll in solchem Fall seine Zustimmung geben können zur Einstellung der Lohnzahlungen, insbe-

---

[95] Insoweit richtig *LAG Hamm*, DB 1979, 217. Vom hier vertretenen Standpunkt aus entscheidet das Gericht die Mitbestimmungsfrage richtig, unrichtig dagegen den Anwendungsbereich der BRL (vgl. dazu unten § 4 II, 5 und III,1).

[96] Vgl. auch unten § 5 I, 1.

[97] Der Konflikt ist im Fall der Entscheidung des *ArbG Berlin* vom 17. 7. 1978 — 8 BV 4/78 — Ereignis geworden: Der BR hatte der durch den Arbeitskampf in Nordwürtt./Nordbaden bedingten Stillegung des Werkes Marienfeld der Daimler-Benz AG zunächst zugestimmt, dann aber nach „interner Beratung" mit der IG Metall die Zustimmung widerrufen und eine einstweilige Verfügung beantragt.

[98] Vgl. unten § 3 IV, 6, insbes. e.

sondere wenn es wegen der Leistungsverbote der NAO nicht einmal Kurzarbeitergeld gibt[99]?

Die BR selbst sollten bei realistischer, von *Ideologie* befreiter Betrachtung der Interessenlage danach trachten, in solchem Falle möglichst kein Mitbestimmungsrecht zu erhalten, weil für einen pflichtbewußten BR, der meist auch Mitglied der Gewerkschaft ist, der Interessenkonflikt in solchem Falle einfach nicht ausgehalten werden kann.

dd) Einen Versuch einer Begründung hat immerhin *Helga Borrmann*[100], Richterin am ArbG Siegburg[101], unternommen mit der Behauptung, es bleibe sowohl bei Zulieferungs- wie bei Abnahmestörungen Raum für eine „willentliche Entscheidung", es komme nicht zu einem „quasiautomatischen Stillstand der Produktion"[102].

Richtig daran ist, daß es nur bei den an der vordersten Front stehenden ArbN, die eine Schraube am Fließband festziehen sollen, die nicht mehr da ist, einfach zu entscheiden ist, ob die Arbeitsleistung unmöglich geworden ist. Je weiter der ArbN jedoch von der unmittelbaren Produktion entfernt ist (Arbeitsvorbereitung, Konstruktionsbüro, Buchhaltung etc.), desto schwieriger wird die Feststellung der arbeitskampfbedingten Unmöglichkeit der Arbeitsleistung:

„Die hiernach dem Arbeitgeber obliegende Prüfungspflicht darf jedoch nicht überspannt werden. Insbesondere bei einer kurzfristigen, nur für einen Tag zu treffenden Entscheidung würde es zu weit gehen, wollte man verlangen, die insoweit erforderlichen Feststellungen für jeden einzelnen Arbeitsplatz gesondert zu treffen. Es genügt vielmehr, daß der Arbeitgeber für geschlossene Betriebsabteilungen die Möglichkeit bzw. Zumutbarkeit der Weiterarbeit prüft[103]."

Falsch ist jedoch die Gleichsetzung der *Subsumtions-Entscheidung* (mit „Beurteilungsspielraum"[104]) hinsichtlich der Voraussetzungen der Betriebsrisikolehre mit einer rechtsgeschäftlichen *Willenserklärung*, gerichtet auf die Verkürzung der Beschäftigungs- und Lohnzahlungspflicht, deren rechtliche Wirkung eintritt, weil sie gewollt ist[105].

[99] Zu den Fragen vgl. auch § 3 IV, 7 und § 5.

[100] DB 1978, 1978 ff.

[101] Vgl. auch den Beschluß des *ArbG Siegburg* (Fußn. 59), S. 7.

[102] DB 1978, 1980. Der falsche Begriff hat leider auch *Lieb* etwas in die Irre geführt (Fernwirkungen, IV, 2 b): „Es ist indessen fraglich, ob an der bisher herrschenden These vom *automatischen Eintritt* (Hervorh. v. Verf.) der Rechtsfolgen der arbeitskampfbedingten Betriebsrisikolehre festgehalten werden kann." Was im Text dazu gegen *Borrmann* ausgeführt wird, gilt entsprechend gegen die Argumentation von *Lieb*.

[103] *LAG Kiel*, AP Nr. 8 zu § 615 BGB Betriebsrisiko; ähnlich *Lieb*, Fernwirkungen, nach Fußn. 23; ferner unten § 6 II, 2.

[104] Vgl. insbes. *Bachof*, JZ 1955, 97 ff. (102).

[105] Trotz Abkehr des Arbeitsrechts von der BGB-Dogmatik vgl. *Flume*, Rechtsgeschäft, § 2: Die Begriffe „Rechtsgeschäft" und „Willenserklärung", S. 23 ff.; vgl. ferner unten § 3 IV, 3 b.

Das grundlegende Mißverständnis von *Borrmann* wird ganz deutlich, wenn sie schreibt, die Lage (bei Fernwirkungen von Arbeitskämpfen) sei nicht anders, als wenn der Betrieb durch ein Unwetter oder durch Brand funktionsunfähig geworden sei, auch hier beruhe die Produktionseinstellung nicht auf einer willentlichen Entscheidung des Unternehmers[106]:

„Trotzdem kann es keinem Zweifel unterliegen, daß zur Vermeidung von Entlassungen mit Zustimmung des Betriebsrats lohnmindernde Kurzarbeit angeordnet werden kann."

Selbstverständlich *kann* in solchem Falle Kurzarbeit angeordnet werden, d. h. die Arbeitszeit durch Vereinbarung unter Wahrung der Rechte des BR nach § 87 Abs. 1 Ziff. 3 BetrVG verkürzt werden; es muß sogar so verfahren werden, wenn der Unternehmer in einem Falle das Lohnrisiko auf die ArbN (bzw. auf die BAnstArb.) überwälzen will, in welchem die BRL in der Form der Rspr. des BAG[107] das Lohnrisiko beim ArbGeb. beläßt[108]. Die Lage ist in solchen Fällen also deswegen anders, weil nach der BRL das Lohnrisiko beim ArbGeb. verbleibt. Dasselbe gilt, wenn man die Auffassung vertritt, daß BRL und Sphärentheorie das Lohnrisiko nicht den ArbN zuweisen in Fällen, in welchen die Betriebsstörung durch eine Aussperrung (alte Sphärentheorie) oder durch Absatzschwierigkeiten (Wirtschaftsrisiko) verursacht wird[109] oder der betroffene Betrieb außerhalb des fachlichen oder räumlichen Geltungsbereichs des umkämpften Tarifvertrags liegt (neuere Lehre in Anlehnung an die NAO[110]). Werden solche Auffassungen über den Inhalt der BRL zu Grunde gelegt, so muß der ArbGeb., wenn er in solchen Fällen das Lohnrisiko auf die ArbN überwälzen will, durch Vereinbarungen (oder Änderungskündigungen) die Arbeitszeit verkürzen, d. h. Kurzarbeit einführen.

Schief ist auch die Bemerkung, für die funktionelle Mitzuständigkeit des BR könne die Ursache des Arbeitsausfalls keine Rolle spielen[111]. Eine *Zuständigkeit* des BR ist allerdings in sozialen Angelegenheiten stets gegeben, jedoch in Fällen der BRL eben kein *notwendiges Mitbestimmungsrecht,* was mit dieser Bemerkung wohl behauptet werden sollte.

---

[106] DB 1978, 1980; dem folgend *ArbG Düsseldorf* (Fußn. 59), S. 7.

[107] Vgl. die oben (§ 3 II, 1) formulierten Thesen.

[108] z. B. im Falle BAG AP Nr. 28 zu § 615 BGB Betriebsrisiko.

[109] Vgl. oben § 3 II, 1.

[110] So jetzt insbes. *LAG Hamm,* DB 1979, 216 ff.

[111] So *Borrmann,* DB 1978, 1980 im Anschluß an *Simitis / Weiss,* DB 1973, 1244 („ursachenindifferent") u. *Farthmann,* RdA 1974, 70 („ohne Rücksicht auf den Anlaß").

ee) In einer mehr beiläufigen Bemerkung hat *Hanau*[112] das Mitbestimmungsrecht des BR im Falle der Fernwirkung von Arbeitskämpfen mit der Begründung abgelehnt, in Gestalt der Sphärentheorie liege eine richterrechtliche Regelung vor, die „als gesetzliche Regelung i. S. der Eingangsworte des § 87 BetrVG anzusehen" sei. Dem hat sich *Richardi*[113] angeschlossen:

„Soweit die Maßnahme nach den Grundsätzen der Rechtsprechung zum Betriebsrisiko oder als Kampfmaßnahme zulässig ist, liegt gesetzesvertretendes Richterrecht vor, das einer gesetzlichen Regelung i. S. der Eingangsworte des § 87 gleichzustellen ist."

Obwohl beide Autoren damit im Ergebnis das Mitbestimmungsrecht ablehnen, ist aus ihrer Begründung geschlossen worden, daß sie den *Tatbestand* des § 87 Abs. 1 Ziff. 3 BetrVG in Fällen vorübergehender Betriebsstillegungen auf Grund der BRL an sich für *gegeben* erachten. Die kurzen Bemerkungen der beiden Autoren rechtfertigen einen solchen Schluß jedoch nicht.

Entsprechendes gilt für die Bemerkung von *Löwisch*[114], bei der Entscheidung über „arbeitskampfbedingte Kurzarbeit in mittelbar vom Arbeitskampf betroffenen Betrieben" scheide das Mitbestimmungsrecht des BR aus, „weil es um eine eng mit der Kampfparität zusammenhängende Frage geht". Auch daraus kann nicht geschlossen werden, daß *Löwisch* wirklich sagen will, die *Feststellung der tatsächlichen Voraussetzung der BRL und der Geltendmachung ihrer Rechte* sei vom Mitbestimmungstatbestand des § 87 Abs. 1 Ziff. 3 BetrVG erfaßt, zumal unklar ist, was *Löwisch* in diesem Zusammenhang unter dem Begriff *„Kurzarbeit"* verstanden wissen will.

Zu den Ablehnungsbegründungen von *Hanau, Richardi* und *Löwisch* ist in anderem Zusammenhang im Text unten[115] Stellung zu nehmen.

3. Analogieverbot

a) Keine Regelungslücke

Weil sowohl bei der Feststellung der tatsächlichen Voraussetzung der BRL („Beurteilungsspielraum") als auch bei der Geltendmachung ihrer Rechte („Handlungsermessen") eine „willentliche Entscheidung" erfor-

[112] BB 1972, 500.

[113] *Dietz / Richardi,* § 87 Rdnr. 178; zustimmend jetzt auch *Stege / Weinspach,* BetrVG, zu § 87 I Nr. 3; neuerdings auch *Lieb,* Fernwirkungen vor Fußn. 54.

[114] *Galperin / Löwisch,* § 74 Rdnr. 13.

[115] § 3 IV, 5.

derlich ist[116], könnte auch an eine analoge Anwendung des § 87 Abs. 1 Ziff. 3 BetrVG gedacht werden.

Eine analoge Anwendung setzt nach heute anerkannter Methodenlehre jedoch voraus, daß eine gesetzliche Regelungslücke besteht[117]. Eine durch Analogie schließbare gesetzliche Lücke besteht aber nicht, wenn im Gesetz eine abschließende Regelung gegeben worden ist[118]. Der Katalog des § 87 Abs. 1 BetrVG enthält aber eine abschließende, erschöpfende Regelung der Fälle notwendiger Mitbestimmung[119].

Selbst wenn nach „fortschrittlichen" Vorstellungen eine „rechtspolitische Lücke" bestehen sollte, darf diese nicht contra legem durch richterliche Rechtsfortbildung geschlossen werden, wenigstens solange nicht, als diese „fortschrittlichen Vorstellungen" nicht zu allgemeinem Gedankengut geworden sind[120].

b) Kein vergleichbarer Tatbestand

Darüber hinaus würde eine analoge Anwendung aber auch nur gerechtfertigt sein,

---

116 Zur Differenz der versch. Willens- und Wertentscheidungen vgl. insbes. *Larenz*, Methodenlehre, 2. Aufl., S. 272 ff. (4. Aufl., S. 279 ff.); dazu auch im Text unten vor Fußn. 125; unklar dazu auch *Lieb* (vgl. unten § 4 Fußn. 125).

117 *Larenz*, Methodenlehre, 2. Aufl., S. 350 ff.; 359 ff. (4. Aufl., S. 354 ff.; 366 ff.). Davon geht auch *Lieb* (Fernwirkungen vor Fußn. 60) aus und definiert die Lücke als „Notwendigkeit der Schaffung einer Art *Ausübungskontrolle* in bezug auf die sonst dem Arbeitgeber allein zustehende Beurteilung der Unvermeidbarkeit des Arbeitsausfalls": „Daß eine solche Ausübungskontrolle stattfinden soll, läßt sich der Wertung des § 87 Nr. 3 entnehmen". Mit solchen Begründungen läßt sich der Katalog des § 87 Abs. 1 BetrVG ins Beliebige erweitern. *Lieb* selbst ist mit dem Ergebnis nicht zufrieden und lehnt die Analogie dann doch noch ab, weil die *„Ausübungskontrolle"* durch die Normen des AFG gesichert sei. Das Ergebnis ist letztlich richtig, aber die Begründung ist unhaltbar und birgt die Gefahr in sich, daß durch Widerlegung der Begründung der Weg zum falschen Ergebnis geöffnet wird (vgl. im Text § 3 IV, 5 vor Fußn. 140). Die Entscheidung darüber, ob die Voraussetzungen der BRL vorliegen, ein Mitbestimmungsrecht des BR gem. § 87 Abs. 1 Ziff. 3 BetrVG gegeben ist, ein Arbeitsausfall i. S. d. § 64 Abs. 1 Nr. 2 AFG unvermeidbar war, betreffen verschiedene tatsächliche und rechtliche Sachverhalte, es bestehen verschiedene Entscheidungszuständigkeiten (ArbGeb., BR, Arbeitsamt), verschiedene Rechtswege (Arbeitsgericht: Urteilsverfahren, Beschlußverfahren; Sozialgericht), verschiedene rechtliche Voraussetzungen und verschiedene Rechtsfolgen etc. Eine irgendwie geartete Koppelung dieser Entscheidungen zum Zwecke des Ausschlusses eines Analogieschlusses ist unmöglich. *Lieb* selbst meint, sein Vorschlag sei „keine optimale Lösung", aber eine gesetzliche Lösung, an der Kritik allenfalls de lege ferenda geübt werden könne.
Auch beim besten Willen kann dem nicht mehr gefolgt werden.

118 *Larenz*, Methodenlehre, 2. Aufl., S. 353, 382 ff. (4. Aufl., S. 354 ff., 363 f.).

119 Vgl. oben § 3 IV, 1 m. Nachw.

120 *Larenz*, Methodenlehre, 2. Aufl., S. 382 (4. Aufl., S. 354 ff.; 402 ff.); zu den Grenzen richterlicher Rechtsfortbildung vgl. neuerdings insbes. BVerfG

„wenn eine Übereinstimmung gerade in allen denjenigen Hinsichten besteht, die für die rechtliche Bewertung maßgebend sind“[121].

Auf die gänzlich verschiedene Interessenlage eines unvermeidbaren Arbeitsausfalls aus wirtschaftlichen Ursachen, der zur Einführung von Kurzarbeit zwingt, und der Liefer- oder Absatzstörungen infolge eines Arbeitskampfs, welche kraft objektiven Rechts die Rechtsfolge der BRL auslösen, ist bereits oben[122] hingewiesen worden. Im Falle vorübergehender, unvermeidbarer wirtschaftlicher Schwierigkeiten liegt es auch im Interesse der ArbN und BR, zur Erhaltung ihrer Arbeitsplätze und des Betriebs Kurzarbeit einzuführen, zumal wenn — was regelmäßig der Fall ist — die Lohnverluste durch Kurzarbeitergeld und Steuerrückzahlungen weitgehend ausgeglichen werden.

Dagegen liegt es nicht im Interesse der ArbN und BR, im Falle arbeitskampfbedingter Störungen des Betriebs den ArbGeb. vom Lohnrisiko zu entlasten, schon gar nicht, wenn die ArbN wegen der Leistungsverbote der NAO kein Kurzarbeitergeld erhalten dürfen; aber auch außerhalb des Geltungsbereichs der Leistungsverbote der NAO stehen während eines Arbeitskampfs die ArbN und BR den Interessen der streikführenden Gewerkschaft regelmäßig näher als ihrem ArbGeb., vor allem, solange es um den Erfolg im Arbeitskampf und nicht um die Existenz des Betriebs und ihrer Arbeitsplätze geht[123].

Aber auch individualrechtlich und rechtstheoretisch handelt es sich um ganz verschiedene Regelungsprobleme.

Die Mitbestimmung bei der Einführung von Kurzarbeit gemäß § 87 Abs. 1 Ziff. 3 BetrVG ist ein Teil einer *rechtsgeschäftlichen* (Kollektiv-) Vereinbarung[124], wenn nämlich eine Betriebsvereinbarung abgeschlossen wird, oder sie ist Wirksamkeitsvoraussetzung eines individualrechtlichen Rechtsgeschäfts, wenn nämlich die Kurzarbeit durch arbeitsvertragliche Einheitsregelung mit Zustimmung des BR eingeführt wird.

Die Mitbestimmung bei der Feststellung der Voraussetzung der BRL wäre dagegen Teilhabe am *„kognitiven Ermessen“*, Teilhabe in der Ausfüllung des *„Beurteilungsspielraums“* bei der *Subsumtion* des Sachverhalts unter die Regeln der BRL. Gleichzeitig wäre ein solches Mitbestimmungsrecht Teilhabe an dem dem *„Urteilsermessen“* („kognitives

---

NJW 1979, 305 ff. (306 li. Sp.) unter Bezugnahme auf *Krey* (Fußn. 86), S. 465; beachte aber besonders auch S. 430 f.

[121] So *Larenz*, Methodenlehre, 2. Aufl., S. 360; ähnlich 4. Aufl., S. 366.

[122] § 2 I; § 3 I, IV, 2 b cc und 3 b; vgl. auch unten § 5.

[123] Unrichtig dagegen *Farthmann*, RdA 1974, 70; dagegen oben § 3 IV, 2 b, cc; vgl. auch § 1 IV, 3.

[124] Vgl. oben § 2 Fußn. 5.

Ermessen“) nachgeschalteten *„Handlungsermessen“* bei der Entscheidung darüber, ob der ArbGeb. die ihm zustehenden Rechte (Verweigerung der Lohnzahlung) geltend machen darf[125].

Bei der Einführung der Kurzarbeit ist die Zustimmung des BR Wirksamkeitsvoraussetzung eines Rechtsgeschäfts und damit eine *Regelungsangelegenheit,* die Mitbestimmung bei der BRL ist dagegen Mitentscheidung einer *Rechtsfrage*[126]. Die verschiedenen Rechtsfolgen der beiden Regelungsinstitute zeigen das deutlich. Stimmt der BR der *Einführung von Kurzarbeit* zu, so ist die Beschäftigungs- und Lohnzahlungspflicht entsprechend verkürzt, stimmt er nicht zu, bleibt der ArbGeb. zur Beschäftigung und Lohnzahlung voll verpflichtet.

Entscheidet der ArbGeb., daß die *Voraussetzungen der BRL* vorliegen und stellt die Lohnzahlungen ein, so ist er entweder im Recht oder im Unrecht, d. h. bei Angebot der Arbeitsleistung durch die ArbN im Annahmeverzug (§ 615 BGB) und demzufolge zur Lohnzahlung verpflichtet.

Die Lohnzahlungsklage mit der Begründung, die Voraussetzungen der BRL hätten nicht vorgelegen, kann jeder ArbN erheben. Wie die Gerichte darüber entscheiden werden, gehört auch zum *Unternehmerrisiko.* Um die Unsicherheit dieses *„Urteilsermessens“* („kognitives Ermessen“) möglichst gering zu halten, wird der Unternehmer sein *„Handlungsermessen“* möglichst vorsichtig ausüben, d. h. nur in *„sicheren“* Fällen die ArbN frei- und die Lohnzahlungen einstellen, weil er sonst Gefahr läuft, ohne eine Arbeitsleistung erhalten zu haben, zur Lohnzahlung verurteilt zu werden[127].

---

[125] Vgl. *Larenz* (Fußn. 3 u 116). *Lieb* (Fernwirkungen, IV, 3 a) meint einerseits, es bedürfe „in bezug auf den Eintritt der evtl. Rechtsfolge, den Wegfall der Lohnzahlungsverpflichtung, einer wertenden Vorentscheidung, bezüglich derer ein nicht unerheblicher Ermessensspielraum schlechterdings nicht geleugnet werden kann“, andererseits sagt er im Ergebnis richtig, daß es einen Ermessensspielraum hinsichtlich der Rechtsfolge, dem Wegfall der Lohnzahlungsverpflichtung, gar nicht geben kann. Der Widerspruch liegt nur in der unklaren Verwendung des Begriffs „Ermessensspielraum“; vgl. dazu auch oben im Text § 3 um Fußn. 116; ferner die Nachweise in § 3 Fußn. 3.

[126] Vgl. *Dietz / Richardi,* § 76 Rdnr. 42 ff. — Weil er nicht „weiterhin am Bilde des quasi automatischen Eintritts der Voraussetzungen für den Wegfall der Lohnzahlungsverpflichtung“ bei Fernwirkungen von Arbeitskämpfen glaubt festhalten zu können, meint *Lieb* (Fernwirkungen vor § 53): „Die Entscheidung über das Vorliegen der Voraussetzungen für das Eingreifen der Betriebsrisikolehre scheint (sic!) infolgedessen entgegen der bisherigen Auffassung weniger eine *Rechtsfrage* ... als vielmehr eine *Regelungsfrage* darzustellen, die einen geeigneten Anknüpfungspunkt für die Mitbestimmung des BR darstellen könnte.“ Offensichtlich verführt von dem Begriff *Borrmanns* der „Quasi-Automatik“ verkennt auch *Lieb* den Unterschied zwischen einer Änderung der Lohnzahlungspflicht kraft objektiven Rechts und durch Einzel- oder Kollektivvereinbarung.

[127] Vgl. dazu auch unten § 5 II, 2 b.

Es ist überhaupt problematisch, inwieweit es ein Mitbestimmungsrecht geben kann *beim Vollzug gesetzlicher Regelungen.* Aus dem Katalog der Tatbestände des § 87 Abs. 1 BetrVG ist Ähnliches nur in den Tatbeständen der Ziff. 5 und 7 denkbar.

Die gesetzliche *Urlaubsregelung* überläßt jedoch den Parteien die Bestimmung der Lage der Urlaubszeit und ist insofern nicht einschlägig.

Ein Mitbestimmungsrecht über derartige Tatbestände gewährt jedoch § 87 Abs. 1 Ziff. 7 BetrVG hinsichtlich des *Arbeitsschutzes.* Dort ist jedoch anerkannt, daß eine *Mitbestimmung nicht stattfindet,* wenn bestimmte Maßnahmen gesetzlich *zwingend* angeordnet sind[128]. In Ziff. 7 handelt es sich jedoch um Angelegenheiten des Arbeitschutzes, die vor allem im Interesse der ArbN geboten sind, so daß es berechtigt ist, den BR zu beteiligen, wenn *Ermessensentscheidungen* über solchen Arbeitsschutz zu treffen sind.

Wenn jedoch im Falle der Fernwirkungen eines Arbeitskampfs der ArbGeb. *gegen die Interessen* der betroffenen ArbN[129] vom Lohnrisiko entlastet werden soll, ist es ein *Widersinn,* dies von der Mitbestimmung des BR abhängig zu machen.

Das alles macht deutlich, daß hier gänzlich verschiedene Tatbestände vorliegen, die auch nicht im Wege der Analogie gleichbehandelt werden dürfen.

Die Erweiterung des Mitbestimmungsrechts des BR aus § 87 Abs. 1 BetrVG auf die Feststellung der Voraussetzungen der BRL und der Geltendmachung ihrer Rechte würde daher auch die Grenzen der Befugnis zur *richterlichen Rechtsfortbildung* überschreiten und gegen die Verfassung verstoßen[130].

4. Arbeitsverteilung und Arbeitsstreckung

Auch für ein Mitbestimmungsrecht des BR nach § 87 Abs. 1 Ziff. 2 BetrVG geben die Fälle der BRL keinen Anwendungsbereich. Wenn und soweit die Voraussetzungen der BRL vorliegen, können die ArbN nicht mehr beschäftigt werden und verlieren ihren Lohnanspruch; es gibt keine Arbeitszeit und keine Pausen mehr zu *verteilen,* sonst wären die Voraussetzungen der BRL nicht gegeben.

---

[128] *Galperin / Löwisch,* § 87 Rdnr. 155; *LAG Niedersachen,* BArbBl. 1979, 32.

[129] Dagegen bezeichnet *Eisenmann* (BB 1979, 222; vgl. dazu oben § 3 Fußn. 19) *auch* die BRL als „Arbeitnehmerschutzprinzip", was jedenfalls solange nicht richtig sein kann, als es Fälle gibt, in denen auf Grund der BRL die ArbN das Lohnrisiko zu tragen haben. Die BRL ist daher als Gefahrtragungsregel zu qualifizieren. Unrichtig neuestens auch *Lieb,* Fernwirkungen, nach Fußn. 57; *Lieb* folgt offenbar — ebenso wie *Eisenmann* (BB 1979, 221 Fußn. 48) — der Dissertation seines Schülers *Kalb* (Betriebsrisikolehre, S. 151). Vgl. § 3 Fußn. 139.

[130] BVerfG NJW 1979, 306.

Eine ganz andere Sache ist es, wenn die ArbGeb. im Hinblick darauf, daß der Betrieb infolge der Fernwirkungen eines Arbeitskampfs in absehbarer Zeit zum Stillstand zu kommen droht, die noch vorhandene Arbeit (Rohstoffe, Zulieferteile etc.) „strecken" und zur Vermeidung vollständiger Stillegung *„Kurzarbeit"* einführen wollen[131]. Ob in solchen und anderen Fällen, in denen die Voraussetzungen der BRL *nicht* vorliegen, der ArbGeb. im Falle arbeitskampfbedingten Arbeitsausfalls zur Verkürzung und Verteilung der Arbeitszeit der Zustimmung des BR gemäß § 87 Abs. 1 Ziff. 2 u. 3 BetrVG bedarf oder das Mitbestimmungsrecht aus *„Gründen der Kampfparität"* ausscheidet, soll später erörtert werden[132].

5. § 87 Abs. 1 Eingangssatz: Normenvorbehalt

Wie bereits erwähnt[133], haben *Hanau*[134] und *Richardi*[135] das Mitbestimmungsrecht des BR im Falle der *Fernwirkung von Arbeitskämpfen* — ohne zu prüfen, ob der Tatbestand des § 87 Abs. 1 Ziff. 3 BetrVG überhaupt gegeben ist — mit der Begründung verneint, die BRL bzw. Sphärentheorie schließe als *„gesetzesvertretendes Richterrecht"* das Mitbestimmungsrecht aus[136].

Dagegen ist eingewandt worden, die Rspr. zur Betriebsrisikolehre betreffe den *individualrechtlichen* Lohnanspruch und könne daher die Mitbestimmungsregelung des § 87 Abs. 1 Ziff. 3 BetrVG nicht ausschließen[137]. Ferner könne das Mitbestimmungsrecht des BR nur durch eine *zwingende* gesetzliche Regelung ausgeschlossen werden[138], die BRL sei aber *dispositives Recht*[139].

---

[131] Vgl. *Borrmann,* DB 1979, 1980. Der BR kann für derartige Entscheidungen jedenfalls kein *Initiativrecht* haben (vgl. oben § 2 vor Fußn. 56). Mit solchen Forderungen wird geradezu bewiesen, daß das Mitbestimmungsrecht in solchen Fällen den Arbeitskampf beeinflussen soll; wodurch das *Prinzip der Kampfparität* (vgl. § 116 Abs. 3 Nr. 2 AFG) verletzt würde.

[132] Unten im Text § 5 II u. III.

[133] Oben § 3 IV, 2 b, dd.

[134] BB 1972, 500.

[135] *Dietz / Richardi,* § 87 Rdnr. 178.

[136] So jetzt auch *Stege / Weinspach,* BetrVG, zu § 87 I Nr. 3.

[137] *LAG Hamm,* DB 1979, 217; *LAG Frankfurt,* Beschluß v. 3. 4. 1978 — 5 Ta. BV Ga. 27/78 —, S. 13 (insoweit nicht abgedruckt in DB 1979, 2496); ebenso *Borrmann,* DB 1978, 1979; dem folgend einige Arbeitsgerichte, z. B. *ArbG Iserlohn* (Fußn. 59 zu § 3), Beschluß S. 6; vgl. auch *Schwerdtner* (ArbR I, S. 99), der jedoch darauf hinweist, daß die Aussperrung selbstverständlich nicht dem Mitbestimmungsrecht des BR unterliege.

[138] *Borrmann* (DB 1978, 1979), gestützt auf *BAG* AP Nr. 1 zu § 87 BetrVG Bl. 4 (mit zust. Anm. *Wiese,* Bl. 8); ebenso schon *LAG Kiel* AP Nr. 8 zu § 615 BGB Betriebsrisiko.

[139] Was der st. Rspr. des BAG entspricht, vgl. die Nachw. oben Fußn. 19; dagegen jetzt mit der unhaltbaren Begründung, die BRL sei Arbeitnehmer-

Diese Einwendungen gegen die Begründung von *Hanau* und *Richardi* sind auch m. E. berechtigt. Jedoch darf daraus *nicht* geschlossen werden, also sei ein Mitbestimmungsrecht des BR gegeben. *Die zutreffende Widerlegung einer fehlerhaften Begründung ist noch keine zureichende Begründung für die Unrichtigkeit des unzureichend begründeten Ergebnisses*[140].

Das hier gewonnene Ergebnis wird bestätigt durch die Auffassung der Tarifvertragsparteien, die in tariflichen Kurzarbeitsregelungen Ausdruck gefunden haben, die im folgenden darzustellen sind.

6. Tarifliche Regelungen

a) Erweiterung der Mitbestimmungsrechte

Sowohl allgemein als auch in jedem praktischen Fall ist noch zu prüfen, ob sich nicht aus tariflichen *„Kurzarbeitsregelungen"* ein Mitbestimmungsrecht des BR bei vorübergehenden Betriebsstillegungen infolge der Fernwirkung von Arbeitskämpfen (Betriebsrisikolehre) ergibt.

Ausgehend von der Feststellung, daß § 87 Abs. 1 Ziff. 3 BetrVG in solchen Fällen kein Mitbestimmungsrecht gibt, taucht hier zunächst die sehr umstrittene Frage auf, ob die notwendigen Mitbestimmungsrechte des BR durch Tarifverträge erweitert werden können, oder das Betriebsverfassungsgesetz grundsätzlich eine abschließende Regelung darstellt[141]. Diese Frage braucht jedoch zur Lösung des konkreten Problems nicht allgemein beantwortet zu werden, denn jedenfalls kann die BRL als materiellrechtliche Regelung durch Einzel- oder Kollektivvereinbarung abbedungen werden[142]. In solchem Falle können aber keine Bedenken dagegen bestehen, daß im Tarifvertrag geregelt wird, daß die Voraussetzungen der BRL nur einverständlich mit dem BR festgestellt werden dürfen[143]. Das gleiche Ergebnis wird erzielt, wenn die BRL im

---

schutzrecht, *Kalb*, Betriebsrisikolehre, S. 151; *Kalb* folgend *Lieb* und *Eisenmann* (Fußn. 19 u. 129). Da *Lieb* jedoch (anders als *Kalb* und *Eisenmann*) mittels der BRL das arbeitskamsfbedingte Lohnrisiko auf die ArbN verlagern bzw. bei den betroffenen ArbN belassen will, kann in seinem System die „arbeitskampfbedingte BRL" niemals *ArbN-Schutzrecht* sein.

140 Vgl. oben Fußn. 61.

141 Vgl. *Galperin / Löwisch*, § 87 Rdnr. 13; *Wiese*, GK, § 87 Rdnr. 6; *Dietz / Richardi*, § 2 Rdnr. 82 ff.; *Fitting / Auffarth / Kaiser*, § 88 Rdnr. 3; *Säcker*, ZfA 1972, Sonderheft, S. 70; zum BetrVG 1952 vgl. insbes. BAG AP Nr. 11 zu § 611 BGB Akkordlohn und BAG AP Nr. 14 zu § 56 BetrVG 52.

142 Vgl. oben § 3 II, 1 These 7 m. Nachw.; ebenso auch *Däubler* (Streik u. Aussperrung, S. 417 f.), der auch davon ausgeht, daß dies in den Tarifverträgen bisher nicht geschehen ist, aber geschehen sollte.

143 So auch *Borrmann*, DB 1978, 1979 f.; ferner *ArbG Siegburg* (Fußn. 59), S. 8; vgl. auch *Wiese*, GK, § 87 Rdnr. 6.

Tarifvertrag ganz abbedungen wird und eine Verlagerung des Lohnrisikos nur durch „Einführung von Kurzarbeit" mit Zustimmung des BR (oder durch Betriebsvereinbarung) erlaubt wird. Von der gewollten Rechtsform kann die Zulässigkeit solcher tariflichen Regelungen nicht abhängig sein; durchschlagend ist der Gedanke, daß eine Regelung, die gänzlich abbedungen, auch von der Zustimmung des BR abhängig gemacht werden kann.

Es ist selbstverständlich nicht möglich, aber auch nicht nötig, alle tarifvertraglichen Kurzarbeitsregelungen durchzuprüfen[144].

Im folgenden beschränke ich mich auf die Untersuchung von drei Manteltarifverträgen, nämlich

1. Manteltarifvertrag für die Arbeiter und Angestellten in der Eisen- und Stahlindustrie von Nordrhein-Westfalen sowie Bremen, Georgsmarienhütte und Osnabrück vom 30. Januar 1975 (künftig abgekürzt: MTV NRW (Eisen und Stahl));
2. Manteltarifvertrag für die Arbeitnehmer in der Eisen-, Metall-, Elektro- und Zentralheizungsindustrie Nordrhein-Westfalens vom 23. Januar 1975 (künftig abgekürzt: MTV NRW (Eisen-Metall-Elektro));
3. Manteltarifvertrag für die Arbeiter der Metallindustrie Nordwürttemberg und Nordbaden vom 1. November 1973 (künftig abgekürzt: MTV Nordwürtt./Nordbaden).

b) §§ 8, 10 MTV NRW (Eisen und Stahl)

In § 8 Abs. 1 MTV NRW (Eisen und Stahl) heißt es:

„Aus dringenden betrieblichen Gründen, z. B. zur Vermeidung von Entlassungen oder vorübergehenden Stillegungen, kann der Arbeitgeber nach Abschluß einer Betriebsvereinbarung für die gesamte Belegschaft oder für einen Teil (nicht einzelne Arbeitnehmer) eine kürzere als die regelmäßige Arbeitszeit einführen."

In § 10 MTV NRW (Eisen und Stahl) heißt es:

„1. Muß die Arbeit aus Gründen ruhen, die der Arbeitgeber zu vertreten hat, sind dem Arbeitnehmer die ausgefallenen Stunden mit seinem Arbeitsverdienst zu vergüten.

...

2. Muß die Arbeit aus Gründen ruhen, die der Arbeitnehmer zu vertreten hat, entfällt die Bezahlung."

Mit den Sätzen des § 8 Abs. 1 MTV NRW (Eisen und Stahl) wird die BRL weder abbedungen[145], noch die Feststellung ihrer Voraussetzungen oder die Geltendmachung ihrer Rechtsfolgen von der Zustimmung des

---

[144] Vgl. die oben § 2 II, 2 Fußn. 18 - 25 angeführten Tarifverträge.

[145] Unrichtig dagegen *ArbG Siegburg* (Fußn. 59), S. 8 (hinsichtlich § 6 MTV NRW (Eisen-Metall-Elektro)); *ArbG Dortmund* (Fußn. 59), S. 4 (hinsichtlich § 8 MTV NRW (Eisen und Stahl)).

BR oder einer Betriebsvereinbarung abhängig gemacht[146]. Aus den beispielhaft aufgeführten Fällen des § 8 Abs. 1 MTV (zur Vermeidung von Entlassungen oder vorübergehenden Stillegungen) i. V. m. § 10 MTV NRW (Eisen und Stahl) ergibt sich vielmehr, daß die Regelung des § 8 MTV die Fälle der BRL gar nicht betrifft[147]. Die Geltendmachung der Rechte aus der BRL dient nicht dazu, „Entlassungen oder vorübergehende Stillegungen" zu vermeiden; vielmehr setzt die BRL gerade voraus, daß eine vorübergehende Stillegung unvermeidbar geworden ist und entscheidet (Rechtsfolge), wer das Lohnrisiko zu tragen hat. Der Regelfall aus § 8 MTV NRW (Eisen und Stahl) ist also im Falle von Fernwirkungen von Arbeitskämpfen jedenfalls nicht gegeben. Jedoch sind die in § 8 Abs. 1 MTV NRW (Eisen und Stahl) angeführten Beispiele wohl nicht abschließend gemeint. § 8 Abs. 1 könnte daher auch so gelesen werden, daß der ArbGeb. statt die Rechte aus der BRL geltend zu machen, auch durch Betriebsvereinbarung die Arbeitszeit verkürzen, d. h. „Kurzarbeit" einführen *kann.* Diese Möglichkeit *(„kann")* bleibt ihm unbenommen, er ist aber dazu nicht gezwungen. Verkürzt der ArbGeb. jedoch in dieser Form die Arbeitszeit, so bedarf er nach § 8 Abs. 1 MTV NRW (Eisen und Stahl) dazu nicht nur der Zustimmung des BR gemäß § 87 Abs. 1 Ziff. 3 BetrVG, sondern einer *Betriebsvereinbarung*[148]. Ob dieses Mitbestimmungsrecht aus „kampfparitätischen Gründen" bei „arbeitskampfbedingter Kurzarbeit" ausgeschlossen ist, wird später erörtert[149].

Es darf auch nicht a maiore ad minus geschlossen werden, daß, wenn auf Grund der BRL ohne Mitbestimmung die Lohnzahlung eingestellt werden könne, auch die Einführung von Kurzarbeit nicht der Mitbestimmung unterliege[150]. Die Voraussetzungen und Folgen der beiden Regelungssysteme sind sehr verschieden[150]. Kommt eine Betriebsvereinbarung zur Einführung von Kurzarbeit zustande, so entfällt im entsprechenden Umfang der Arbeitszeitverkürzung der Lohnanspruch der ArbN, gleichgültig, ob die Voraussetzungen der BRL vorliegen, und auch gleichgültig, wer nach der BRL das Lohnrisiko zu tragen hat[150]. Stellt der ArbGeb. jedoch auf Grund der BRL die Lohnzahlung ein, so könnten die betroffenen ArbN Klage erheben mit der Behauptung, die tatsächlichen und/oder rechtlichen Voraussetzungen der BRL

---

[146] Unrichtig *ArbG Siegen* (Fußn. 59), S. 14.

[147] In bezug auf §§ 6 u. 8 MTV NRW (Eisen-Metall-Elektro) so richtig auch *LAG Hamm,* DB 1979, 217 li. Sp.; ebenso *ArbG Köln,* Beschl. v. 4. 1. 1979, S. 19 (in bezug auf § 6 MTV NRW (Eisen-Metall-Elektro)); unrichtig dagegen *ArbG Düsseldorf* (Fußn. 59), S. 7.

[148] Ebenso *LAG Hamm,* DB 1979, 217.

[149] Unten im Text § 5 II u. III.

[150] Richtig *LAG Hamm,* DB 1979, 217 re. Sp.

hätten nicht vorgelegen, der ArbGeb. habe sich im Annahmeverzug befunden und sei also zur Lohnzahlung verpflichtet.

Die Chance, mit solchen und weiteren Tatsachen- und Rechtsbehauptungen zu obsiegen, ist den ArbN aber genommen, wenn auf Grund von § 8 Abs. 1 MTV NRW (Eisen und Stahl) *Kurzarbeit* eingeführt worden ist.

Deutlicher noch ergibt sich aber aus § 10 MTV NRW (Eisen und Stahl), daß die Lohnkürzungen auf Grund der BRL nicht der Zustimmung des BR bedürfen[151].

Nach *objektiver*, an der Sprache des BGB ausgerichteter *Auslegung*[152] erfaßt § 10 Abs. 1 MTV die Fälle der *vom ArbGeb. zu vertretenden* (§ 276 BGB) *Unmöglichkeit* der Arbeitsleistung (§ 324 Abs. 1 BGB) und § 10 Abs. 2 MTV die Fälle der *vom ArbN zu vertretenden Unmöglichkeit* der Arbeitsleistung (§ 325 BGB). Nach allgemeiner Auffassung regelt die BRL jedoch Fälle *nicht zu vertretender*, d. h. weder vom ArbGeb. noch vom ArbN zu vertretender *Unmöglichkeit* der Arbeitsleistung[153], in denen zweifelhaft ist, ob Annahmeverzug vorliegt, weil die notwendige Mitwirkungshandlung des ArbGeb. bei der Erfüllung der Arbeitsleistung unverschuldet nicht möglich ist (§ 297 BGB). Demnach wären die Fälle der BRL in § 10 MTV NRW (Eisen und Stahl) *nicht* geregelt.

Es ist aber auch möglich, den Tarifvertrag so zu verstehen *(subjektive Auslegung)*[154], daß die Worte „zu vertreten hat" außer der Verschuldensregelung (§§ 276, 324, 325 BGB) auch jeweils die Risikoverteilung nach der BRL im Falle *unverschuldeter* Unmöglichkeit mitumfassen. Demnach wären der Regelung des § 10 Abs. 1 MTV außer den Fällen des § 324 Abs. 1 BGB auch noch die Fälle zuzurechnen, in denen nach der BRL der ArbGeb. das Lohnrisiko zu tragen hat; der Regelung des § 10 Abs. 2 MTV wären außer den Fällen des § 325 BGB auch die Fälle zuzurechnen, in denen nach der BRL die ArbN das Lohnrisiko zu tragen haben[155]. Ob diese *subjektive Auslegung* des Tarifvertrags richtig ist, kann abschließend nur nach Anhörung beider Partner des Tarifvertrags und unter Heranziehung der Materialien entschieden

---

[151] In bezug auf § 8 MTV NRW (Eisen-Metall-Elektro) ebenso *LAG Hamm*, DB 1979, 217.

[152] Zur Auslegung von Tarifverträgen vgl. statt aller *Wiedemann / Stumpf*, TVG, § 1 Rdnr. 390 ff.

[153] So *BAG* AP Nr. 15 zu § 615 BGB Betriebsrisiko, Bl 2 (allgem. Meinung).

[154] Vgl. *Wiedemann / Stumpf*, TVG, § 1 Rdnr. 391 ff.

[155] So offenbar *Ziepke* (zitiert nach *LAG Hamm*, DB 1979, 217) in einem Kommentar zur ähnlichen Regelung des § 8 MTV NRW (Eisen-Metall-Elektro).

werden[156]. Selbst wenn es aber nicht richtig wäre, also unter vom ArbGeb. und ArbN zu vertretendem Arbeitsausfall nur der *verschuldete* Arbeitsausfall gemeint wäre, so ergäbe sich aus § 10 MTV NRW (Eisen und Stahl) immer noch, daß die Rechtsfolgen des nicht zu vertretenden Arbeitsausfalls jedenfalls nicht in § 8 MTV NRW (Eisen und Stahl) geregelt und damit der Mitbestimmung unterworfen sind[157]. Wenn die Juristen der Tarifvertragspartner in § 10 MTV NRW (Eisen und Stahl) die Fälle des vom ArbGeb. und des vom ArbN zu vertretenden Arbeitsausfalls geregelt haben, so ist schwer vorstellbar, daß sie, als an der Unmöglichkeitslehre des BGB geschulte und erzogene Juristen nicht zugleich auch an den Fall des *nicht zu vertretenden Arbeitsausfalls* gedacht haben. Diesen Fall wollten sie dann entweder in der dargestellten Form (subjektive Auslegung) in § 10 MTV NRW (Eisen und Stahl) mitregeln, oder sie haben die Frage *bewußt offen gelassen,* weil sie sich nicht einigen konnten. Haben sie aber die Frage bewußt offen gelassen, so bleibt es insoweit bei der Geltung des (dispositiven) objektiven Rechts, d. h. bei der Geltung der BRL[158].

Eine *Vermutung* dafür, daß die Tarifvertragsparteien den Fall des arbeitskampfbedingten Arbeitsausfalls *nicht* regeln wollten, findet z. B. eine Stütze in einer *Protokollnotiz*[159] im MTV zwischen der Volkswagenwerk AG und der IG Metall vom 27. Nov. 1971, die wie folgt lautet:

„Die Tarifvertragsparteien sind beim Abschluß der Manteltarifverträge für Lohnempfänger und Angestellte vom 12. August 1970 davon ausgegangen, daß bei Betriebseinschränkungen durch mittelbare Auswirkungen inländischer Arbeitskämpfe die Bestimmungen des § 3.3. keine Anwendung finden."

Die Regelung 3.3. betrifft Kurzarbeit und lautet:

„Aus zwingenden betrieblichen Gründen kann Kurzarbeit im Sinne des Arbeitsförderungsgesetzes eingeführt werden.

Einführung sowie die Art und Weise der Durchführung von Kurzarbeit werden mit dem Betriebsrat vereinbart. Die Volkswagenwerk AG hat dazu dem Betriebsrat die Gründe für die Kurzarbeit mitzuteilen und einen Regelungsvorschlag zu unterbreiten."

Die Zusammenschau der §§ 8 und 10 MTV NRW (Eisen und Stahl) ergibt jedenfalls eindeutig, daß die Einstellung der Lohnzahlung auf

---

[156] *Wiedemann / Stumpf,* TVG, § 1 Rdnr. 420 ff.

[157] Ebenso *LAG Hamm* (DB 1979, 217) für die entsprechenden Regelungen der §§ 6 u. 8 MTV NRW (Eisen-Metall-Elektro).

[158] So allgemein *Wiedemann / Stumpf,* TVG, § 1 Rdnr. 417; unrichtig dagegen *ArbG Duisburg* (Beschl. v. 29. 12. 1978, S. 3) mit der Auffassung, das Mitbestimmungsrecht des BR entfalle nicht, da keine Einschränkung des Mitbestimmungsrechts vorgesehen sei.

[159] Zur Bedeutung von Protokollnotizen für die Auslegung vgl. *Wiedemann / Stumpf,* TVG, § 1 Rdnr. 422 - 424.

Grund der BRL *nicht* durch § 8 MTV NRW (Eisen und Stahl) *der Mitbestimmung* des BR unterworfen wurde. Es bleibt aber möglich, trotz Vorliegens der Voraussetzungen der BRL auf die Geltendmachung dieser Rechte zu verzichten und Kurzarbeit gemäß § 8 MTV NRW (Eisen und Stahl) einzuführen, dann aber gilt aus später[160] näher darzulegenden Gründen § 8 MTV NRW (Eisen und Stahl) auch uneingeschränkt, d. h., es ist der Abschluß einer Betriebsvereinbarung notwendig. Ob und inwieweit das Mitbestimmungsrecht des BR bei „arbeitskampfbedingter Kurzarbeit" aus „kampfparitätischen Gründen" zu beschränken ist, wird gleichfalls später[161] erörtert.

c) §§ 6, 8 MTV NRW (Eisen-Metall-Elektro)

Die Vorschriften des MTV NRW (Eisen-Metall-Elektro) stimmen weitgehend mit dem Manteltarifvertrag NRW (Eisen und Stahl) überein.

§ 6 Abs. 1 MTV NRW (Eisen-Metall-Elektro) lautet:

„Aus dringenden betrieblichen Gründen, z. B. zur Vermeidung von Entlassungen oder vorübergehenden Stillegungen, kann der Arbeitgeber nach Abschluß einer Betriebsvereinbarung für die gesamte Belegschaft oder für einen Teil (nicht einzelne Arbeitnehmer) eine kürzere als die regelmäßige Arbeitszeit einführen."

§ 8 MTV NRW (Eisen-Metall-Elektro) lautet:

„1. Muß die Arbeit aus Gründen ruhen, die der Arbeitgeber zu vertreten hat, so ist dem Arbeitnehmer für die ausgefallenen Arbeitsstunden der regelmäßige Arbeitsverdienst weiterzuzahlen (§ 15).

...

2. Muß die Arbeit aus Gründen ruhen, die weder Arbeitgeber noch Arbeitnehmer zu vertreten haben, z. B. Naturkatastrophen, außerbetriebliche Energiestörungen (Gas, Wasser, Strom), so ist die begonnene Schicht zu vergüten, es sei denn, daß die Ausfallstunden unverzüglich — möglichst innerhalb zwei Wochen — nach Beendigung der Arbeitsunterbrechung nachgearbeitet werden können; diese an Werktagen verfahrenen Arbeitsstunden sind zuschlagfrei.

3. Muß die Arbeit aus Gründen ruhen, die der Arbeitnehmer zu vertreten hat, so entfällt die Bezahlung.

4. ...".

Die Vorschrift des § 6 Abs. 1 MTV NRW (Eisen-Metall-Elektro) stimmt wörtlich mit § 8 MTV NRW (Eisen und Stahl) überein. Die obigen Ausführungen gelten daher entsprechend.

---

[160] Unten § 5, insbes. II u. III.

[161] Unten § 5 III.

§ 8 Abs. 1 Satz 1 MTV NRW (Eisen-Metall-Elektro) stimmt überein mit § 10 Abs. 1 Satz 1 MTV NRW (Eisen und Stahl) und § 8 Abs. 3 MTV NRW (Eisen-Metall-Elektro) stimmt überein mit § 10 Abs. 2 MTV NRW (Eisen und Stahl).

Dagegen ist in § 8 Abs. 2 MTV NRW (Eisen-Metall-Elektro) der in § 10 MTV NRW (Eisen und Stahl) vermißte Fall des weder vom ArbGeb. noch vom ArbN zu vertretenden Arbeitsausfalls angesprochen, allerdings haben die Tarifpartner die Erwähnung von Streik, Aussperrung und Arbeitskampf vermieden.

Hierzu wird von *Ziepke*[162] die Auffassung vertreten, daß das streikbedingte Ruhen der Arbeit in § 8 Abs. 3 MTV NRW (Eisen-Metall-Elektro) geregelt sei; der Auffassung kann bei *objektiver Auslegung* angesichts der Regelung des § 8 Abs. 2 MTV NRW (Eisen-Metall-Elektro) nicht mehr gefolgt werden. Daß aber die Tarifvertragspartner angesichts der Regelung des § 8 Abs. 2 MTV NRW (Eisen-Metall-Elektro) an die Fälle arbeitskampfbedingter Fernwirkungen nicht gedacht hätten, ist m. E. *undenkbar*. Durch die *bewußte Regelungslücke* ist die Regelung des objektiven Rechts (BRL) unberührt geblieben[163], d. h., deren Rechtsfolgen stehen *nicht* unter der Voraussetzung der Zustimmung des BR auf Grund § 6 MTV NRW (Eisen-Metall-Elektro).

d) §§ 3, 6 MTV Nordwürtt./Nordbaden

In § 3 MTV Nordwürtt./Nordbaden heißt es:

„3.2 Die Einführung von Kurzarbeit (AFG) oder einer kürzeren als der tariflichen Arbeitszeit erfolgt mit Zustimmung des Betriebsrats.

. . .

Der Kündigung des Arbeitsverhältnisses bedarf es hierzu nicht.

. . .

Der Arbeitgeber hat mit dem Betriebsrat vor Einführung einer verkürzten Arbeitszeit in jedem Fall zu prüfen, ob nicht durch Einführung von Kurzarbeit finanzielle Nachteile für die Mehrheit der betroffenen Arbeitnehmer vermieden werden können, sofern die betrieblichen Belange dies zulassen."

Ferner heißt es in § 6 MTV Nordwürtt./Nordbaden:

„6.1.1 Bei einer Betriebsstörung, die der Arbeitgeber zu vertreten hat, wird der durchschnittliche Arbeitsverdienst (§ 5.6) weiterbezahlt.

. . .

6.1.2 Bei einer Betriebsstörung, die weder der Arbeitgeber noch die Arbeitnehmer zu vertreten haben, wird der Arbeitsverdienst, soweit

---

[162] Zitiert nach *LAG Hamm*, DB 1979, 217 u. 219.

[163] Vgl. oben Fußn. 158.

kein Anspruch auf Ausgleich aus öffentlichen Mitteln besteht, bis zu fünf Stunden in der Woche weiterbezahlt. ...".

Auch in diesem Tarifvertrag ist der Fall arbeitskampfbedingter Unmöglichkeit der Arbeitsleistung in § 6 unter der Überschrift *„Arbeitsausfall"* geregelt, wobei man wieder darüber streiten kann, ob die Fälle arbeitskampfbedingter Fernwirkungen unter *zu vertretendem* oder *nicht zu vertretendem Arbeitsausfall* zu subsumieren sind. Bei *objektiver Auslegung* ohne Kenntnis der Vorstellungen der Tarifvertragspartner würde ich die Fälle auch hier unter den Begriff „nicht zu vertretender Arbeitsausfall" subsumieren mit der Folge, daß gemäß § 6.1.2 der Lohn für bis zu fünf Stunden in der Woche weiterbezahlt werden muß, soweit kein Anspruch auf Ausgleich aus öffentlichen Mitteln besteht, d. h., soweit wegen der Leistungsverbote der NAO kein Arbeitslosen- oder Kurzarbeitergeld gezahlt wird. Ob demgegenüber eine *subjektive Auslegung* des MTV Nordwürtt./Nordbaden ergibt, daß die Tarifvertragsparteien in § 6.1.2 arbeitskampfbedingten Arbeitsausfall nicht regeln wollten, kann nur nach weiterer *Erforschung der Rechtstatsachen* (Anhörung der Tarifvertragsparteien etc.) entschieden werden[164]. Eine derartige *Vermutung* findet gleichfalls eine Stütze in der oben[165] zitierten Protokollnotiz im MTV der Volkswagenwerk AG.

Im übrigen unterscheidet die Vorschrift des § 3.2 MTV Nordwürtt./Nordbaden zwischen der „Einführung von Kurzarbeit (AFG)" und der „Einführung einer verkürzten Arbeitszeit". Obwohl das AFG den Begriff Kurzarbeit nicht kennt, sondern nur die Begriffe „Kurzarbeitergeld", „Arbeitsausfall", „wirtschaftliche Ursachen" etc., ist damit wohl gemeint, daß der ArbGeb. berechtigt ist, mit Zustimmung des BR im Falle der Voraussetzungen der §§ 63 ff. AFG Kurzarbeit anzuordnen, und daß er darüber hinaus sogar berechtigt ist, „eine kürzere als die tarifliche Arbeitszeit einzuführen", wenn die Voraussetzungen der §§ 63 ff. AFG *nicht* vorliegen, d. h., die betroffenen ArbN kein Kurzarbeitergeld erhalten, z. B., weil der Arbeitsausfall nicht unvermeidbar oder weil er betriebsüblich oder saisonbedingt oder witterungsbedingt oder weil weniger als $^1/_{10}$ der Arbeitszeit ausgefallen war etc.

Selbstverständlich kann der ArbGeb. auch in Fällen arbeitskampfbedingter Fernwirkungen „Kurzarbeit" oder eine „kürzere als die tarifliche Arbeitszeit" einführen, gleichgültig, ob in solchem Falle nach der Betriebsrisikolehre der ArbGeb. oder die ArbN das Lohnrisiko zu tragen haben oder ob tatsächlich oder rechtlich unklar ist, was nach der BRL Rechtens ist. Will der ArbGeb. im Fall arbeitskampfbedingter

---

[164] Beachte *Wiedemann / Stumpf*, TVG, § 1 Rdnr. 420 ff.

[165] Nach Fußn. 159.

Fernwirkungen so verfahren, so bedarf er allerdings der Zustimmung des BR, die er vielleicht sogar erhalten wird, wenn die Leistungen der BAnstArb. („Kurzarbeitergeld") nicht durch § 116 AFG und die NAO der BAnstArb. ausgeschlossen sind. Keinesfalls bedarf ein ArbGeb. jedoch auf Grund von § 3 MTV Nordwürtt./Nordbaden der Zustimmung des BR, um im Falle arbeitskampfbedingter Fernwirkungen auf Grund der Betriebsrisikolehre die Lohnzahlungen einstellen zu können.

e) Beilegung von Streitigkeiten durch tarifliche Einigungsstellen

Wie oben[166] schon erwähnt enthalten die Tarifverträge auch Regelungen zur Beilegung von Streitigkeiten aus dem Tarifvertrag, beispielhaft seien auch hier die Regelungen aus den vorgenannten Manteltarifverträgen angeführt.

(1) § 22 Abs. 2 MTV NRW (Eisen und Stahl) lautet:

> „In allen Fällen, in denen dieser Tarifvertrag eine Einigung zwischen Arbeitgeber und Betriebsrat einschließlich Betriebsvereinbarung vorsieht (4) und eine solche nicht zustande kommt, sind die Tarifvertragsparteien hinzuzuziehen (5).
>
> Gelingt keine Übereinstimmung, so ist die Angelegenheit der Einigungsstelle vorzutragen; Zusammensetzung und Verfahrensordnung dieser Einigungsstelle richten sich nach dem Tarifvertrag über die Einigungsstelle vom 5. 1. 1973 (6)."

(2) § 18 MTV NRW (Eisen-Metall-Elektro) lautet:

> „In allen Fällen, in denen dieser Vertrag eine Einigung einschließlich Betriebsvereinbarungen zwischen Arbeitgeber und Betriebsrat vorsieht, und eine solche nicht zustande kommt, sind die Vertreter der vertragsschließenden Parteien hinzuzuziehen. Gelingt auch dann eine Übereinstimmung nicht, so ist die Angelegenheit einer Einigungsstelle vorzutragen, die aus je zwei von den Tarifvertragsparteien zu benennenden Beisitzern und einem unparteiischen Vorsitzenden besteht, auf den sich die Parteien einigen sollen.
>
> Kommt eine Einigung über die Person des Vorsitzenden nicht zustande, so entscheidet unter den Vorschlägen das Los.
>
> Die Einigungsstelle regelt den Streitfall verbindlich."

(3) § 16 MTV Nordwürtt./Nordbaden lautet:

> „16.1 ...
>
> 16.2 Streitigkeiten, die aus der Auslegung oder Durchführung eines zwischen den Tarifvertragsparteien abgeschlossenen Tarifvertrages entstehen, sind durch Verhandlungen zwischen Betriebsleitung und Betriebsrat zu regeln. Gelingt hierbei eine Verständigung nicht, so müssen die beiderseitigen Organisationsvertreter zugezogen werden.

[166] § 2 II, 2 vor Fußn. 36.

16.3 Können zwischen den Tarifvertragsparteien entstandene Streitigkeiten über die Auslegung und Durchführung eines Tarifvertrages oder über das Bestehen oder Nichtbestehen eines Tarifvertrages durch Verhandlungen nicht beigelegt werden, so entscheidet auf Antrag einer Partei die ständige Schiedsstelle der Tarifvertragsparteien.

Diese setzt sich aus je zwei Beisitzern und einem von den Tarifvertragsparteien zu wählenden unparteiischen Vorsitzenden zusammen. Falls keine Einigung über den Vorsitzenden erzielt wird, bestimmt ihn der Präsident des Landesarbeitsgerichts. Die Schiedsstelle entscheidet verbindlich unter Ausschluß des Rechtsweges."

Das ArbG Düsseldorf[167] hat dazu in einem einstweiligen Verfügungsverfahren mit Beschluß vom 29. 12. 1978 — 2 BVGa. 32/78 — über den Antrag eines BR, dem ArbGeb. mangels Zustimmung des BR die arbeitskampfbedingte Stillegung des Betriebes gemäß der BRL zu untersagen, folgendes ausgeführt[168]:

„Eine etwaige Mitbestimmung nach § 8 MTV NRW (Eisen-Metall-Elektro) würde übrigens — falls eine Betriebsvereinbarung nicht zustande käme — in das Verfahren nach § 22 Ziff. 2 MTV einmünden. Danach wären zunächst die kampfbefangenen Tarifvertragsparteien hinzuziehen. Da der Arbeitgeber fraglos dabei die betrieblichen Belange umfassend aufdecken müßte, würde der Gegner damit gleichzeitig mit den notwendigen Informationen versorgt, die ihn dann um so mehr in die Lage versetzen, den Kampfhebel noch wirksamer anzusetzen. Zum anderen hätte durch diese „Mitwirkung" der Kampfgegner sogar die Möglichkeit, unmittelbar im Lager des Gegners dessen taktische Überlegungen zu torpedieren oder zu beeinflussen. Auch das aber wäre nach Ansicht des Gerichts ein untragbares Ergebnis."

Das ist überzeugend und bedarf keines weiteren Kommentars[169].

7. Kampfparität, Ruhen des Betriebsratsamtes

a) *„Arbeitskampfbedingte Kurzarbeit" (Löwisch)*

Wie bereits erwähnt[170], vertritt *Löwisch*[171] die Auffassung,

„daß auch bei der Entscheidung über *arbeitskampfbedingte Kurzarbeit* (Hervorh. v. Verf.) in mittelbar vom Arbeitskampf betroffenen Betrieben das Mitbestimmungsrecht des BR ausscheidet, weil es um eine eng mit der Kampfparität zusammenhängende Frage geht".

---

167 Beschluß v. 29. 12. 1978 — 2 BV Ga. 32/78 —.

168 Beschluß, S. 23 f.

169 Im Ergebnis ebenso *ArbG Oberhausen* (Beschl. v. 8. 1. 1979 — 1 Bv. Ga. 1/79, S. 8) in bezug auf § 22 MTV NRW (Eisen und Stahl) mit dem Bemerken, es sei kaum vorstellbar, daß sich die TV-Parteien während des Arbeitskampfs einigen könnten.

170 § 3 IV, 5.

171 *Galperin / Löwisch*, § 74 Rdnr. 13.

b) *Fragen dazu*

Obwohl und auch weil unklar ist, was *Löwisch* unter dem Begriff „arbeitskampfbedingter Kurzarbeit" verstehen will, wirft die Textstelle einige vorstehend noch nicht beantwortete Fragen auf:

(1) Hilfsweise

Bejaht man entgegen der vorstehend vertretenen Auffassung und trotz aller entgegenstehenden Argumente ein Mitbestimmungsrecht des BR bei der Feststellung der Voraussetzungen der BRL und der Geltendmachung ihrer Rechte, so müssen selbstverständlich irgendwelche Kriterien aufgestellt, irgendwelche Grenzen für dieses Mitbestimmungsrecht gezogen werden, denn es kann unmöglich sein, daß ein ArbGeb. bei einem *Teilstreik* oder einem *Schwerpunktstreik* infolge der Verweigerung der Zustimmung des BR zur „arbeitskampfbedingten Kurzarbeit" zur Lohnzahlung verpflichtet bleibt, obwohl er infolge der Auswirkungen des Arbeitskampfs die ArbN nicht mehr beschäftigen kann und selbst die BAnstArb. an diese ArbN nach der NAO keine Leistungen erbringen dürfte.

Aber wie sollen die Kriterien zur Abgrenzung bestimmt werden? Nach dem *Prinzip der Kampfparität?* Wenn ja, wie soll dieses Prinzip der Kampfparität konkretisiert werden? Gemäß den Grundsätzen der NAO? Aber die sind doch nur ausgerichtet auf die Leistungen der BAnstArb. zur Beantwortung der Frage, ob durch Leistungen an mittelbar betroffene ArbN in die Arbeitskämpfe eingegriffen wird. Bei der Bestimmung der Grenzen der Verpflichtung des ArbGeb. ist aber *nicht nur* zu fragen, ob durch die Leistungen an die ArbN in den Arbeitskampf eingegriffen wird, *sondern auch,* ob durch die weitere Belastung des ArbGeb. mit dem Lohnrisiko in den Arbeitskampf eingegriffen wird.

(2) Ergänzend

Soll das Mitbestimmungsrecht des BR aus „kampfparitätischen Gründen" (in welcher Konkretisierung auch immer) auch dann ausgeschlossen sein, wenn der Arbeitsausfall zwar arbeitskampfbedingt ist, aber die BRL (mit welchem Inhalt auch immer) nicht eingreift, oder der ArbGeb. sich auf die „unsicheren" Rechtssätze dieser Lehre nicht verlassen und lieber durch die Einführung von Kurzarbeit, d. h. durch die vorübergehende rechtsgeschäftliche Verkürzung der Arbeitszeit, klare Verhältnisse schaffen will?

(3) Radikal

Soll die BRL in Fällen arbeitskampfbedingter Liefer- oder Absatzstörungen mit der Folge unvermeidbaren Arbeitsausfalls ebenso abgeschafft werden wie der Satz über das existenzgefährdende Betriebsrisiko? Soll die „arbeitskampfrechtliche“ Funktion der BRL gleichfalls durch das Institut der Kurzarbeit übernommen werden? Nach welchen Kriterien und Grenzen soll das Mitbestimmungsrecht des BR in solchem Falle reguliert werden? Soll der Satz *Stebuts*[172] gelten,

> „daß der Betriebsrat seine Zustimmung zur Anordnung von Kurzarbeit selbst dann verweigern kann, wenn sie aus unternehmerischer Sicht wirtschaftlich dringend erforderlich ist“?

c) *Antworten*

Die Antworten auf die gestellten Fragen werden zweckmäßigerweise erst in § 5 („Mitbestimmte Kurzarbeit statt Betriebsrisikolehre“?) nach der nachstehenden Betrachtung über die „Fortentwicklung der BRL“ (§ 4) gegeben, weil sie davon abhängen, wie der Inhalt der Betriebsrisikolehre künftig sein soll. Zu stellen waren die Fragen jedoch schon an dieser Stelle, weil sie und ihre Antworten bei der *Fortentwicklung der BRL* mitbedacht werden müssen.

V. Zwischenergebnis II

1. Das BetrVG gewährt dem BR kein Mitbestimmungsrecht bei der Feststellung der Voraussetzungen der BRL und der Geltendmachung ihrer Rechte, wenn infolge eines Arbeitskampfs die Beschäftigung der ArbN unmöglich oder wirtschaftlich sinnlos wird.
2. Auch die in der Metallindustrie abgeschlossenen Manteltarifverträge gewähren dem BR kein derartiges Mitbestimmungsrecht.

[172] RdA 1974, 346.

§ 4 Fortentwicklung der Betriebsrisikolehre

I. Genesis der Betriebsrisikolehre

Die Fortentwicklung der BRL setzt die Rückbesinnung auf ihre Entwicklungsgeschichte voraus, weil nur eine solche Methode verhindert, daß im Eifer der „Reform" lang bewährte Gedanken im Entwicklungsprozeß unbeachtet bleiben.

1. Überwindung der BGB-Dogmatik

Eigentlich müßte entschieden werden nach dem *Recht der Leistungsstörungen* des BGB.

Danach ist zuerst zu fragen, ob der ArbGeb. oder der ArbN die *Unmöglichkeit* der Leistung des ArbN zu vertreten hat. Hat der ArbGeb. die Unmöglichkeit zu vertreten, so muß er den Lohn zahlen (§ 324 Abs. 1 BGB); hat der ArbN sie zu vertreten, so wird der ArbGeb. frei. Das gilt immer noch[1].

Erst wenn die Betriebsstörung und demzufolge die Unmöglichkeit der Arbeitsleistung weder vom ArbGeb. noch vom ArbN zu vertreten ist, wird die Entscheidung auf Grund der Dogmatik des BGB schwierig. Die entscheidende Rechtsfrage wäre nach dem BGB die, ob in solchen Fällen *Annahmeverzug* eintritt und die Arbeitsleistung demzufolge unmöglich wird, *während* der ArbGeb. sich im Verzug der Annahme befindet, mit der Folge der Lohnzahlungspflicht gemäß §§ 324 Abs. 2, 615 BGB *oder* ob gemäß § 297 BGB Annahmeverzug nicht eintritt, weil der ArbN zu der für die Mitwirkungshandlung des ArbGeb. bestimmten Zeit außerstande ist, die Arbeitsleistung zu bewirken[2]; sei es auch deshalb, weil dem ArbGeb. die *Mitwirkungshandlung unmöglich* geworden ist. Diese Frage ist bereits im *BGB-Gesetzgebungsverfahren* streitig gewesen und ist es bis heute geblieben[3].

---

[1] *BAG* AP Nr. 18 u. 19 zu § 615 BGB Betriebsrisiko = AP Nr. 1 u. 2 zu § 324 BGB; *BAG* AP Nr. 28 zu § 615 Betriebsrisiko; *Schaub*, ArbR, § 96 m. w. Nachw.

[2] Vgl. *BAG* AP Nr. 20 zu § 615 BGB (mit Anm. *Zöllner*).

[3] Vgl. *Mugdan* II, 899 f.; dazu *Ehmann*, DB 1973, 1946 f. m. w. Nachw.; insbes. auch *Fabricius*, Leistungsstörungen im Arbeitsverhältnis, S. 54 ff.; ferner *Nassauer*, Sphärentheorien, S. 70 ff.

Schwierigkeiten für die BGB-Dogmatik bieten schließlich die Fälle, in denen der Arbeitskampf nicht zu Liefer- und Produktionsstörungen, sondern zu *Absatzstörungen* führt, weil in solchen Fällen die Leistung des ArbN nicht eigentlich *unmöglich,* sondern nur für den ArbGeb. wirtschaftlich *sinnlos* wird[4].

Das *Reichsgericht*[5] hat sich in der berühmten „Straßenbahner-Entscheidung" diesen *dogmatischen Schwierigkeiten* entzogen mit dem Satze:

„Man darf aber, um zu einer befriedigenden Lösung des Streites zu gelangen, überhaupt nicht von den Vorschriften des Bürgerlichen Gesetzbuchs ausgehen, muß vielmehr die *sozialen Verhältnisse* (Hervorh. v. Verf.) ins Auge fassen, wie sie sich seitdem entwickelt und in der Gesetzgebung der neuesten Zeit auch ausdrückliche Anerkennung gefunden haben."

Ein Kritiker schrieb dazu: „Das BGB stirbt und das Reichsgericht ist sein Totengräber[6]."

2. Rücksicht auf die sozialen Verhältnisse

Das *Reichsgericht*[7] hat die über § 323 BGB hinausgehende *Verlagerung des Betriebsrisikos* (= Lohnrisiko) auf den ArbGeb. mehrfach ausdrücklich mit den *sozialen Verhältnissen* der Zeit begründet, z. B. indem es sich im voraus gegen die Kritik verwahrte, daß das Ergebnis seiner Entscheidung von anderen Entscheidungen abweiche[8]:

„. . ., so beruht das im wesentlichen darauf, daß den Vorschriften des Bürgerlichen Gesetzbuchs zuviel und den *sozialen Verhältnissen* (Hervorh. v. Verf.), wie sie sich inzwischen entwickelt haben, zu wenig Bedeutung beigemessen worden ist".

In eleganter Art hob das *Reichsgericht*[9] zwar positiv hervor, daß das BGB *„sozialen Rücksichten"* vielfach Rechnung getragen habe, und verwies dazu auf die §§ 617, 618, 619 BGB, die jedoch bekanntermaßen von

[4] Mittels des Begriffs der „wirtschaftlichen Unmöglichkeit" könnten auch diese Fälle noch mit der Dogmatik des BGB erfaßt werden; im System des BGB bestehen gegen diesen Begriff jedoch einige Bedenken (vgl. *Larenz,* SchuR I, § 21 I e, S. 261); es ist der Sinn der *arbeitsrechtlichen* BRL, von den Fesseln dieser Begrifflichkeit zu befreien, um dem wirtschaftlichen Sachverhalt gerecht werden zu können; vgl. dazu auch *Schwerdtner,* ArbR I, S. 90; ferner unten § 4 IV, 4 um Fußn. 129.

[5] RGZ 106, 272 ff. (275).

[6] *Oppermann,* Der Untergang des Bürgerlichen Gesetzbuches, ArbR 1925, S. 255 ff. (259). *Hueck* (*Hueck / Nipperdey* I, 7. Aufl., § 44 Fußn. 111) zitiert ohne Nachweis nicht ganz korrekt: „Das BGB ist tot, und das Reichsgericht sein Totengräber."

[7] *RGZ* 106, 272 ff.

[8] *RGZ* 106, 277.

[9] *RGZ* 106, 275.

den Kritikern des BGB als ein bloßer „Tropfen sozialen Öls" bezeichnet und auch vom *Reichsgericht* dann im Ergebnis zu Recht nicht als ausreichend erachtet worden sind. Das *Reichsgericht* hätte jedoch auch noch auf die §§ 615, 616 BGB und insbesondere darauf verweisen können, daß schon bei den Beratungen des BGB streitig war, ob es gerechtfertigt ist, den Dienstnehmer seine Vergütung verlieren zu lassen, wenn seine Arbeitsleistung z. B. deswegen unmöglich wird, weil „die Fabrik, in welcher die Dienste zu leisten seien, durch Zufall abbrenne oder durch Überschwemmung außer Betrieb gesetzt werde"[10]. Ein Antrag, der dieses der „Billigkeit widersprechende" Ergebnis verhindern wollte, fand nur deswegen keine Mehrheit, weil ein Teil der *negativen Mehrheit* der Auffassung war, der Fall sei bereits in § 615 BGB (= § 561 1. Entw.) geregelt, der Dienstnehmer erhalte in solchen Fällen Lohn, weil der Dienstgeber im Verzug der Annahme sei[10]. Da in der Frage des Annahmeverzugs später die entgegengesetzte Auffassung herrschend wurde, entsprach die Gesetz gewordene Regelung des „Betriebsrisikos" nicht mehr der Mehrheit der Verfasser des Gesetzbuches *(1. Kommission)*.

Das *Reichsgericht* hat also mit der „Straßenbahner-Entscheidung" für den Fall des betriebsbedingten Lohnrisikos (z. B. Brand oder Überschwemmung der Fabrik) nur den Willen der Mehrheit der 1. Kommission nachvollzogen.

3. Kollektivistische statt individualrechtliche Lösung

Der zweite Gedanke des *Reichsgerichts* war, daß bei der Lösung des Problems immer „nur das Rechtsverhältnis jedes einzelnen Dienstpflichtigen zum Dienstberechtigten betrachtet" werde. Es handle sich aber — wenigstens bei größeren Betrieben der hier vorliegenden Art —

„nicht mehr nur um das Verhältnis des einzelnen Arbeiters zum Arbeitgeber, sondern um eine Regelung zwischen zwei Gruppen der Gesellschaft, dem Unternehmertum und der Arbeiterschaft"[11].

Das *Reichsgericht* wollte also gar nicht die *individualrechtliche* Frage lösen, ob der ArbGeb. oder der ArbN das arbeitskampfbedingte Lohnrisiko zu tragen habe. Die Lösung dieser individualrechtlichen Frage ergab sich vielmehr nur als Reflex der Entscheidung, ob die *Arbeitnehmerschaft* oder die *Arbeitgeberschaft* als *gesellschaftliche Gruppe* die Folgen des Arbeitskampfs zu tragen hat. Das *Reichsgericht* hat die Lösung also auf der *kollektiven* Ebene gesucht und gefunden, von wo aus sie nur als *Reflex* auf die Angehörigen des Kollektivs zurückwirkte.

---

[10] Vgl. *Mugdan* II, 899 f.; dazu oben Fußn. 3.

[11] RGZ 106, 275.

4. Mitherrschaft und Mithaftung

Die *Risikoverteilung auf der kollektiven Ebene* fand das Reichsgericht schließlich mit Hilfe des *Betriebsrätegesetzes* vom 4. 2. 1920,

„das den Betriebsvertretungen der Arbeiter und Angestellten eine weitgehende Mitwirkung zur Wahrnehmung der sozialen und wirtschaftlichen Interessen der Arbeitnehmer des Betriebs wie auch in bezug auf Betriebsleitung und Betriebsleistung einräumt“[12].

Das Kollektiv der ArbN des Betriebs sollte also die Folgen des Streiks von ArbN des Betriebs hinsichtlich des Lohnrisikos tragen:

„Wollte man anders entscheiden, so würden sich unmögliche Zustände ergeben. Es könnte sein, daß nur ein kleiner Teil der Arbeiterschaft mit einer für die Fortführung des Betriebs unentbehrlichen Tätigkeit durch Streik den gesamten Betrieb stillegte und der Unternehmer allen anderen Arbeitern den Lohn auszahlen müßte, obwohl diese nur deshalb nicht arbeiten können, weil ihre Genossen nicht arbeiten. Dies ist mit dem Gedanken der Arbeitsgemeinschaft als Grundlage des Betriebs nicht vereinbar[13].“

5. Von der Betriebsgemeinschaft zur Solidarität der Arbeiterschaft

Diese *kollektive Haftung* der ArbN eines Betriebs als Folge der durch das Betriebsrätegesetz eingeräumten Mitbestimmungsrechte ist dann später *auf alle ArbN erweitert* worden. Bahnbrechend für diese Erweiterung war die berühmte Entscheidung des *LAG Elberfeld* vom 4. 4. 1928[14], die anläßlich eines Arbeitskampfs in der Textilindustrie die vom *Reichsgericht* in der „Straßenbahner-Entscheidung“ für einen Teilstreik entwickelte *Haftung der Betriebsgemeinschaft* zur *Haftung der Arbeitnehmerschaft* der rechtsrheinischen Textilindustrie erweiterte.

Die Vorgänge im Betrieb der Beklagten dürften nicht für sich allein betrachtet werden, sondern, so sagte das Gericht wörtlich[15]:

„im Zusammenhange mit den Vorgängen in allen Textilbetrieben im rechtsrheinischen Industriebezirk, gleich als handelte es sich um einen einzigen großen zusammengeschlossenen Betrieb“.

Diese Grundsätze sind in der Folgezeit in Rspr. und Literatur fortgeschrieben und ausgebaut worden[16], so daß das *BAG* in seiner ersten einschlägigen Entscheidung[17] sich damit begnügte festzustellen, entscheidend sei die *Solidarität der ArbN* untereinander, die, wie das

---

[12] *RGZ* 106, 275.

[13] *RGZ* 106, 276.

[14] ARS 3 (LAG Nr. 38), S. 127 ff.

[15] ARS 3, 131.

[16] Vgl. *Ehmann*, DB 1973, 1947; dazu auch *Kalb*, Betriebsrisikolehre, S. 22 ff.; einen guten Überblick gibt auch *Schwerdtner*, ArbR I, S. 92 ff.

[17] BAG AP Nr. 2 zu § 615 BGB Betriebsrisiko (mit zust. Anm. *Hueck*).

Bestehen der *Gewerkschaften* zeige, über den einzelnen Betrieb hinausreiche.

In den folgenden Entscheidungen hat das *BAG* dann das *soziologische Phänomen* der Solidarität ausdrücklich als *Rechtsprinzip*[18] anerkannt und selbst auf Angestellte im Falle von Arbeiterstreiks[19] sowie auf Arbeitswillige im Falle von wilden Streiks[20] angewendet.

6. Abschluß dieser Entwicklung und Gegenargumente

Die skizzierte Entwicklung fand ihren Abschluß inhaltlich in der Form der bereits oben[21] formulierten Thesen. Zeitlich kann der Abschluß der Entwicklung etwa mit dem Urteil des *BAG* vom 30. 5. 1963 (AP Nr. 15 zu § 615 BGB Betriebsrisiko) und dem Aufsatz von *Ballerstedt,* Arbeitskampf und Lohnrisiko, in: Arbeit und Recht, 1966, S. 255 ff., angegeben werden.

Von diesem Zeitpunkt an setzt eine *Gegenbewegung* gegen diese Form der BRL ein, deren wichtigste Argumente gleichfalls schon oben[22] formuliert wurden.

Die Begründung dieser Argumente kann hier nicht mehr referiert, sondern muß vorausgesetzt werden[23]. Notwendig erscheint mir aber eine analytische Betrachtung ihrer Auswirkungen auf die Rspr.

II. Verunsicherte Rechtsprechung

1. BAG AP Nr. 45 zu Art. 9 GG Arbeitskampf (Fliesenleger)

Einen ersten Einbruch in die ständige Rspr. des *BAG* auf Grund der angeführten Argumente glaubte man in der „Fliesenleger-Entscheidung" erkennen zu können, wo nicht mehr zwischen *Betriebs- und Wirtschaftsrisiko* unterschieden wurde[24]. Bei der Analyse der Entscheidung ist jedoch zu beachten, daß sich in diesem Fall das *Arbeitskampfrisiko* nicht durch Liefer- oder Absatzstörungen von Waren, sondern

---

[18] *BAG* AP Nr. 3 zu § 615 BGB Betriebsrisiko; dagegen *Richardi,* RdA 1970, 70; *Biedenkopf,* Betriebsrisikolehre, S. 18 ff.; *Löwisch,* AR-Blattei, Arbeitskampf III, Aussperrung, Bl. 7 R. m. w. Nachw.; vgl. auch *Rüthers,* ZfA 1972, 411 f.

[19] *BAG* AP Nr. 4 zu § 615 BGB Betriebsrisiko.

[20] *BAG* AP Nr. 3 zu § 615 BGB Betriebsrisiko.

[21] § 3 II, 1.

[22] § 3 II, 2.

[23] Vgl. auch die Darstellung und Nachweise bei *Kalb,* Betriebsrisikolehre, S. 48 ff.

[24] Vgl. die Anm. von *Löwisch,* AR-Blattei, Arbeitskampf II, Streik, Entsch. 17.

dadurch verwirklichte, daß die Firma ihre ArbN nicht mehr bei Kunden beschäftigen konnte, weil infolge des Streiks Aufträge ausgeblieben waren. Dieses Risiko der *Unmöglichkeit der Beschäftigung der ArbN bei Kunden* entzog sich auf den ersten Blick dem an der Produktion von Waren und ihrem Absatz ausgerichteten Begriffspaar Betriebs- und Wirtschaftsrisiko[25].

2. Arbeitsgericht Kassel, DB 1972, 1121

Bedeutsam — wenigstens für die entstandene Rechtsunsicherheit — wurde dann aber eine veröffentlichte, sehr gelehrt begründete Entscheidung des ArbG Kassel vom 17. 4. 1972, die, obwohl sie offen *gegen die ständige Rspr. des BAG* anging, rechtskräftig wurde. In diesem Urteil wurde die Unterscheidung zwischen *Wirtschaftsrisiko und Betriebsrisiko* sowie die *Sphärentheorie* abgelehnt und nur noch zwischen *Unternehmer- und Lohnrisiko* unterschieden. Der Kläger war in Kassel bei einer Daimler-Benz-Tochter mit der Herstellung von Achsen beschäftigt, die wegen des Streiks in der Metallindustrie in Nordwürtt./Nordbaden nicht mehr abgenommen wurden. Der Betrieb war deswegen für zwei Wochen eingestellt worden. Das Gericht lehnte die Lohnzahlungsklage eines ArbN ab, weil der Streik in Nordwürtt./Nordbaden auch im Interesse des der IG Metall angehörenden Klägers aus Hessen geführt worden sei und er deswegen das Lohnrisiko zu tragen habe.

3. BAG AP Nr. 29 zu § 615 BGB Betriebsrisiko (Leiharbeitnehmer)

In der „Leiharbeitnehmer-Entscheidung" hat das BAG entschieden, es sei „mit Wesen und Struktur eines Personal-Leasing-Unternehmens" unvereinbar,

> „dem arbeitswilligen Arbeitnehmer eines solchen Unternehmens im Falle eines durch einen Arbeitskampf bedingten Arbeitsausfalls das Lohnrisiko nach den sonst angewandten rechtlichen Grundsätzen aufzubürden"[26].

Zu den „sonst angewandten rechtlichen Grundsätzen" der *BRL und Sphärentheorie* hat das Gericht in dieser Entscheidung keine Stellung genommen.

Im Ergebnis dürfte die Entscheidung richtig sein[27], weil die wohl zutreffende Auslegung des Einzelarbeitsvertrags ergab, daß das beklagte Personal-Leasing-Unternehmen auch das arbeitskampfbedingte

---

[25] Zur Einordnung vgl. unten vor Fußn. 29.

[26] Bl. 2 a.a.O.

[27] Vgl. aber *Mayer-Maly*, Anm. zu AP Nr. 29 zu § 615 BGB Betriebsrisiko; *Buchner*, SAE 1975, 13 f.; *Löwisch*, Anm. AR-Blattei, Arbeitskampf I, Entscheidung 6; ferner die Kritik bei *Becker*, NJW 1973, 1629 f.

Lohnrisiko übernommen und damit die *dispositive* BRL abbedungen hatte[28].

Gegen die Begründung der Entscheidung bestehen jedoch erhebliche Bedenken, weil aus „Wesen und Struktur eines Personal-Leasing-Unternehmens" nicht eine andere Verteilung des *arbeitskampfbedingten Lohnrisikos* als bei anderen Dienstleistungsunternehmen hergeleitet werden darf. In allen Fällen, in denen auf dem Markt nicht *Waren*, sondern *Dienstleistungen* angeboten werden, führen Auftrags- und Kundenmangel (Störung des Absatzmarktes, also Wirtschaftsrisiko) zu einer unmittelbaren *Störung des Austauschverhältnisses* der Arbeitsverträge der Dienstleistenden (weil deren Arbeitsleistungen unmöglich werden) und wären demnach bei Aufrechterhaltung der Unterscheidung zwischen Betriebs- und Wirtschaftsrisiko dem *Betriebsrisiko* zuzurechnen[29].

Jedoch mögen dies Sonderfragen des Rechts der ArbN-Überlassung sein, die hier dahinstehen können.

Allgemein verfehlt hat der 5. *Senat* in dieser Entscheidung jedoch die *Abgrenzung* zwischen Unternehmer- und Arbeitskampfrisiko, indem er ausführte[30]:

„Etwas anderes könnte allenfalls dann gelten, wenn infolge eines Streiks *sämtliche* vertraglich vorgesehenen Beschäftigungsmöglichkeiten für die ArbN des Leasing-Unternehmens wegfallen."

Richtig gewesen wäre zu prüfen, ob der Arbeitskampf die wesentliche (wirkungsvollste) Ursache *(causa proxima)* der Unmöglichkeit der Arbeitsleistung des Leiharbeitnehmers war[31].

4. BAG AP Nr. 30 zu § 615 BGB Betriebsrisiko (Rohrleitungsmonteure)

Alarmierend wirkte schließlich das Urteil des 5. *Senats* in der Sache der auf einer Werft eingesetzten Monteure einer Rohrleitungs- und Heizungsfirma, deren Arbeitsleistungen durch einen Streik auf der Werft unmöglich wurden.

Es sei der Versuch erlaubt, das in der Entscheidung Bewahrte, das Veränderte und die angedeuteten Möglichkeiten künftiger Änderungen,

---

[28] Anders aber *Becker*, NJW 1973, 1629; *Mayer-Maly* (Fußn. 27) u. *Buchner*, SAE 1975, 13 f., die dem BAG eine auf individualrechtlicher Bewertung beruhende Zurückverdrängung der Sphärentheorie und eine damit verbundene Aufgabe des Solidaritätstopos vorwerfen, was gegen die *Begründung* berechtigt ist.

[29] Vgl. oben um Fußn. 25; ferner *Schmid*, JuS 1977, 96.

[30] *BAG* AP Nr. 29 zu § 615 BGB Betriebsrisiko Bl. 3.

[31] Vgl. dazu *Ehmann*, DB 1978, 2030; ferner im Text unten § 6 II.

mit denen das Gericht vielleicht auch nur „Äußerungen im Schrifttum hervorlocken“[32] wollte, herauszuheben:

1. Die Unterscheidung zwischen *Betriebs- und Wirtschaftsrisiko* wird aufgegeben:

   „Der Senat ist mit der Beklagten davon ausgegangen, daß eine Beschäftigung des Klägers an den strittigen Tagen unmöglich, *wenigstens wirtschaftlich nicht vertretbar war* (Hervorh. v. Verf.). Es handelt sich mithin um einen Fall des sogenannten Betriebsrisikos, in dem der Lohnanspruch des arbeitswilligen Arbeitnehmers zur Entscheidung steht, der aus Gründen nicht beschäftigt werden kann, die weder von dem Arbeitgeber noch von dem Arbeitnehmer verschuldet sind[33].“

   Unzweifelhaft wird mit diesem Satze auch das Wirtschaftsrisiko („. . ., wenigstens wirtschaftlich nicht vertretbar war“) mit dem Begriff Betriebsrisiko[34] erfaßt.

2. Das Arbeitskampfrisiko in Drittbetrieben wird aufgeteilt in ein *Unternehmerrisiko* und ein *Lohnrisiko:*

   „Nur unter dieser Voraussetzung ist es gerechtfertigt, auch im Drittbetrieb das Risiko zwischen Arbeitgeber und Arbeitnehmer aufzuteilen: Das Risiko des Weiterbestehens der fixen Kosten, der Gefährdung von Geschäftsbeziehungen und Absatzchancen auf der einen, das Lohnrisiko auf der anderen Seite[35].“

3. Das *Lohnrisiko* soll *grundsätzlich* der Unternehmer tragen:

   „In solchen Fällen trägt grundsätzlich der Arbeitgeber das Betriebsrisiko; er bleibt zur Lohnzahlung verpflichtet[36].“

4. *Ausnahmsweise* sollen jedoch die ArbN das Lohnrisiko tragen,

   „wenn die Beschäftigung der arbeitswilligen ArbN aus einem Grunde unmöglich oder doch unzumutbar ist, der im Verhalten der ArbN liegt“[37].

5. Der Grundsatz 4. soll jedenfalls für diejenigen ArbN gelten, die wegen eines *Teilstreiks* im eigenen Betrieb nicht beschäftigt werden können[37].

6. Bei der Auswirkung des *Streiks auf Drittbetriebe* distanziert sich das Gericht jedoch vorsichtig vom *Solidaritätsgedanken der Sphärentheorie*[38]:

---

[32] Vgl. *Hilger,* Festschrift für Larenz, S. 120.

[33] Bl. 1 a.a.O.

[34] Unter Betriebsrisiko versteht das BAG in diesem Zusammenhang nur das Lohnrisiko und zwar auch das bisher zum Wirtschaftsrisiko gerechnete Lohnrisiko.

[35] Bl. 2 a.a.O.

[36] Bl. 1 R a.a.O.

[37] Bl. 1 R a.a.O.

[38] Bl. 1 R f. a.a.O.

„Es kann dahinstehen, ob es gerechtfertigt ist, die Lohnverweigerung gegenüber Arbeitnehmern in von einem Streik betroffenen Drittbetrieben aus der über ihren Betrieb hinausreichenden Solidarität der Arbeitnehmer abzuleiten (so noch BAG 3, 346 (349)). Es mag richtiger sein, das Lohnrisiko bei derartigen Tatbeständen nach arbeitskampfrechtlichen Erwägungen, insbesondere dem Grundsatz der Kampfparität zu verteilen (vgl. z. B. *Nipperdey / Säcker*, Lehrbuch des Arbeitsrechts, II. Bd., 2. Halbbd., 7. Aufl., § 47 VI 3 a β, S. 946; *Seiter*, Streikrecht und Aussperrungsrecht, 1975, S. 309 ff. (311) m. w. Nachw.). Jedenfalls darf das Lohnrisiko nur in solchen Fällen den Arbeitnehmer treffen, in denen der vom Arbeitskampf mittelbar betroffene Betrieb seines Arbeitgebers sich in einer der Lage im Kampfbetrieb vergleichbaren Situation befindet und der Arbeitgeber daher mit einem entsprechenden Risiko belastet ist (*Nipperdey / Säcker*, a.a.O.).“

Das ist die schwierigste Passage des Urteils. Jedenfalls zweifelt der Senat, ob es gerechtfertigt ist, das Betriebsrisiko (= streikbedingtes Lohnrisiko) überall, wo es sich realisiert, auf den ArbN sitzen zu lassen. Das Gericht will den bisherigen *Solidaritätsgedanken* preisgeben und sucht nach einer Eingrenzung. *Nipperdey / Säcker*, die das Gericht zitiert, haben a.a.O. dazu bereits auf § 116 Abs. 2 u. 3 AFG hingewiesen, und *Seiter*, auf den sich das Gericht auch bezieht, hat unter Berufung auf das oben angeführte Urteil des ArbG Kassel die Auffassung vertreten, ArbN, denen der mit dem Streik erkämpfte Tarifvertrag zugute kommt, müßten billigerweise auch die Nachteile des Kampfes in Kauf nehmen[39]. Einige Instanzgerichte[40] und auch wissenschaftliche Autoren[41] folgen dem BAG und wollen es teilweise so verstehen, daß es die Lohnzahlungspflicht des ArbGeb. in vom Arbeitskampf betroffenen Drittbetrieben ausrichten will an den *Grundsätzen der Neutralitätsanordnung*[42], welche die Leistungs-

---

[39] Dennoch später kritisch gegenüber dem Urteil *Seiter* (Anm. zu BAG AP Nr. 30 zu § 615 BGB Betriebsrisiko, Bl. 5): „Sind die ArbN in mittelbar betroffenen Betrieben über das kollektive Ausgleichssystem (lies: Arbeitslosenversicherung) weitgehend gesichert, so erscheint eine deckungsgleiche Verschiebung der Grenze für die Lohnzahlungspflicht nicht mehr erforderlich.“ Ebenso schon *Ehmann*, DB 1973, 1997 f.

[40] So z. B. *LAG Hamm*, DB 1979, 216 ff.; verschoben auf die Ebene des Mitbestimmungsrechts (vgl. dazu unten § 5 III) ferner *LAG Frankfurt*, DB 1978, 2496; *ArbG Rheine*, Beschl. v. 6. 4. 1978 — 1 BV Ga. 5/78 — S. 9; *ArbG Köln*, Beschl. v. 30. 8. 1978 — 3 BV 31/78 — S. 12; *ArbG Oberhausen*, Beschl. v. 8. 1. 1979 — 1 BV Ga. 1/79 — S. 9.

[41] *Löwisch*, SAE 1976, 251; (auf der Ebene des Mitbestimmungsrechts): *Galperin / Löwisch*, § 74 Rdnr. 13; *Herschel*, Anm. in: AR-Blattei Arbeitskampf I, 1. Allgem., Entsch. 10; *Richardi (NJW 1978, 2065)*, der sich jedoch zu Unrecht auf *Seiter* (NJW 1976, 1373) beruft, denn *Seiter* fordert, daß die BRL mit der Neutralitätspflicht „sinnvoll abgestimmt“ wird, was das Gegenteil von angleichen ist; kritisch einschränkend *Seiter* auch in seiner Anm. in AP Nr. 30 zu § 615 BGB Betriebsrisiko, Bl. 3 ff. (vgl. dazu oben Fußn. 39). Zweifelnd offenbar *Zöllner*, Arbeitsrecht, S. 147. Vgl. auch *Schmid*, JuS 1977, 96.

[42] So insbes. *LAG Hamm*, DB 1979, 216 ff.; ferner *ArbG Rheine*, Beschl. v.

pflicht der BAnstArb. an mittelbar vom Arbeitskampf betroffene ArbN regelt. Wie *Herschel*[42a] zutreffend feststellt, bleibt freilich abzuwarten, „wie das BAG die neue Formel im einzelnen ausfüllen wird".

7. Das BAG unterscheidet in diesem Urteil nicht zwischen den Folgen von Streiks und Aussperrungen.

8. Schließlich versucht das BAG hinsichtlich des Lohnrisikos eine Abgrenzung zwischen Arbeitskampf- und allgemeinem Unternehmerrisiko[43]:

> „Da es aber grundsätzlich zum Risikobereich des Arbeitgebers gehört, die Arbeitskraft seiner Belegschaft sinnvoll einzusetzen, kann von einer Unmöglichkeit oder Unzumutbarkeit der Beschäftigung nur gesprochen werden, wenn der Betrieb in einem der Lage im bekämpften Betrieb entsprechenden Umfang betroffen ist und der Ausfall nicht durch eine vernünftige, vorausschauende Planung ausgeglichen werden kann. ...
>
> Wollte man etwa den ArbN das Lohnrisiko schon dann auferlegen, wenn Aufträge ausfallen oder Produktionsstockungen eintreten, weil einzelne Kunden oder Zulieferer bestreikt werden, ließen sich keine Grenzen mehr ziehen; sobald irgendwo gestreikt wird, geriete man ins Uferlose. ...
>
> Eine der Situation in einem bestreikten Betrieb vergleichbare Lage könnte dann gegeben sein, wenn die Beklagte etwa ausschließlich oder jedenfalls ganz überwiegend für Werften arbeitete und infolge eines Streiks bei keinem ihrer Kunden Rohre verlegt werden könnten."

Wie schon in der „Leiharbeitnehmer-Entscheidung" will das Gericht das Lohnrisiko nur dann beim ArbN belassen, wenn der Arbeitskampf die *alleinige Ursache der Nichtbeschäftigung war.* Den Schwierigkeiten der *Abgrenzung der Kausalbereiche* und der Beweislastverteilung entzieht sich das Gericht mit dem Satze, sonst „ließen sich keine Grenzen mehr ziehen, ..., geriete man ins Uferlose". Richtig wäre gewesen, nach den Grundsätzen der *causa proxima-Lehre* die wesentliche Bedingung für die Unmöglichkeit der Beschäftigung zu bestimmen[44].

In der Tendenz neigt der *5. Senat* offenbar dazu, aus sozialen Gründen die Risikogrenze zu Gunsten der ArbN zu verschieben[45], ohne dabei das System der Arbeitslosenversicherung zu beachten[46].

---

6. 4. 1978 — 1 BV Ga. 5/78 — S. 10; ebenso wohl *Richardi*, NJW 1978, 2065 u. mit anderen Worten auch *Kalb*, Betriebsrisikolehre, S. 131 ff.

42a AR-Blattei (Fußn. 41). Zur richtigen Ausfüllung vgl. unten im Text § 5 III; ferner *Seiter*, NJW 1976, 1373; *Hanau / Adomeit*, ArbR, S. 174.

43 Bl. 2 f. a.a.O.

44 Vgl. *Ehmann*, DB 1978, 2030; unten im Text § 6 II.

45 So wohl zutreffend *Seiter* in Anm. Bl. 4 R a.a.O.; sofern nicht doch nur Äußerungen des Schrifttums „hervorgelockt" werden sollten (vgl. oben Fußn. 32).

Vor einer Stellungnahme zu dieser Entscheidung und ihren Prinzipien sollen ihre Auswirkungen auf die Instanzgerichte aufgezeigt werden.

5. LAG Hamm, DB 1979, 216

Mit Beschluß vom 3. 11. 1978 hat das *LAG Hamm* die Voraussetzungen der BRL in einem Fall verneint, in welchem die in einem im Raum Nordrhein-Westfalen gelegenen Betrieb hergestellten Kunststoff-Spritzgußteile für den Automobilbau infolge des Arbeitskampfs in der Metallindustrie Nordwürtt./Nordbaden im Frühjahr 1978 nicht mehr abgesetzt werden konnten.

Das LAG Hamm stützt sich auf die „Rohrleitungsmonteure-Entscheidung" des BAG und führt aus, die Lage des mittelbar von einem Arbeitskampf betroffenen Betriebs könne der Lage eines unmittelbar bestreikten Betriebs nur dann vergleichbar sein, wenn der Arbeitskampf auch *im Interesse der ArbN* des mittelbar betroffenen Betriebs geführt werde. In solchem Fall würde die Fortzahlung des Lohnes die Kampffähigkeit und Kampfbereitschaft der Gewerkschaft erheblich stärken. Dadurch würde die *Kampfparität* empfindlich gestört[47]:

„Wann Arbeitskämpfe im Sinne dieser Darlegung im Interesse der Arbeitnehmer geführt werden, ist nach Ansicht der Kammer positiv rechtlich durch § 116 AFG und die dazu ergangene Neutralitätsanordnung der Bundesanstalt für Arbeit vom 23. 3. 1973 (NAO) bestimmt worden. ...

... die Frage aber, wann in Arbeitskämpfe eingegriffen wird oder wann diese beeinflußt werden, kann nicht unterschiedlich beantwortet werden, je nachdem, ob durch Leistungen aus der Arbeitslosenversicherung oder durch Lohnzahlungen ohne Arbeitsleistung das Gleichgewicht der Sozialpartner und damit die Kampfparität gestört wird. ...

Es wäre widersinnig und darüber hinaus letztlich nicht praktikabel, dem Arbgeb. *mit der Begründung, anderenfalls würde die Kampfparität beeinträchtigt* (Hervorh. v. Verf.), die Verweigerung der Lohnzahlung zu gestatten, während auf der anderen Seite der ArbN auf Grund der mit der Ermächtigung des Gesetzgebers erlassenen Neutralitätsanordnung noch Leistungen der Arbeitslosenversicherung erhält, weil dadurch nicht in die Führung von Arbeitskämpfen eingegriffen und diese nicht beeinflußt würden[47]."

Sodann stellt das Gericht fest, daß die Voraussetzungen des § 4 NAO („... nach Art und Umfang gleiche Forderungen ...") nicht vorgelegen hätten, weil trotz einer gewissen „Signalwirkung" des Arbeitskampfs in Nordwürtt./Nordbaden in Nordrhein-Westfalen nur *Lohnforderungen* erhoben worden waren, während in Nordwürtt./Nordbaden auch

---

[46] Vgl. dazu unten § 4 III.

[47] DB 1979, 218 f.

um *Besitzstandssicherungen* und *Wegfall der Arbeitswertgruppen I und II* gekämpft worden sei[48].

III. Tendenz zur Angleichung der Betriebsrisikolehre an die Neutralitätsanordnung

Gegen die *entsprechende Anwendung der Grundsätze der NAO*[49] zur Verteilung des arbeitskampfbedingten Lohnrisikos in betroffenen Drittbetrieben sprechen vor allem folgende Argumente.

1. Ein absurdes Ergebnis

Bei entsprechender Anwendung der NAO für die Verteilung des arbeitskampfbedingten Lohnrisikos ergäbe sich folgendes absurdes Ergebnis:

Soweit die Leistungsverbote der NAO eingreifen, darf kein Arbeitslosen- oder Kurzarbeitergeld gezahlt werden; es brauchte entsprechend kein Lohn gezahlt zu werden.

Soweit die Leistungsverbote der NAO nicht eingreifen, müßte Lohn gezahlt werden; es braucht dann kein Arbeitslosen- oder Kurzarbeitergeld gezahlt zu werden, weil die ArbN Arbeitsentgelt erhalten (§§ 117, 65 Abs. 1 Ziff. 2 AFG).

Die §§ 70, 116 AFG und die NAO wären nach der Gleichschaltung der BRL mit der NAO ihres Inhalts nahezu völlig beraubt[50]. Die Fälle, in denen wegen eines arbeitskampfbedingten Arbeitsausfalls auf Grund der BRL der Lohnanspruch entfällt und dafür Arbeitslosen- oder Kurzarbeitergeld gewährt wird, gäbe es nicht mehr. Die NAO diente

---

[48] Das entspricht seit der Entscheidung des *BSG* v. 9. 9. 1975, SAE 1976, 237 ff. (mit abl. Anm. *Löwisch*) der Praxis der BAnstArb. bei der Auslegung des § 4 NAO.

[49] Wenn schon die BRL am „Prinzip der Kampfparität" ausgerichtet werden soll (was scheinbar auch *Konzen* (AcP 177, 450) vorschwebt), muß dieses Prinzip unter Beachtung der verschiedenen Regelungszwecke (vgl. § 4 III, 3) und der verschiedenen Interessen des Regelungssachverhalts (vgl. § 1 IV) verschieden konkretisiert werden (dazu unten § 5 III).

[50] Richtig *Hoffknecht*, Arbeitskampfrecht, S. 117; dagegen will *Kalb* (Betriebsrisikolehre, S. 139) in seiner von *Lieb* betreuten Dissertation aus § 116 Abs. 3 AFG herauslesen, die BRL und § 116 AFG stünden „vor ein- und demselben sachlichen Problem" (vgl. dagegen die in Fußn. 49 gegebenen Nachweise); *Kalb* darin aber nicht folgend *Lieb*, Fernwirkungen um Fußn. 43; bedenklich jedoch *Richardi* (NJW 1978, 2065), der gleichfalls meint, daß § 116 AFG „zugleich auch das Lohnrisiko zwischen ArbGeb. und ArbN angemessen verteilt". Auch *Richardi* verkennt damit die verschiedenen Regelungszwecke und die verschiedenen Interessen der Regelungssachverhalte (vgl. oben Fußn. 49) und zwar hauptsächlich deswegen, weil er die BRL als „arbeitskampfrechtliches Institut" aus dem Leistungsstörungsrecht herausnimmt (NJW 1978, 2062) und bei der Konkretisierung des Paritätsprinzips den verschiedenen Regelungssachverhalt nicht beachtet (vgl. unten im Text § 5 III).

hauptsächlich nur noch als „BRL-Ersatz". Vom ursprünglichen Regelungszweck blieb nur eine Restfunktion erhalten für die wohl bloß theoretischen Fälle, in denen mit Zustimmung des BR „echte" Kurzarbeit eingeführt wird, obwohl die Unmöglichkeit der Arbeitsleistung durch einen Arbeitskampf verursacht wurde[51].

Das Ergebnis dieser Angleichung ist vor allem auch deswegen untragbar, weil die gegenwärtig geübte Auslegung des § 4 NAO es den Gewerkschaften ermöglichen würde, durch Differenzierung der Tarifforderungen über die „Lohnfortzahlungspflicht" der ArbGeb an mittelbar vom Arbeitskampf betroffene Betriebe zu entscheiden.

Umgekehrt nennt das *LAG Hamm* es *widersinnig*, dem ArbGeb. „mit der Begründung, anderenfalls würde die Kampfparität beeinträchtigt", die Verweigerung der Lohnzahlung zu gestatten, während andererseits noch Leistungen aus der Arbeitslosenversicherung ohne Verstoß gegen die NAO beansprucht werden. Auch dürfe ein Anspruch auf Lohnzahlung nicht deswegen verneint werden, weil der ArbN Anspruch auf Arbeitslosenversicherung habe; denn die Leistung der Arbeitslosenversicherung sei subsidiär.

Auch *Schwerdtner*[51a] freut sich darüber, daß die §§ 70, 116 AFG und die NAO auf diese Weise „funktionslos" geworden sind, er erkennt zwar, daß das Ergebnis nicht zweifelsfrei ist, verschließt sich den notwendigen Konsequenzen aber mit dem Satz, es sei nicht einzusehen, daß die ArbN sich auf das „geringe Arbeitslosengeld" (dessen Höhe er offenbar nicht kennt) verweisen lassen müssen[51b].

Die Auffassung des LAG Hamm führt dazu, daß die §§ 70, 116 AFG praktisch leerlaufen.

Die von mir vertretene Auffassung, daß das arbeitskampfbedingte Lohnrisiko grundsätzlich von den ArbN zu tragen ist, führt dazu, daß in

---

[51] Vgl. auch *Hoffknecht* (Arbeitskampfrecht, S. 117 f.), der die hier abgelehnte Auslegung als „sinnlose Regelung" bezeichnet. *Hoffknecht* will jedoch mit *Schwerdtfeger* (Arbeitslosenversicherung, S. 54) mit Inkrafttreten des § 116 AFG die alte BRL festgeschrieben wissen. Gegen solche „Versteinerungstheorie" *Lieb* (Fernwirkungen, vor Fußn. 43). Richtig *Hanau / Adomeit*, ArbR, 5. Aufl., S. 174; ebenso schon *Ehmann*, DB 1973, 1997 ff. (nicht etwa BAG AP Nr. 3, 4 zu § 615 BGB Betriebsrisiko zustimmend, wie *Hanau / Adomeit*, S. 174 Fußn. 31 zitieren).

[51a] ArbR I, S. 103 f. Dazu muß man wissen, daß *Schwerdtner* (Persönlichkeitsrecht, S. 59) meint, eine „Unterscheidung von Rechtsanwendung und Rechtspolitik" sei „überhaupt nicht möglich"; Art. 20 Abs. 3 GG sei ein weitgehend „unerfüllbares und leerlaufendes Postulat, das zum größten Schaden die Vorstellung des unpolitischen Richters hervorgebracht" habe (ebd., S. 59). Dagegen treffend *Krey*, JZ 1978, 430; vgl. ferner unten Fußn. 60 u. 130.

[51b] Ebenso *Loderer* (§ 4 IV, 4 nach Fußn. 135).

allen derartigen Fällen Arbeitslosen- oder Kurzarbeitergeld zu zahlen ist, in denen die Verbote der NAO nicht eingreifen.

Zwischen der BRL und den Leistungsansprüchen auf Arbeitslosen- oder Kurzarbeitergeld im Falle arbeitskampfbedingten Lohnausfalls besteht also ein kommunizierendes System; jede Veränderung der BRL führt im umgekehrten Verhältnis zu Veränderungen der Leistungspflicht der Bundesanstalt für Arbeit in Fällen arbeitskampfbedingten Lohnausfalls.

Es kann aber auch nicht sein, daß die Leistungspflicht nach §§ 70, 116 AFG auf dem Stand der BRL *festgeschrieben* wurde, den die BRL zum Zeitpunkt des Erlasses des Arbeitsförderungsgesetzes oder der NAO hatte[52]. Jedoch zeigen die Ausführungen, daß jede Veränderung der Betriebsrisikolehre die notwendige Mitveränderung der Leistungspflicht nach dem Arbeitsförderungsgesetz mitbedenken muß.

Es ist daher zu entscheiden, ob der notwendige soziale Schutz der ArbN bei arbeitskampfbedingtem Arbeitsausfall besser *individualrechtlich zu Lasten des ArbGeb.* oder besser *sozialversicherungsrechtlich zu Lasten der BAnstArb.* erfolgen soll[53].

2. Die individualrechtliche Lösung

a) Kleiner Vorteil

Der Vorteil der *individualrechtlichen* Lösung für die ArbN läge darin, daß in Fällen außerhalb der Leistungsverbote der NAO voller Lohn statt „Kurzarbeitergeld" in Höhe von 68 % des Nettolohns[54] an die ArbN gezahlt werden würde. Praktisch ist der Vorteil für die ArbN allerdings geringer, da das „Kurzarbeitergeld" steuerfrei ist[55] und deswegen über den Lohnsteuer-Jahresausgleich bis über 90 % des Nettolohns erreicht werden können.

b) Großer Nachteil: Aussperrung statt Betriebsrisikolehre

Diesem verhältnismäßig geringen Vorteil stünden *schwere Nachteile* gegenüber.

[52] Gegen die „Versteinerung" auch *Säcker* (Gruppenparität, S. 86): „§ 116 schmiegt sich vielmehr lückenlos an das (jeweils) bestehende materielle Arbeitskampfrecht an." Vgl. dazu *Hoffknecht,* Arbeitskampfrecht, S. 117; ferner *Konzen,* AcP 177, 540 und die in Fußn. 51 genannten Autoren; dazu auch oben Fußn. 50, 51 und unten § 4 um Fußn. 100 u. § 5 um Fußn. 81.

[53] So jetzt wohl auch *Seiter* (Fußn. 39).

[54] Gem. § 64 IV AFG.

[55] Gem. § 3 Nr. 2 EStG.

Für die ArbGeb. liegt der Nachteil auf der Hand, sie müßten Lohn bezahlen, ohne eine Gegenleistung zu erhalten.

Die ArbGeb. wären bei solcher Rechtslage gezwungen, zum schärferen Mittel der Sympathie-Abwehraussperrung[56] zu greifen mit der Folge, daß die ArbN weder Lohn noch „Kurzarbeitergeld" erhalten würden[57]. Das würde den Arbeitskampf über den Bereich des umkämpften Tarifvertrags hinaustragen und verschärfen, was niemand wollen kann.

Ohne auf die Problematik der Zulässigkeit der Aussperrung[58] hier eingehen zu wollen, seien einige Bemerkungen zum Zusammenhang von BRL und Aussperrung wegen der gleichartigen Wirkung auf den Lohnanspruch der ArbN erlaubt.

In der Literatur wird teilweise die Abwehraussperrung im Hinblick auf die Möglichkeit der BRL für unzulässig erklärt[59]. Andere wollen wegen der Möglichkeit der Aussperrung die BRL abschaffen[60]. Die Vertreter dieser gegensätzlichen Auffassungen verkennen gemeinsam die prinzipiellen Verschiedenheiten der beiden Regelungssysteme[61]. Es

---

[56] Deren Zulässigkeit freilich auch umstritten ist, vgl. *Raiser*, Aussperrung, S. 93 f.; dazu insbes. *Seiter*, JZ 1978, 413 ff.; ferner *Richardi*, NJW 1978, 2057 ff.; *Schwerdtner*, ArbR I, S. 99.

[57] Denn die unmittelbar am Arbeitskampf beteiligten ArbN können keinesfalls Arbeitslosen- oder Kurzarbeitergeld erhalten, § 116 Abs. 2 AFG.

[58] Vgl. die unvollständigen Nachweise in Fußn. 56; ferner *Konzen*, AcP 177, 474 ff. und insbes. die Stellungnahme aus nahezu klassischer Distanz von *Mayer-Maly* (DB 1979, 95 ff.); zuletzt auch *Wohlgemuth*, BB 1979, 111 ff. mit Ausführungen zur rollenden Prozeßlawine; dagegen *Raiser*, BB 1979, 377; ferner *Hanau*, Chronik 1978, S. 173 ff. und unten Fußn. 65.

[59] *Däubler*, JuS 1972, 646; *Kittner*, GMH 1973, 96; dagegen *Zöllner*, Parität, S. 57; *Konzen*, AcP 177, 539.

[60] Ramm, Festschrift für *Abendroth*, S. 294; *Weiss*, AuR 1974, 48; gegen *Weiss* im allgemeinen zwar zutreffend *Schwerdtner* (ArbR I, S. 89 Fußn. 1), im besonderen jedoch auch für die Abschaffung der BRL, die „eine verschleierte Aussperrung" „rechtspolitischen Charakters" sei, sich einer „stringenten dogmatischen Begründung" entziehe und in der „objektiven Wirkung" der Aussperrung gleichkomme (so ArbR I, S. 97 ff.; etwas unklar dazu auch *Konzen*, AcP 177, 540; vgl. dagegen die Darstellung des Textes). Auch *Zöllner* und *Konzen* (Fußn. 59) halten eine Ersetzung der BRL durch die Aussperrung (nicht umgekehrt!) für denkbar, wenn auch nicht für gut; dagegen zutreffend neuestens auch *Lieb*, Fernwirkungen, nach Fußn. 31. Demgegenüber ist es nur ein Trick, wenn *Eisenmann* (BB 1979, 223) zwar nicht die Aussperrung, sondern die BRL abschaffen will, die Voraussetzungen der Aussperrung aber an die BRL und diese an die NAO angleicht, vgl. nachstehende Fußn. 61.

[61] *Eisenmann* (BB 1979, 218 ff.) behauptet, BRL und Aussperrung sollten „in einen Topf" (so S. 218 nach Fußn. 1) geworfen werden und mischt die verschiedenen Regelungssysteme zu einem widersprüchlichen „Eintopf" nach folgendem Rezept: Obwohl *Eisenmann* erkennt, daß die Aussperrung „ohne Rücksicht auf streikbedingte Unmöglichkeit oder Unzumutbarkeit der Weiterbeschäftigung" (BB 1979, 221 nach Fußn. 42) wirksam werden kann, be-

ist ein großer Unterschied, ob ein ArbGeb. in einem Arbeitskampf in seinem oder gar in einem anderen Tarifgebiet seine ArbN — obwohl er sie noch beschäftigen könnte — aussperrt, um zur Unterstützung der kämpfenden ArbGeb. in den Arbeitskampf einzugreifen, oder ob dieser ArbGeb. feststellen muß, daß er infolge des Arbeitskampfs seine ArbN nicht mehr beschäftigen kann — obwohl er das selbst noch gern wollte — und darum erklärt, daß er wegen der Unmöglichkeit der Beschäftigung auch die Lohnzahlung einstellen müsse[62].

Allerdings erhalten in beiden Fällen die betroffenen ArbN keinen Lohn, jedoch ist dies einmal von der *freien Willensentschließung* des ArbGeb. abhängig (es herrscht Arbeitskampf, ich sperre Euch aus!), und im anderen Falle vom *objektiven Grund des Arbeitsausfalls* (die Materialvorräte sind zu Ende, ich kann Euch nicht mehr beschäftigen!)[63].

Von *alles entscheidender Bedeutung* ist jedoch, daß die BRL (sog. „kalte Aussperrung") zwar ebenso wie die Aussperrung den ArbN den Lohnanspruch nehmen kann, ihnen aber außerhalb der Leistungsverbote der NAO Ansprüche auf Arbeitslosen- oder Kurzarbeitergeld nach §§ 70, 116 AFG gegeben werden, wenn sie infolge der BRL den Lohnanspruch verlieren; keinesfalls aber wenn sie ausgesperrt werden (§ 116 Abs. 2 AFG)[64].

---

hauptet er forsch (S. 223 unter 7.), Voraussetzung, Wirkung und Funktion von BRL und Aussperrung unterschieden sich nicht mehr: „Die tatsächlichen Voraussetzungen des Lohnverlustes sind bei Betriebsrisiko und Aussperrung dieselben." Weitergehend paßt er dann die Voraussetzungen der Aussperrung nicht nur etwa an die alte BRL, sondern an die Grundsätze der NAO an. Danach soll innerhalb der Leistungsverbote der NAO die Aussperrung zulässig sein, wenn die Arbeitsleistung der ArbN infolge der Fernwirkungen eines Arbeitskampfs unmöglich geworden sind; außerhalb der Leistungsverbote der NAO sei die Aussperrung unzulässig; der Betriebsrisikolehre bedürfe es nur noch als Regelung zur Konkretisierung der Aussperrung. Mit anderen Worten: *Eisenmann* will die BRL abschaffen und die Voraussetzungen der Aussperrung gem. der NAO bestimmen. Damit werden nicht nur die verschiedenen Voraussetzungen und Folgen von BRL und Aussperrung, sondern auch die verschiedenen Zwecke, Interessen, Regelungssachverhalte von NAO, Aussperrung und BRL verkannt. Das Modell des Richters Dr. *Eisenmann* kommt jedoch den Vorstellungen des Gewerkschaftsvorsitzenden *Loderer* schon ziemlich nahe (vgl. unten § 4 IV, 4 nach Fußn. 135).

[62] Vgl. *Ehmann*, DB 1973, 1994.

[63] So richtig erkannt v. *ArbG Köln* im Beschl. v. 30. 8. 1978 — 3 BV 31/78 — S. 16 f.; jetzt in: DB 1979, 458; und *ArbG Düsseldorf* im Beschl. v. 29. 12. 1978 — 2 BV Ga. 32/78 — S. 21; ebenso *Lieb*, Fernwirkungen nach Fußn. 30.

[64] Zutreffend *Seiter*, Anm. AP Nr. 30 zu § 615 BGB Betriebsrisiko, Bl. 5; auch dies wird aber von *Eisenmann* (BB 1979, 218 ff.) und denen verkannt, die die BRL wegen der Aussperrung abschaffen wollen; in Wahrheit wollen einige natürlich die Aussperrung gleich mit abschaffen, womit auch der Unterschied beseitigt und gleichzeitig die BAnstArb. für alle Zeiten das Arbeitslosen- und Kurzarbeitergeld infolge Arbeitskampfs einsparen kann, was auch bewußt und gewollt ist (vgl. die Ausführungen *Loderers*, zitiert oben § 4 IV, 4 nach Fußn. 135).

Schließlich kann die Abwehraussperrung kürzeste Zeit nach Streikbeginn erfolgen; die Einstellung der Beschäftigung mit der Folge des Lohnausfalls nach der BRL ist nach den Erfahrungen der letzten Arbeitskämpfe je nach der Intensität des *Produktionsverbundes*[65] erst Tage oder gar Wochen nach Beginn des Arbeitskampfs notwendig und möglich.

Diese unterschiedlichen Voraussetzungen und auch die unterschiedlichen *sozialpsychologischen Wirkungen* der verschiedenen Gründe der Lohneinstellung rechtfertigen es *nicht*, die BRL durch die Aussperrung oder die Aussperrung durch die BRL zu ersetzen. Zur sachgerechteren Erfassung der Probleme und zum Vorteil der ArbN sollten beide Regelungssysteme nebeneinander bestehen bleiben[66].

Sowohl die unterschiedlichen Voraussetzungen als auch die verschiedenen sozialpsychologischen Wirkungen der verschiedenen Begründung der Lohnverweigerung machen die BRL unbezweifelbar zum *milderen Mittel*[67]. Die Beschränkung der BRL entsprechend den Grundsätzen der NAO müßte daher das schärfere Mittel der Sympathieaussperrung aktivieren und damit künftig die Arbeitskämpfe verschärfen und in der Folge das soziale Klima in der Bundesrepublik Deutschland verschlechtern.

Erst das gleichzeitige *Verbot der Sympathie-Aussperrung* zur Vermeidung dieser Nachteile würde dann zum Ergebnis führen, daß die ArbGeb. *außerhalb* des Geltungsbereichs der Leistungsverbote der NAO neben dem Unternehmerrisiko auch noch das *arbeitskampfbedingte Lohnrisiko* zu tragen hätten.

In Drittbetrieben *innerhalb* des Geltungsbereichs der Leistungsverbote der NAO müßten die ArbGeb. das *arbeitskampfbedingte Lohnrisiko* erst tragen, wenn die Aussperrung gänzlich verboten würde.

---

[65] Wo kein derartiger *Produktionsverbund* besteht, wie z. B. in der Druckindustrie, greift die BRL praktisch gar nicht. Wenn z. B. die *Süddeutsche Zeitung* bestreikt wird, kommen die FAZ und *Die Welt* nicht zum Erliegen, sondern haben steigende Verkaufszahlen. Bei solchem „*Konkurrenzverbund*" kann nur die Solidarität der Verlagshäuser mit den Mitteln der Aussperrung und der Produktionseinstellung das Überlaufen der Kunden und damit schwer zu verkraftende Verluste oder gar einen Konkurs der bestreikten Zeitung verhindern. Das Beispiel macht deutlich, daß ein generelles Verbot der Aussperrung die in Art. 9 Abs. 3 GG geschützte Koalitionsfreiheit der ArbGeb. verletzen würde.

[66] So auch *BAG* AP Nr. 43 zu Art. 9 GG Arbeitskampf, Bl. 8 R; *Mayer-Maly / Nipperdey*, Risikoverteilung, S. 42 f.; letztlich auch *Zöllner*, Parität, S. 57; ferner *Seiter*, Streikrecht, S. 309, 313; neuestens auch *Lieb*, Fernwirkungen, nach Fußn. 25.

[67] So insbes. *Seiter*, Anm. AP Nr. 30 zu § 615 BGB Betriebsrisiko; ferner *Zöllner* und *Lieb* (Fußn. 66); *Zöllner* auch in: ArbR, S. 146; *Konzen*, AcP 177, 540.

Ein derartiges *Verbot der Aussperrung* aber müßte zur Wahrung der Kampfparität zugleich eine *Beschränkung des Streikrechts* mit sich bringen[68], z. B. dahingehend, daß ein Streik wegen Verletzung des Verhältnismäßigkeitsgrundsatzes rechtswidrig wird, wenn die wirtschaftlichen Auswirkungen über die bestreikten Betriebe bzw. über den bestreikten Tarifbereich hinausreichen und dort zu einem Arbeitsausfall führen[69].

Wie immer man es wendet, wenn die ArbGeb. gezwungen werden, in Drittbetrieben inner- und außerhalb des Geltungsbereichs der Leistungsverbote der NAO das arbeitskampfbedingte Lohnrisiko ohne Entlastungsmöglichkeit zu übernehmen, wird wirtschafts- und gesellschaftspolitisch ein *kritischer Punkt* erreicht, den zu fürchten wir allen Grund haben sollten.

Es sei erlaubt, einige Sätze aus einem Urteil des *1. Senats des BAG* vom 8. 2. 1957[70] ins Gedächtnis zurückzurufen:

„Das Prinzip der Kampfparität oder Waffengleichheit würde gestört, wenn Angehörige des den Arbeitskampf nicht betreibenden Sozialpartners zu Leistungen gezwungen werden könnten, für die sie nur auf Grund von Kampfmaßnahmen des anderen Sozialpartners keine Gegenleistungen erhalten. Der Kampfpartei würde zu Unrecht ein Teil des Kampfrisikos abgenommen, das sie sonst in Betracht ziehen muß, wenn durch ihren Streik in anderen Betrieben nicht gearbeitet werden kann und Lohnausfälle entstehen. Es wäre möglich — ebenso wie beim Teilstreik durch Schlüsselkräfte — durch einen „billigen Streik“, z. B. in einem Versorgungsbetrieb mit der Folge der Unterbrechung zahlreicher anderer Betriebe, einen sehr starken Druck auszuüben, ohne Risiko, da die Arbeitgeber in diesen Betrieben Lohn zahlen müßten (solange sie nicht aussperren).“

3. Verschiedene Regelungszwecke

Die *Angleichung der BRL* an § 116 AFG und die NAO ist aber nicht nur vom Ergebnis her, sondern auch deswegen verfehlt, weil die beiden Regelungssysteme auf ganz *verschiedenen Gründen* beruhen.

Tragender, rechtfertigender Grund für § 116 und die NAO ist die *Neutralitätspflicht* des Staates in Arbeitskämpfen[71]. Die durch diese

---

[68] So im Gesamtergebnis auch *Raiser*, Aussperrung, S. 104.

[69] Es muß auch gefragt werden dürfen, wieso eigentlich der ArbGeb. die Schadensfolgen (Lohnrisiko plus Unternehmerrisiko) eines Arbeitskampfs tragen soll, der mit der für seinen Betrieb zuständigen Gewerkschaft einen zufriedenstellenden Tarifvertrag abgeschlossen hat, und dessen Betrieb sich *nicht* „in einer der Lage im Kampfbetrieb (oder: Kampfgebiet) vergleichbaren Situation befindet“?

[70] *BAG* AP Nr. 2 zu § 615 BGB Betriebsrisiko, hervorgehoben auch von *Löwisch*, SAE 1976, 251.

[71] Diese Pflicht folgt bereits aus Art. 9 III GG; vgl. *BSG* SAE 1976, 237 ff. = NJW 1976, 689. Das Neutralitätsgebot müßte deshalb auch gelten, wenn es nicht ausdrücklich durch den Gesetzgeber normiert worden wäre, so zutreffend *Säcker*, Gruppenparität, S. 118; dazu *Ehmann*, DB 1978, 2027.

Regelung zu lösende Frage ist also, wie erreicht werden kann, daß der Staat nicht einerseits durch Zahlung von Arbeitslosengeld die ArbN-Seite und andererseits nicht durch Nichtzahlung die ArbGeb.-Seite unterstützt. Die NAO soll in bezug auf die Zahlung von Arbeitslosen- und Kurzarbeitergeld die staatliche *Neutralität* im Kampf der *kollektiven Verbände* (Gewerkschaften gegen Arbeitgeberverbände) wahren[72]. Das *Leitprinzip der Regelung* der NAO ist das Interesse der betroffenen ArbN am Ergebnis des umkämpften Tarifvertrags[73]: Soweit die ArbN von dem den Arbeitskampf abschließenden Tarifvertrag einen Vorteil erwarten können, sollen sie den Schutz der Arbeitslosenversicherung entbehren müssen (Verbot der Kumulierung von Schutzprinzipien)[74].

Die BRL hat demgegenüber einen ganz *anderen Grund,* sie dient einem ganz anderen Zweck. Die BRL ist eine *individualrechtliche Gefahrtragungsregel,* nicht ein arbeitskampfrechtliches Institut[75]. Die BRL soll das arbeitskampfbedingte *Lohnrisiko* gerecht zwischen den Parteien des Arbeitsvertrags, des Individualvertrags *verteilen,* d. h. bestimmen, wer das Lohn-(Gegenleistungs-)risiko trägt, wenn der ArbN wegen eines weder vom ArbGeb. noch vom ArbN zu vertretenden Arbeitsausfalls die Arbeitsleistung nicht erbringen kann.

Widersinnig kann das *LAG Hamm* das hier befürwortete und von ihm abgelehnte Ergebnis, dem ArbGeb. auf Grund der BRL die Lohnverweigerung zu gestatten und gleichzeitig keine Neutralitätsverletzung in der Leistung von Arbeitslosen- oder Kurzarbeitergeld zu erkennen, nur deshalb finden, weil es auch die Lohnverweigerung des ArbGeb. mit der *Beeinträchtigung der Kampfparität* begründet. Das

---

[72] Vgl. insbes. *Kreuzer,* Neutralität der Bundesanstalt; ferner *Säcker,* Gruppenparität; *Schwerdtfeger,* Arbeitslosenversicherung; weitere Nachw. in § 3 Fußn. 47.

[73] Womit die NAO nur das Blankett des § 116 Abs. 3 Nr. 1 ausfüllt und § 116 Abs. 3 Nr. 2 außer Betracht läßt; vgl. *Schönefelder / Kranz / Wanka,* § 116 Rdnr. 32.

[74] Vgl. dazu *Biedenkopf,* Grenzen der Tarifautonomie, S. 151 f.; *Säcker,* Gruppenautonomie, S. 112 f.; *Ehmann,* DB 1978, 2027; das Kumulierungsverbot erkennt auch *Kalb* (Betriebsrisikolehre, 116 f.), kommt dann aber mit anderen Worten zwar doch zu einer an der NAO ausgerichteten BRL und demzufolge zum selben gegen §§ 70, 116 AFG verstoßenden Ergebnis wie das *LAG Hamm* (DB 1979, 216 ff.); vgl. im Text unten § 4 IV, 2 um Fußn. 102.

[75] So auch schon *Mayer-Maly / Nipperdey,* Risikoverteilung, S. 40 f.; *Ehmann,* DB 1973, 1994 ff. (1998); im Ansatz auch *Kalb* (Betriebsrisikolehre, S. 117 oben), der dann aber falsche Grenzen zieht (dazu auch unten § 4 Fußn. 105); anders *Richardi,* NJW 1978, 2062 mit unrichtigen Folgerungen (S. 2065 r. Sp. oben), die jedoch nicht auf *Seiter* (NJW 1976, 1373) gestützt werden können, denn dieser sagt dort, die BRL müßte mit der NAO „sinnvoll abgestimmt" werden; *Seiter,* Anm. AP Nr. 30 zu § 615 BGB Betriebsrisiko, Bl. 5: „... so erscheint eine deckungsgleiche Verschiebung der Grenze für die Lohnzahlungspflicht nicht mehr erforderlich".

ist deswegen falsch, weil es die verschiedenen *Regelungssachverhalte* und die verschiedenen *Regelungszwecke* der NAO und der BRL nicht beachtet und deswegen das „Prinzip der Kampfparität" im Hinblick auf das zwischen ArbGeb. und ArbN zu regelnde Lohnrisiko unzureichend konkretisiert[76]. Es ist aber auch deswegen und insofern falsch, als es in der Tradition der „Straßenbahner-Entscheidung" des *Reichsgerichts* verhaftet bleibt; es sind nämlich die *Reste der klassenkämpferischen Sphärentheorie,* die in der Betrachtung der BRL als an der Kampfparität auszurichtendes *„arbeitskampfrechtliches Institut"* fortwirken.

Richtig ist es demgegenüber, vom Grundsatz des § 323 BGB auszugehen[77]: *Ohne Arbeit kein Lohn*[78], denn der ArbGeb. hat den Lohn für die Arbeit versprochen; das *BAG*[79] sagt:

„Das Arbeitsverhältnis ist, unbeschadet seines personalen Charakters, auf dem wirtschaftlichen Austausch von Arbeit gegen Entgelt aufgebaut. Der Grundsatz, daß nur die tatsächlich geleistete Arbeit zu vergüten ist, wohnt an sich jedem Arbeitsverhältnis wesensgemäß inne[80]."

Das Problem ist, ob, wie in anderen Fällen des Arbeitsrechts, aus sozialen Gründen eine *Durchbrechung des § 323 BGB* und damit eine *Überwälzung des Lohnrisikos auf den ArbGeb.* gerechtfertigt ist[81].

Das Reichsgericht[82] hat dies in der „Straßenbahner-Entscheidung" im Hinblick auf die *„sozialen Verhältnisse"* angenommen. Zu prüfen ist, ob nicht auf Grund des *Arbeitsförderungsgesetzes* durch die Möglichkeit der Gewährung von Arbeitslosen- oder Kurzarbeitergeld an durch den Arbeitskampf „arbeitslos" gewordene ArbN sich die „sozialen Verhältnisse" so verwandelt haben, daß es *nicht mehr gerechtfertigt* ist, das Lohnrisiko in derartigen Fällen auf den ArbGeb. zu *überwälzen*[83]. *Nicht die Verlagerung des arbeitskampfbedingten Lohnrisikos auf die ArbN, sondern die Überwälzung dieses Risikos auf den ArbGeb. wäre demnach zu begründen und zu rechtfertigen*[84].

---

[76] Vgl. dazu unten § 5 III.

[77] So auch *Mayer-Maly / Nipperdey,* Risikoverteilung, S. 40 f.; *Ehmann,* DB 1973, 1998 f.

[78] Das *BAG* (AP Nr. 14 zu § 56 BetrVG 1952) sagt: „Ohne Arbeit kein Entgelt." Zur rechtlichen Grundlage des Satzes vgl. *Söllner,* AcP 167, 132 ff.

[79] *BAG* AP Nr. 14 zu § 56 BetrVG 1952.

[80] Leitsatz 1 (Fußn. 79).

[81] Vgl. *Hueck / Nipperdey* I, § 44, S. 324 ff.; *Schaub,* ArbR, §§ 95 ff., S. 453 ff.

[82] *RGZ* 106, 272 ff.

[83] Vgl. dazu im Text § 4 IV, 2.

[84] Ansatzweise ähnlich *Lieb* (Fernwirkungen zw. Fußn. 35 u. 36), der jedoch den Gedanken nicht konsequent durchführt.

IV. Erneute Wandlung der Normsituation

1. Gründe der Risikoverlagerung

Die Kenntnis von den Gründen der Entwicklung von BRL und Sphärentheorie ist eine notwendige *Voraussetzung für*, aber auch ein hinreichender *Grund zur* Überprüfung dieser Rechtssätze[85]. Das erlaubt es, die Gründe, die für eine *gerechte* Verteilung bzw. Verlagerung des Lohnrisiko ins Feld geführt werden[86], noch einmal in Betracht zu ziehen:

(1) Die sozialen Verhältnisse und die Unternehmergewinne, d. h. die Einkommens- und Vermögensverteilung einschließlich des sozialen Sicherungssystems;

(2) die Organisationsgewalt des Unternehmers und die Mitbestimmung der ArbN;

(3) die kollektive Kampfparität und die individualrechtliche Gefahrtragung.

In allen angeführten Punkten kann man seit der *„Straßenbahner-Entscheidung"* des *Reichsgerichts*[87] aus dem Jahre 1923 eine ungeheuere *Veränderung zu Gunsten der ArbN* beobachten[88]. Diese Veränderungen rechtfertigen es — um das Ergebnis vorwegzunehmen — nicht mehr, das *Lohnrisiko eines unvermeidbaren Arbeitsausfalls* auf den ArbGeb. zu verlagern.

2. Die sozialen Verhältnisse/Unternehmergewinne

Die *sozialen Verhältnisse* („Rücksichten"), die das Reichsgericht veranlaßten, das Lohnrisiko im Falle nicht zu vertretender Betriebsstörungen entgegen § 323 BGB auf den ArbGeb. zu übertragen, sind damals

[85] So auch *Mayer-Maly / Nipperdey*, Risikoverteilung, S. 30, 41.

[86] Vgl. aus den Begründungen des *BAG* z. B.:
(1) *BAG* AP Nr. 2 zu § 615 BGB Betriebsrisiko, Bl. 1 R: „Das folgt daraus, daß der Arbeitgeber, der den Betrieb und die betriebliche Gestaltung organisiert, leitet, die Verantwortung trägt und die Erträge bezieht."
(2) *BAG* AP Nr. 14 zu § 615 BGB Betriebsrisiko, Bl. 2 R: „..., daß es der ArbGeb. ist, der den Betrieb organisiert und leitet, der die Erträge bezieht und dem es deshalb obliegt, das Funktionieren des Betriebs sicherzustellen".
(3) *BAG* AP Nr. 15 zu § 615 BGB Betriebsrisiko, Bl. 2: „Vielmehr muß der ArbGeb., dem die *wirtschaftl. Initiative und das Entscheidungsrecht in Fragen der Betriebsführung* (Hervorh. v. Verf.) zusteht, auch insoweit die Verantwortung und damit die Folgen tragen, die sich daraus ergeben, daß die Arbeitsleistung des ArbN und die Entgegennahme der Arbeitsleistung durch den ArbGeb. aus Gründen unmöglich wird, die in seinem Einflußbereich liegen (RGZ 106, 272 ff. und weitere Zitate)."
(4) *BAG* AP Nr. 28 zu § 611 BGB Haftung des ArbN, Bl. 2: „Diese (lies: Weisungsbefugnis des ArbGeb.) stellt einen notwendigen Ausgleich zur Tragung des Betriebsrisikos dar."

[87] RGZ 106, 272 ff.

[88] A. A. freilich *Däubler* (JuS 1972, 646) u. a.; vgl. dazu unten Fußn. 91.

(1923) wie heute geprägt durch die *Einkommens- und Vermögensverhältnisse* der ArbN *und* die *sozialen Schutzvorschriften,* insbesondere durch das *Sozialversicherungssystem.*

Es bedarf keiner wissenschaftlichen Nachforschungen, es genügt ein Gespräch mit dem Vater oder Großvater, um zu erfahren, daß in den 20er-Jahren in einer Arbeiterfamilie Schmalhans Küchenmeister wurde, wenn für eine oder gar mehrere Wochen der Lohn des Vaters ausblieb. Arbeitslosengelder, selbst Fürsorgeunterstützungen durften während eines Arbeitskampfes an betroffene ArbN grundsätzlich nicht gezahlt werden[89].

Zwar war am 16. 7. 1927 das Gesetz über Arbeitsvermittlung und Arbeitslosenversicherung (AVAVG) in Kraft getreten, hatte aber in § 94, später (bis zum Inkrafttreten des AFG vom 25. 6. 1969) in § 84, die Gewährung von Arbeitslosengeld während der Dauer von Arbeitskämpfen grundsätzlich verboten und nur ausnahmsweise zur Vermeidung „unbilliger Härten“ zugelassen[90].

Diese „sozialen Verhältnisse“ haben sich grundlegend verändert. Die Einkommens- und Vermögensverhältnisse der ArbN konnten dank großer Anstrengungen und allseits geübter Vernunft so verbessert werden[91], daß auch ArbN-Haushalte notfalls einige Wochen aus eigener Kraft ohne Existenzgefährdung einen Lohnausfall durchstehen können. An diesem Vermögenspolster braucht jedoch im allgemeinen infolge von Arbeitskämpfen nicht einmal geknabbert zu werden, weil ein umfangreiches soziales Sicherungssystem, bestehend aus Streikgeldern, „Kurzarbeitergeldern“, Sozialhilfe, Urlaubs- und Krankengeldern auch

[89] Vgl. *Ehmann,* DB 1978, 2029 m. w. Nachw.

[90] Vgl. auch dazu *Mayer-Maly / Nipperdey,* Risikoverteilung, S. 34 f.

[91] Gegen die Behauptung *Däublers* (JuS 1972, 646), die Arbeitnehmereinkommen seien relativ zurückgegangen, mit Zahlenmaterial aus den Jahresgutachten des Sachverständigenrats überzeugend *Zöllner* (Parität, S. 48 f.) und *Raiser* (Aussperrung, S. 82 f.); danach ist die Lohnquote von 1960 bis 1973 von 60,6 % auf 63,5 % und 1974 auf 65,4 % gestiegen. Zu Recht weist auch *Zöllner* (ebd.) darauf hin, daß die sozialen Verhältnisse nicht nur durch die Lohnquote, sondern auch durch die sonstigen sozialen Verbesserungen, d. h. das gesamte soziale Schutzsystem bestimmt werden. Zutreffend dazu auch *Konzen,* AcP 177, 531. Zur Entwicklung der Lohnquote und der *Reallohnposition* seit 1961 bis 1978 vgl. die Tabellen 15 u. 16 im Jahresgutachten des Sachverständigenrates 1978/79 (BT-Drucks. 8/2213, S. 75, 76; zum Begriff der Reallohnposition vgl. S. 211) und dazu die Ausführungen in Teilziff. 123 ff. Es würde letztlich aber mehr als ein „ontologisches Mißverständnis“ (*Mayer-Maly,* DB 1979, 98) sein, wollte man aus jeder Veränderung der Reallohnposition eine Veränderung der Rechtslage ableiten. Die notwendigen sozialwissenschaftlichen Bezüge der Rechtswissenschaft dürfen nicht dahin führen, daß rechtliche Regelungen entsprechend den Währungskursen und sonstigen volkswirtschaftlichen Daten sich täglich ändern und so ins „floaten“ kommen. Langfristigen grundlegenden Änderungen der sozialen Lage muß die Rechtsordnung sich jedoch anpassen.

während eines Arbeitskampfes die Lohnausfälle im wesentlichen auffängt[92].

Andererseits ist der Anteil der Lohn- und Lohnneben-(Sozial-)kosten an den Gesamtkosten der Unternehmer ständig gestiegen[93]. Auch sind meist die fixen Kosten der Unternehmer durch die hohen, meist mit Fremdmitteln finanzierten, Investitionskosten moderner Industrieproduktion enorm angestiegen. Infolge dieser und anderer Ursachen sind in vielen Bereichen die Gewinnspannen der Unternehmer kleiner geworden[94]. Die Fähigkeit, einen Produktionsausfall eine zeitlang durchzustehen, ist daher für viele Betriebe geringer geworden.

Diese Fakten haben auch den Gesetzgeber veranlaßt, „durch die Gewährung von Kurzarbeitergeld den ArbN die Arbeitsplätze und dem Betrieb die eingearbeiteten ArbN (zu) erhalten“ (§ 63 Abs. 1 AFG), d. h. den ArbGeb. und den ArbN wird das Lohnrisiko abgenommen und auf die BAnstArb., die von beiden Sozialpartnern gemeinsam finanziert wird (§§ 167 ff. AFG), übertragen.

Es ist also nicht richtig und widerspricht auch der in § 63 AFG zum Ausdruck gekommenen Wertung des Gesetzgebers, wenn behauptet wird, daß „den ArbN meist ein Lohnentzug ungleich schwerer trifft als den ArbGeb. eine Lohnzahlung ohne Arbeit“[95]. Die ArbN sind auch im Arbeitskampf durch ein dichtes *soziales Netz* hinreichend abgesichert[96]. Kaum noch ein Betrieb ist aber in der Lage, wochenlang Lohn weiterzuzahlen, wenn keine Arbeitsleistungen mehr erbracht werden.

Die „sozialen Verhältnisse“, „sozialen Rücksichten“ können daher die Durchbrechung des Grundgedankens des § 323 BGB und die *Verlagerung* des arbeitskampfbedingten Lohnrisikos *auf den ArbGeb.* grundsätzlich nicht mehr rechtfertigen.

Innerhalb des Geltungsbereichs der Leistungsverbote der NAO wird dieses Ergebnis nahezu allgemein akzeptiert, weil dem ArbGeb. nicht zugemutet werden kann, aus *sozialen Gründen* den Lohn weiterzuzah-

---

[92] Vgl. den Überblick bei *Ehmann*, Die Rechtslage der Arbeitnehmer im Arbeitskampf — Arbeitnehmerrisiko und Sozialversicherung — in: DB 1978, 2023 ff.; ferner *Krause*, Der Arbeitskampf in der Sozialversicherung, DB 1974, Beilage Nr. 14.

[93] Das ist die Kehrseite des Anstiegs der Löhne und der Sozialleistungen.

[94] Zur Gewinnentwicklung seit 1960 vgl. Schaubild 9 im Jahresgutachten des Sachverständigenrates 1978/79 (BT-Drucks. 8/2312, S. 50) und dazu die dortigen Ausführungen, insbes. in Teilziff. 66.

[95] So aber *Schmid* (JuS 1977, 95), der sich hierfür aber *nicht* auf das Lohnquotenargument von *Däubler* u. a. (vgl. Fußn. 91) stützt, sondern die Behauptung einfach hinstellt.

[96] Vgl. Fußn. 92.

len, und den Gegner zu unterstützen, wenn der BAnstArb. aus *Neutralitätsgründen* die Gewährung von Sozialleistungen verboten ist[97].

Außerhalb des Geltungsbereichs der Leistungsverbote der NAO ist dieses Ergebnis sozial gerechtfertigt dadurch, daß die betroffenen ArbN *Kurzarbeitergeld* erhalten können[98]. Den Einbußen der Differenz zwischen Lohn- und Kurzarbeitergeld, das sind zwischen 5 und 15 % (je nach Steuerbelastung), stehen auch entsprechend wesentlich höhere Verluste der ArbGeb. (fixe Kosten, Gefährdung von Absatzchancen und Geschäftsbeziehungen) gegenüber.

Die Weiterbezahlung des Lohns in diesem „Außenbereich" würde im Ergebnis nur zu einer *Kostenverlagerung* von der BAnstArb. auf die ArbGeb. führen.

Etwas ähnliches ist zwar durch die *Notverordnungen* vom 26. 7. 1930, vom 1. 12. 1930 und vom 5. 6. 1931 geschehen, wo zur *Entlastung der Sozialversicherungsträger*[99] die Kostenlast der Lohnfortzahlung in Krankheitsfällen dadurch auf die ArbGeb. verlagert wurde, daß die Vorschriften der §§ 616 BGB, 63 HGB, 133 c GewO zu zwingendem Recht gemacht und gleichzeitig § 189 RVO dahin geändert wurde, daß der Anspruch auf Krankengeld ruhe, wenn und soweit der Versicherte während der Krankheit Arbeitsentgelt erhalte[100].

Zu solcher *Kostenverlagerung* haben die *Arbeitsgerichte* jedoch *keine Kompetenz*[101].

Gegen die Verlagerung des arbeitskampfbedingten Lohnrisikos auf die ArbGeb. spricht schließlich und endlich noch das Verbot der *Kumulation von Schutzprinzipien*[102].

Auf dem Gebiet des Arbeitsrechts geschieht der Schutz des Schwächeren auf *drei* getrennten Ebenen: Durch staatliche *Gesetzgebung* (insbesondere durch zwingendes ArbN-Schutz- und Sozialversicherungsrecht), durch die gleichfalls die Privatautonomie aufhebende *Tarif*-(Gruppen-)*autonomie* der Koalitionen des Arbeitslebens und deren Normsetzung mittels Tarifverträgen und schließlich durch die *Mitbe-*

---

[97] So sogar auch *LAG Hamm*, DB 1979, 216 ff.

[98] *Ehmann*, DB 1973, 1999; *ders.*, DB 1978, 2031; ebenso jetzt wohl auch *Seiter*, AP Nr. 30 zu § 615 BGB Betriebsrisiko, Bl. 5 und *ders.*, NJW 1976, 1373; vgl. auch *Hoffknecht*, Arbeitskampfrecht, S. 117 f.

[99] Vgl. dazu *Siebert*, Festschrift für Lehmann, S. 674.

[100] Vgl. dazu *Ehmann*, Gesamtschuld, S. 257 f.

[101] Vgl. *Hoffknecht*, Arbeitskampfrecht, S. 117 Fußn. 15; dazu auch oben § 4 Fußn. 51, 52; unten § 5 um Fußn. 81.

[102] *Biedenkopf* (Grenzen der Tarifautonomie, S. 151) weist darauf hin, daß solche Kumulierung („Ausbeutungsvorgang mit umgekehrten Vorzeichen") mit dem Schutzzweck des Arbeitsrechts unvereinbar ist; vgl. ferner *Säcker*, Gruppenparität, S. 112 ff.; dazu oben § 4 III, 3 um Fußn. 74.

stimmung auf betrieblicher und unternehmerischer Ebene. Durch die Kumulation dieser Schutzprinzipien droht die *Übermacht der ArbN-Seite*[103]. Deswegen gebietet es die staatliche Neutralitätspflicht, daß in der Zeit des Arbeitskampfs solche gesetzlichen Schutzvorschriften außer Kraft treten, die es der ArbN-Seite erleichtern, ihre legitimen Interessen mittels der *ultima ratio* der Tarifautonomie kampfweise durchzusetzen[104]. Auch dieser Gedanke verbietet es, den ArbGeb. gerade während des Arbeitskampfs zur „Lohnfortzahlung" an die durch den Arbeitskampf beschäftigungslos gewordenen ArbN zu verpflichten. Dies gilt auch über die Grenzen des § 116 AFG und der NAO hinaus, weil der Arbeitskampf in solchem Falle nicht nur nicht im Interesse der betroffenen ArbN, sondern auch *nicht im Interesse der ArbGeb.* geführt wird[105].

3. Unternehmerische Organisationsgewalt und Mitbestimmung

Außer mit dem Unternehmergewinn wurde die Belastung des Unternehmers mit dem Betriebs- und Wirtschaftsrisiko metajuristisch stets auch damit begründet, daß er allein über die Gestaltung und *Organisation des Betriebs*, über das Produktionsprogramm, über die Beschaffung der Rohstoffe und Energie sowie über die Organisation des Absatzes entscheide[106].

Das ist im historischen Ausgangspunkt sicherlich und im Grundsatz auch heute noch überwiegend richtig. Jedoch liegen die durch einen *Arbeitskampf* (mit Ausnahme von Angriffsaussperrungen) verursachten Störungen *außerhalb* des durch sachgerechte Organisation beherrschbaren Unternehmerrisikos[107].

Auch darum hat schon das *Reichsgericht* die Zurückverlagerung des Lohnrisikos auf die ArbN bei Teilstreiks mit den durch das Betriebsrätegesetz „in bezug auf Betriebsleitung und Betriebsleistung" eingeräumten Mitwirkungsrechten gerechtfertigt[108].

---

[103] Vgl. auch *Badura / Rittner / Rüthers*, Gemeinschaftsgutachten, S. 99 et passim.

[104] Der Gedanke findet Ausdruck in § 25 KSchG und § 116 AFG; vgl. dazu *Säcker*, Gruppenparität, S. 112 ff.

[105] Das verkennt *Kalb*, der trotz richtigem Ausgangspunkt (Betriebsrisikolehre, S. 116 f.) die „Reichweite" (Grenzen) der BRL nach der NAO und damit zu eng bestimmt (vgl. auch oben § 4 Fußn. 75). Im Ergebnis dagegen auch *Lieb* (Fernwirkungen), aber mit kaum haltbaren Begründungen, vgl. insbes. § 3 Fußn. 117.

[106] Vgl. BAG AP Nr. 2, 14, 15 zu § 615 BGB Betriebsrisiko; Zitate daraus oben Fußn. 86.

[107] Ebenso *Lieb*, Fernwirkungen, vor Fußn. 36. Zu den Abgrenzungsproblemen vgl. unten § 6 II.

[108] *RGZ* 106, 275.

Zwar kritisierte *Hugo Sinzheimer*[109] in einem 1929 veröffentlichten Gutachten diese Entscheidung mit dem Satz:

„Ich sehe den Hauptfehler dieser Rechtsprechung darin, daß sie Rechtsbegriffe anwendet, die einer Rechtsordnung entsprechen, die nicht oder noch nicht besteht."

Die Frage muß jedoch gestellt werden, ob nicht nach Inkrafttreten des BetrVG 1972 und nach Einführung der unternehmerischen Mitbestimmung, gar der paritätischen Mitbestimmung in der Montan-Industrie, die Rechtsordnung entstanden ist, die 1923 keinesfalls gegeben war, und sich auch *Sinzheimer* noch kaum so vorstellen konnte[110].

Auch ein hinsichtlich des sozialen Gewissens so unübertrefflicher Mann wie *G. Küchenhoff*[111] hält daran fest,

„daß mit dem Anwachsen von Mitwirkungs- und Mitgewinnungsrechten auch ein Anwachsen von Mitwirkungs- und Mithaftungspflichten verbunden ist. Daraus ergibt sich: Die Verteilung des Betriebsrisikos im modernen Betrieb hängt von dessen jeweiliger Betriebsverfassung ab".

Schließlich bemerkte *Nikisch*[112] bereits im Jahre 1948 — damals noch Professor in Leipzig —:

„Die volle Belastung des Unternehmers mit dem Betriebsrisiko ist nur im Rahmen einer Wirtschaftsordnung gerechtfertigt, die dem privaten Unternehmer freien Spielraum für seine wirtschaftliche Betätigung und gleichzeitig die Möglichkeit gibt, sich die für seinen Betrieb notwendigen Produktionsmittel im Vertragswege zu beschaffen. Nur innerhalb einer normal funktionierenden freien Wirtschaft kann und muß der Unternehmer die volle Verantwortung für den Erfolg seiner Unternehmungen tragen. Von dieser Voraussetzung haben wir uns in den letzten Jahrzehnten immer weiter entfernt. ... Der freie, allein verantwortliche Unternehmer existiert nicht mehr, seine Stellung wird von zwei Seiten her immer stärker eingeengt: durch das *Mitbestimmungsrecht der Arbeiterschaft* (Hervorh. v. Verf.) und durch die staatliche Wirtschaftslenkung."

Trotz der *Vernünftigkeit* dieser Auffassungen wird die *Wirklichkeit* ihr nicht von selbst folgen, sondern eher ins Gegenteil streben. Die durch verbesserte Mitbestimmungsrechte auf Betriebs- und Unternehmensebene sowie durch immer besser organisierte Gewerkschaften, immer stärker gewordene Arbeiterschaft wird ihre Macht nicht dazu benutzen, die Unternehmer von Risiken zu entlasten, sondern dazu, ihnen bis an die Grenze der Belastung — und evtl. darüber hinaus — immer neue Lasten aufzubuckeln. Dies folgt aus dem *Gesetz gewerk-*

---

[109] *Sinzheimer*, Betriebsrisiko, S. 44.

[110] *Ehmann*, DB 1973, 1994 f.; dazu *Kalb*, Betriebsrisikolehre, S. 85 f.; ferner *Badura / Rittner / Rüthers*, Gemeinschaftsgutachten, S. 137 ff.

[111] Bei *Erman*, BGB, § 615 Rdnr. 18.

[112] *SJZ* 1948, 18.

schaftlicher Macht[113]. Aufgabe des Rechts, der Gesetzgebung als auch der Rspr. ist es daher, dagegenzuhalten, die *Kampfparität* zu wahren. Zweifelhaft ist, ob sie die nötige Unabhängigkeit und Kraft dazu haben[114].

Die neuere Rspr., insbesondere der Instanzgerichte[115], zeigt, daß die alte BRL zu Lasten der ArbGeb. verschoben werden soll, obwohl der *kleine Vorteil* für die ArbN, d. h. *soziale Rücksichten* dies *nicht* mehr rechtfertigen können. Die „sozialen Rücksichten" sind vielmehr nur noch ein Vorwand zur Schwächung des ArbGeb. und Stärkung der Gewerkschaften im Arbeitskampf.

Auch die durch mannigfache Mitbestimmungsrechte *gebrochene Organisationsgewalt* des ArbGeb., insbesondere im Arbeitskampf, vermag eine Verlagerung des Lohnrisikos, womöglich zur Unterstützung des sozialen Gegenspielers, nicht mehr zu rechtfertigen.

4. Sphärentheorie, Kampfparität und Gefahrtragung

Rechtfertigt das *Prinzip der Kampfparität* die Verlagerung des arbeitskampfbedingten Lohnrisikos auf den ArbGeb.?

Die Funktion des Prinzips der Kampfparität ist früher durch die *Sphärentheorie* erfüllt worden: Es würden sich unmögliche Zustände ergeben, sagte das Reichsgericht, wenn „der Unternehmer allen anderen Arbeitern den Lohn auszahlen müßte, obwohl diese nur deshalb nicht arbeiten, weil ihre *Genossen nicht arbeiten*[116]".

Die Sphärentheorie sollte jedoch aus kollektivrechtlichen Gründen (weil es um die Regelung zwischen *zwei Gruppen der Gesellschaft*, dem *Unternehmertum* und der *Arbeiterschaft*, gehe[117]) eine *Rückverlagerung des Lohnrisikos* rechtfertigen, das zuvor individualrechtlich vor allem aus „sozialen Rücksichten" auf den ArbGeb. verlagert worden war.

---

113 Vgl. *Hayek*, Verfassung der Freiheit, S. 339 ff.

114 Bei den *Arbeitsgerichten* 1. Instanz scheint jedenfalls teilweise die Saat der antiautoritären Studentenbewegung der 60er Jahre schon kräftig aufgegangen zu sein und das in jener Zeit geprägte „Vorverständnis" *(Esser)* füllt die „Lücken" des Gesetzes mit „Richterrecht" eigener Art auf; vgl. dazu *Krey*, JZ 1978, 430 f.; ferner unten § 5 IV. Wenn auch das BAG beginnt, diesem „Zeitgeist Rechnung zu tragen" *(Lieb)*, ist die marktwirtschaftliche und freiheitliche Ordnung unseres Staatswesens in Gefahr.

115 Vgl. dazu *LAG Hamm*, DB 1979, 216 ff.; über ein Mitbestimmungsrecht des BR: *ArbG Dortmund*, Beschl. v. 27. 12. 1978 — 3 BV Ga. 15/78 —; *ArbG Düsseldorf*, Beschl. v. 29. 12. 1978, EV — 1 BV Ga. 31/78 —; *ArbG Iserlohn*, Beschl. v. 4. 1. 1979 — 2 BV Ga. 2/78 —; *ArbG Siegen*, Beschl. v. 4. 1. 1979 — 1 BV Ga. 2/78 —; *ArbG Siegburg*, Beschl. v. 5. 4. 1978 — 1 BV Ga. 2/78 —; *ArbG Duisburg*, Beschl. v. 5. 1. 1979 — 2 BV Ga. 11/78 —.

116 *RGZ* 106, 276.

117 *RGZ* 106, 275.

Im Unterschied hierzu stellt das Prinzip der Kampfparität, jedenfalls in der Ausprägung des § 116 AFG und der NAO, aus Neutralitätsgründen *Leistungsverbote* auf, beläßt also die *Schadensfolgen* grundsätzlich dort, wo sie eingetreten sind.

Freilich bedeutet auch in diesem Zusammenhang gemäß den Worten *Taylleronds* Nichtintervention etwa dasselbe wie Intervention, d. h. die Neutralität wird durch die Nichtleistung nur dann gewahrt, wenn im Falle des Ungleichgewichts nach der anderen Seite hin Leistungen erfolgen[118].

Durch die BAnstArb. geschieht dies (Leistung von Arbeitslosen- und Kurzarbeitergeld) im Falle eines unvermeidbaren Arbeitsausfalls (gleichgültig, ob dieser arbeitskampfbedingt ist oder nicht), sofern die Leistungsempfänger *außerhalb* des Bereichs beschäftigt werden, wo nach den Grundsätzen der NAO durch Leistungen in die Arbeitskämpfe eingegriffen werden würde.

Das Reichsgericht mußte demgegenüber zunächst prinzipiell das Lohnrisiko *individualrechtlich* auf den ArbGeb. übertragen (weil es insbesondere im Arbeitskampf bei nicht zu vertretender Unmöglichkeit der Arbeitsleistung damals *keine* Sozialleistungen gab[119]), um es dann *ausnahmsweise* (wenn die Genossen streiken) auf die betroffenen ArbN mittels der *Sphärentheorie zurückzuverlagern.*

Aus heutiger Sicht hatte das *Reichsgericht* damals zu schnell die Kategorien des BGB verlassen, dabei allzuweit den Grundgedanken des § 323 beiseite geschoben[120] und sich zur *kollektiven Höhe klassenkämpferischen Denkens* aufgeschwungen (Unternehmertum contra Arbeiterschaft); der ideologische Höhenflug mußte daher mit einer *ideologischen Bauchlandung*[121] enden. Die nach der Durchbrechung des § 323 BGB notwendige *Rückverlagerung* auf die Betriebsgemeinschaft, der durch das *Betriebsrätegesetz* vom 4. 2. 1920 Mitbestimmungsrechte eingeräumt worden waren, war jedenfalls schon damals *nicht* überzeugungskräftig[122].

Aber es geht heute nicht um Kritik am damaligen *Reichsgericht,* das aus guter sozialer Absicht gerichtet hat und eine Rspr. einleitete, die

---

[118] Vgl. *Krause,* DB 1974, Beilage Nr. 14, S. 3.

[119] Vgl. *Ehmann,* DB 1978, 2029.

[120] Vgl. die oben § 4 Fußn. 6 zitierte damalige Kritik.

[121] Gipfelnd in dem Vorwurf *Biedenkopfs* (Betriebsrisikolehre, S. 18 f.): „Juristisch unpräzise Fassung des Klassenkampfarguments" ... aus dem „Kommunistischen Manifest"; vgl. dazu *Schwerdtner,* ArbR I, S. 95.

[122] Vgl. die Kritik von *Sinzheimer* (oben § 4 nach Fußn. 109).

jahrzehntelang einen annehmbaren sozialen Ausgleich gewährleistete. Aber wenn jetzt und heute die Sphärentheorie und der ihr zugrundeliegende *Solidaritätsgedanke* aus verfassungsrechtlichen und sonstigen Gründen verlassen wird[123], so müssen wir auch zum *Ausgangspunkt* zurückkehren.

Aus der Berechtigung der Argumente gegen die Sphärentheorie darf nicht *voreilig* geschlossen werden, also habe der ArbGeb. auch das arbeitskampfbedingte Lohnrisiko zu tragen. Dieser „Kurzschluß“ ist der *Kardinalfehler* der gegenwärtig modischen Meinung[124], die dem Unternehmer „in guter sozialer Absicht aber mit bösen sozialen Folgen“ *(Stützel)*[125] möglichst alle Lasten aufbuckeln will.

Mit dem *Abschied vom Solidaritätsgedanken* und der Sphärentheorie muß auch die Grundfrage neu gestellt werden, wer das arbeitskampfbedingte Lohnrisiko zu tragen hat. Es darf also nicht nur gefragt werden, ob es gerechtfertigt ist, das Lohnrisiko infolge von Streiks unbegrenzt *den ArbN zuzurechnen*, sondern es muß auch gefragt werden, ob es gerechtfertigt ist, das Lohnrisiko infolge von Streiks und Aussperrungen *den ArbGeb. aufzubürden*, denn auch diese Rechtsfolge ist keine Selbstverständlichkeit, sondern bedarf eines *zureichenden Grundes*[125a].

Gefahrtragungsregeln stören freilich immer das Rechtsgefühl derjenigen, die davon betroffen werden. So stört es das Rechtsgefühl des Käufers, wenn er auf Grund von § 447 BGB zahlen muß, ohne die Ware zu erhalten, und es stört das Rechtsgefühl des Verkäufers einer fehlerhaften Sache, wenn er auf Grund der §§ 462, 467, 346, 350 BGB das Geld zurückerstatten muß[126], obwohl die Ware beim Käufer untergegangen ist.

Entsprechend stört es uns, daß die ArbN keinen Lohn erhalten sollen, weil andere ArbN in anderen Betrieben nicht arbeiten und die Arbeitsleistung der Betroffenen deswegen unmöglich wird. Aber genauso muß es das Rechtsgefühl stören, daß die ArbGeb. Lohn an ArbN zahlen sollen, die infolge eines Arbeitskampfs nicht mehr beschäftigt werden können. Es ist in der bisherigen Diskussion übersehen oder wenig-

---

[123] Vgl. oben § 3 II, 2; ferner *Hoffknecht*, Arbeitskampfrecht, S. 115 f. m. w. Nachw.

[124] Statt aller *LAG Hamm*, DB 1979, 216 ff. Dagegen bezeichnet auch *Lieb* (Fernwirkungen, nach Fußn. 11) es als „Trugschluß“, aus der Unhaltbarkeit der Sphärentheorie zwangsläufig die Risikobelastung des Unternehmers zu folgern (vgl. auch oben Fußn. 84 u. andererseits unten Fußn. 130).

[125] *Stützel*, Strategien für einen hohen Beschäftigungsstand, in: Wirtschafts- und gesellschaftspolitische Perspektiven, S. 52 ff. (S. 63 et passim).

[125a] Vgl. auch oben § 4 III, 3 vor Fußn. 84.

[126] Was auch einige Zivilrechtler nicht wahrhaben wollen, vgl. *Erman / Weitnauer*, § 440 Rdnr. 16 ff.

stens nicht hinreichend gewichtet worden[127], daß die Ausgangsfrage nicht ist, was die *Einstellung* der Weiterzahlung des Lohns, sondern was die *Weiterzahlung* des Lohns an beschäftigungslose ArbN rechtfertigt.

Ausgangspunkt aller Überlegungen ist und bleibt daher der Grundsatz: *Ohne Arbeit kein Lohn*[128]. Das ergibt sich *juristisch* daraus, daß der Lohn für Arbeit versprochen wurde und *ökonomisch* daraus, daß in einer Marktwirtschaft Lohnzahlungen ohne Arbeitsleistungen die Ausnahme bleiben müssen, weil allenfalls der Staat, aber nicht private Unternehmer berechtigt sind, Geldscheine zu drucken und ohne Gegenleistung auszugeben. Es sei daher erlaubt, das *BAG* nochmals zu zitieren[128]:

„Das Arbeitsverhältnis ist, unbeschadet seines personalen Charakters, auf dem wirtschaftlichen Austausch von Arbeit gegen Entgelt aufgebaut. Der Grundsatz, daß nur die tatsächlich geleistete Arbeit zu vergüten ist, wohnt an sich jedem Arbeitsverhältnis wesensgemäß inne."

Soweit das *Reichsgericht* demgegenüber mit der Durchbrechung des § 323 BGB „soziale Rücksichten" befriedigte, wird dem — wie dargelegt — heute durch die Leistung von *Arbeitslosen- oder Kurzarbeitergeld* Genüge getan. Soweit das *Reichsgericht* darüber hinaus mit der *Begrenzung der Rückverlagerung* durch die Sphärentheorie auf das Lohnrisiko der *Streikfolgen* (keine Rückverlagerung hinsichtlich des Wirtschaftsrisikos und der Aussperrungsfolgen) auch *kollektivrechtliche* Zwecke verfolgte (zur „Wahrung der Kampfparität"), wird diesen Zwecken heute gleichfalls durch die §§ 70, 116 AFG und die NAO dadurch Rechnung getragen, daß *außerhalb* des Geltungsbereichs der Leistungsverbote der NAO Leistungen an die betroffenen ArbN erfolgen und damit zugleich die kampfführenden Parteien von der sozialen Verantwortung für diese Fernwirkungen befreit werden.

Die *Wahrung der Kampfparität* hinsichtlich des Lohnrisikos ist also eine *staatliche Aufgabe* geworden, die das Sozialversicherungsrecht, insbesondere die §§ 70, 116 AFG und die NAO der BAnstArb. lösen.

Damit ist die BRL von diesen *kollektivrechtlichen* Aufgaben befreit worden; die Lösung des Problems der Verteilung des Lohnrisikos zwischen ArbGeb. und ArbN kann daher wieder nach *individualrechtlichen* Grundsätzen erfolgen.

Das soll nicht heißen, daß hier eine *Rückkehr zur reinen BGB-Dogmatik* der §§ 323, 324 Abs. 2, 615, 297 BGB, d. h. zu allen Problemen der

---

[127] Ausnahme: *Mayer-Maly / Nipperdey*, Risikoverteilung, S. 40 f.

[128] So richtig BAG AP Nr. 14 zu § 56 BetrVG 1952; bereits oben zitiert § 4 um Fußn. 78, 80.

Begriffe *Unmöglichkeit* und *Annahmeverzug* vorgeschlagen werden soll. Der individualarbeitsrechtliche Grundsatz: Ohne Arbeit kein Lohn, soll vielmehr auch dann gelten, wenn infolge Absatzstörungen die Arbeitsleistung der ArbN *wirtschaftlich sinnlos* wird, und er soll auch in solchen Fällen gelten, in denen im Dienstvertragsrecht des BGB kein Annahmeverzug vorliegt, weil die Dienstleistung deswegen unmöglich wird, weil der Dienstberechtigte die notwendige Mitwirkungshandlung *unverschuldet* nicht vornehmen kann[129].

Darüber herrscht so *allgemeiner Konsens,* daß sich weitere Ausführungen erübrigen[129a].

Schließlich rechtfertigt das *Prinzip der Tarifautonomie* aus folgenden Erwägungen auch *positiv* das hier entwickelte Ergebnis über die individualrechtliche Gefahrtragung hinsichtlich des arbeitskampfbedingten Lohnrisikos[130].

Kraft der demokratisch beschlossenen Verfassung ist die Tarifautonomie von allen gewollt. Notwendigerweise mitgewollt ist als *ultima ratio* das Institut des Arbeitskampfes[131]. Das ist nach der Grundentscheidung unserer Wirtschafts- und Rechtsverfassung zum Nutzen aller[132]. Die unvermeidbaren notwendigen *Schadensfolgen* sind darum grundsätzlich auch *von allen,* d. h. von denen, die davon getroffen werden, *zu*

---

[129] Richtig erkennen *Mayer-Maly / Nipperdey* (Fußn. 127), S. 40 darin die Wiederkehr einer Streitfrage des gemeinen Rechts; vgl. dazu *Ehmann,* DB 1973, 1946 f., insbes. Fußn. 9; ferner oben § 4 I, 1 u. 2.

[129a] Anders jetzt allerdings *Nassauer* (Sphärentheorien, Marburger Diss. betreut von *Ernst Wolf*), der das Vorliegen einer Lücke im BGB bestreitet und Annahmeverzug annimmt, wenn die Arbeitsleistung deswegen unmöglich wird, weil der ArbGeb. die notwendige Mitwirkungshandlung (unverschuldet) nicht vornimmt (S. 70 - 141, insbes. S. 120 f.).

[130] Die folgenden Argumente habe ich bereits in DB 1973, 1997 ff. vorgetragen; dagegen *Schwerdtner* (ArbR I, S. 104) ohne *sachliche* Argumente, aber mit der Bemerkung, ich würde die Freistellung des Unternehmers vom Lohnrisiko als Preis der Tarifautonomie *feiern.* Ich verstehe zwar, daß *Schwerdtner, Loderer* (vgl. im Text unten nach Fußn. 135) u. a. sich über die Belastung der Unternehmer und die Entlastung der BAnstArb. freuen würden (vgl. oben § 4 um Fußn. 51, a, b), betrachte aber selbst den Arbeitskampf und seine Schadensfolgen nicht als Grund zum Feiern (vgl. auch meine Ausführungen in DB 1978, S. 2024 f.). Neuestens meint auch *Lieb* (Fernwirkungen, nach Fußn. 35), „daß die bisher versuchten Begründungen den Wegfall des Lohnanspruchs der ArbN drittbetroffener Betriebe jedenfalls nicht positiv zu rechtfertigen vermögen" (vgl. dazu auch oben § 4 Fußn. 84). So voreilig hätte *Lieb* nicht „dem Zeitgeist Rechnung tragen" brauchen, zumal er selbst gegen diesen „Zeitgeist" Zweifel hegt und die daraus folgenden Ergebnisse ablehnt.

[131] *BAG* AP Nr. 13 zu § 2 TVG; *BVerfGE* 18, 18 = AP Nr. 15 zu § 2 TVG; *Hueck / Nipperdey* II, 2, S. 914 ff.; *Badura / Rittner / Rüthers,* Gemeinschaftsgutachten, S. 139 f. m. w. Nachw.

[132] Weil staatliche Zwangsschlichtung weiteren freiheitsbedrohenden Machtzuwachs des Staates bedeuten würde.

tragen und dürfen nicht durch Zurechnungs- und Gefahrtragungsregeln von einem Sozialpartner auf den anderen verlagert werden[133]. Jeder Bürger hat die infolge eines Arbeitskampfs eintretenden Lieferschwierigkeiten, Warenverknappungen sowie evtl. Sach- und Personentransportschwierigkeiten ohne Entlastungsmöglichkeit zu tragen; ebenso trifft ihn die bei einem langen und harten Arbeitskampf einschneidende Verringerung des gesamten Sozialprodukts mit allen ihren wirtschaftlichen und politischen Folgen.

Wenn aber jeder Bürger die Schadensfolgen zu tragen hat, die bei ihm eintreten, dann müssen auch die ArbN *individualrechtlich* das Risiko tragen, daß sie infolge ihres Arbeitskampfs ihre Arbeitskraft nicht verwerten können.

Die unerwünschten und sozial unbilligen individualrechtlichen Nebenwirkungen des Arbeitskampfs, die z. B. dort eintreten, wo nicht unmittelbar beteiligte ArbN betroffen werden, in deren Interesse der Arbeitskampf nicht geführt wird, die also *außerhalb* der Leistungsverbote der NAO beschäftigt sind, müssen, weil sie gewissermaßen der Preis für die verfassungsrechtliche Einrichtung der Tarifautonomie sind, *sozialversicherungsrechtlich* durch Arbeitslosen- oder Kurzarbeitergeld der von beiden Sozialpartnern gemeinsam finanzierten BAnst-Arb.[134], nicht durch einen Vertragspartner allein ausgeglichen werden.

Damit ist unser Arbeitskampfsystem hinsichtlich des Lohnrisikos mittelbar betroffener ArbN *kollektivrechtlich, individualrechtlich* und *sozialversicherungsrechtlich* im Prinzip ausgewogen aufeinander abgestimmt.

Demgegenüber erklärte *Eugen Loderer* auf der sog. wissenschaftlichen Veranstaltung vom 13. bis 15. Sept. 1973 in München[135]:

„So wie die Dinge liegen, muß befürchtet werden, daß die Unternehmer in Zukunft verstärkt versuchen werden, in Bereichen außerhalb eines bestreikten Tarifgebiets durch den Hinweis auf Liefer- oder Abnahmeschwierigkeiten ihre Beschäftigten auf die Straße zu setzen. Es handelt sich dabei um eine Art der unternehmerischen Streikbekämpfung, die besonders wirkungsvoll ist, weil sie sich auf allgemeine Rechtsregeln außerhalb des Arbeitskampfrechts berufen kann. Auch hier muß unser Ziel sein, den Versuch der Unternehmer abzuwehren, die gewerkschaftliche Streikfreiheit dadurch aus-

---

[133] Gegen die Einwendungen von *Wiedemann* (RdA 1969, 33) vgl. *Ehmann*, DB 1973, 1998 Fußn. 99.

[134] Vgl. § 167 AFG: „Die Bundesanstalt erhebt zur Aufbringung der Mittel für die Durchführung ihrer Aufgaben von Arbeitnehmern und Arbeitgebern Beiträge, soweit die Mittel nicht durch Umlagen (§§ 186 a bis 186 d) aufgebracht werden. Der Beitragssatz ist für Arbeitnehmer und Arbeitgeber gleich."

[135] Streik und Aussperrung (Protokoll der Veranstaltung), S. 552 f.; vgl. dazu schon *Ehmann*, DB 1973, 1947 Fußn. 111 a.

zuhöhlen, daß das volle wirtschaftliche Risiko einer vereinten Unternehmerfront auf die Streikenden und ihre Gewerkschaft abgewälzt wird. *Dabei kann unsere Grundsatzforderung eigentlich nicht nur darauf gerichtet sein, die „Bundesanstalt für Arbeit" zahlungspflichtig zu machen* (Hervorh. v. Verf.). Mit einer Änderung des § 116 Arbeitsförderungsgesetz in diese Richtung bliebe nämlich immer noch folgende Ungereimtheit bestehen: Das wirtschaftliche Risiko von Unternehmern, die ihre Arbeitnehmer plötzlich nicht mehr beschäftigen, wird auf eine Kasse abgewälzt, deren *Beiträge letztlich allein von den Arbeitnehmern aufgebracht werden*[136] (Hervorh. v. Verf.). (Beifall) Eigentlich müßte das Risiko wirtschaftlicher Verflechtungen, die ja von den Unternehmern zu verantworten sind und zu dem notwendig auch das Risiko von Streik gehört, ausschließlich von den Unternehmern allein getragen werden. (Beifall) Das könnte selbstverständlich nur außerhalb eines etwa umkämpften Tarifgebietes der Fall sein. Innerhalb desselben könnte ich mir eine Leistungspflicht der Bundesanstalt für Arbeit gegenüber solchen Beschäftigten denken, die nicht selbst streiken, jedoch auf Grund mittelbarer Betroffenheit von der Arbeit freigestellt werden. Ohne Leistungsanspruch dürften also nur diejenigen Arbeitnehmer sein, die selbst aktiv im Arbeitskampf stehen. Eine Zahlung ihnen gegenüber würde in der Tat eine Parteinahme zugunsten der streikenden Seite darstellen, so daß es sachgerecht ist, sie auf die Streikunterstützung ihrer Gewerkschaft zu verweisen."

Außerhalb der Leistungsverbote der NAO, wo nach dem Gesetz Kurzarbeitergeld gezahlt werden darf, fordert *Loderer* also Lohn statt Kurzarbeitergeld; innerhalb der Leistungsverbote der NAO, wo nach dem Gesetz weder Lohn noch Kurzarbeitergeld geleistet wird, fordert *Loderer* Kurzarbeitergeld.

Den Forderungen des Gewerkschaftsführers für den Bereich außerhalb der Leistungsverbote der NAO sind einige Instanzgerichte[137] und wissenschaftliche Autoren[138] — objektiv und in guter sozialer Absicht sicherlich — inzwischen gefolgt. Andere Gerichte[139] und Autoren[140] erzielen (objektiv) das von *Loderer* gewünschte Ergebnis *mittelbar*, indem sie die Verlagerung des arbeitskampfbedingten Lohnrisikos dem Mitbestimmungsrecht des BR (analog § 87 Abs. 1 Ziff. 3 BetrVG) unterwerfen, denn es kann nicht erwartet werden, daß die BR gegen ihre

---

[136] Propaganda ist nach einer alten Weisheit weder Lüge noch Wahrheit; die Behauptung *Loderers* ist jedenfalls unrichtig; vgl. § 167 AFG (zitiert in Fußn. 134); es sei denn, *Loderer* geht von der *Theorie* aus, wonach auch das Vermögen des ArbGeb. von den ArbN verdient ist und ihnen gehört. Vgl. dagegen *Zöllner*, Parität, S. 47 f.

[137] So z. B. *LAG Hamm*, DB 1979, 216 ff.

[138] *Richardi*, NJW 1978, 2065; mit anderen Worten auch *Kalb*, Betriebsrisikolehre, S. 131 ff.; früher wohl auch *Seiter*, Streikrecht, S. 311, jetzt wohl anders (vgl. *Seiter*, Anm. zu AP Nr. 30 zu § 615 BGB Betriebsrisiko sowie *ders.*, NJW 1976, 1373); vgl. auch *Schmid*, JuS 1977, 96.

[139] z. B. *ArbG Siegburg; ArbG Dortmund; ArbG Duisburg; ArbG Düsseldorf; ArbG Siegen; ArbG Iserlohn*, alle zitiert in § 3 Fußn. 59.

[140] *Simitis / Weiss*, DB 1973, 1244 f.; *Farthmann*, RdA 1974, 70; *Helga Borrmann*, DB 1978, 1982.

Interessen[141] und gegen den Willen des *Vorsitzenden Loderer* entscheiden.

V. Zwischenergebnis III

1. Das arbeitskampfbedingte Lohnrisiko ist gemäß der BRL individualrechtlich grundsätzlich von den ArbN zu tragen.
2. Durch die Gewährung von Kurzarbeitergeld wird das nach der BRL von den ArbN zu tragende Lohnrisiko jedoch großteils auf die BAnstArb. verlagert, sofern durch diese Leistungen nicht in die Arbeitskämpfe eingegriffen wird (§ 116 Abs. 1 AFG).
3. Ob und inwieweit der ArbGeb. oder die ArbN oder die BAnstArb. das arbeitskampfbedingte Lohnrisiko zu tragen haben, wird

   (1) im Verhältnis zwischen ArbGeb. und ArbN durch die BRL und

   (2) im Verhältnis zwischen den ArbN und der BAnstArb. durch die NAO

   bestimmt.

[141] Vgl. § 1 IV; ferner § 3 IV, 2 b, cc; 3 b; § 4 Fußn. 49; § 4 IV, 2; § 5 I, 1.

§ 5 Mitbestimmte Kurzarbeit statt Betriebsrisikolehre?

I. Totale Abschaffung der Betriebsrisikolehre

1. Interessengegensatz

Die *radikale Frage* ist schon oben[1] aufgeworfen worden, ob nicht *de lege ferenda* auch die Rechtssätze der BRL, die der Regelung des arbeitskampfbedingten Lohnrisikos dienen, aufgehoben und durch das Institut der *Kurzarbeit* ersetzt werden sollen. Die Frage stellen heißt, ihre Folgen bedenken.

Die wesentlichste *formale*[2] Folge wäre, daß die *objektiven Regeln* der BRL (mit welchem Inhalt auch immer) ersetzt würden durch den *Zwang zur Einigung* zwischen ArbGeb. und BR, d. h. durch einen „Vertrag" (Betriebsvereinbarung oder Regelungsabrede), *in dem die Willkür des ArbGeb. mit der Willkür des BR nach einem inneren Gesetz der Freiheit koinzidiert*[3].

Auf die *Hoffnung*, daß sich die Willkür des ArbGeb. mit der Willkür des BR bzw. der ArbN *vernünftig* vereinigt, kann jedoch gerade bei arbeitskampfbedingten Betriebsstörungen nicht gebaut werden. Alle Argumente, die gegen ein Mitbestimmungsrecht des BR bei der Feststellung der Voraussetzungen der BRL und der Geltendmachung ihrer Rechte ins Feld geführt wurden, sind auch an dieser Stelle durchschlagend[4]. An erster Stelle der *elementare Interessengegensatz:* Der BR kann doch unmöglich *während eines Arbeitskampfs*[5] den ArbGeb. durch seine Mit-Entscheidung von den Lohnkosten befreien, schon gar nicht, wenn, weil die Leistungsverbote der NAO eingreifen, die ArbN dann das Lohnrisiko allein zu tragen hätten.

---

[1] Vgl. § 3 IV, 7.

[2] Form mit *Jhering* (Geist des röm. Rechts, II, 2, S. 470), verstanden als „den Inhalt von Seiten seiner Sichtbarkeit". Vgl. dazu *Laufs*, Über die Form im Rechtsgang, Festschrift für Wahl, S. 3 ff.

[3] Formuliert nach *Kant*, Metaphysik der Sitten, Rechtslehre, §§ 18 ff.

[4] Vgl. oben § 3 IV, 2, 3 und 6.

[5] Wo sich die TV-Parteien im allgemeinen und abstrakt in „Friedenszeiten" nicht über die Probleme der BRL einigen können (vgl. oben § 3 IV, a nach Fußn. 159) und der Vorsitzende der IG Metall prinzipiell das Gegenteil fordert (vgl. oben § 4 nach Fußn. 135).

2. Regulierungsmethoden

Zwei Methoden sind *de lege ferenda* jedoch *denkbar*, um trotz des kaum überwindbaren Interessengegensatzes bei arbeitskampfbedingten Betriebsstörungen die *„Einführung von Kurzarbeit"* juristisch praktikabel und sinnvoll zu regulieren:

(1) die *Bindung der Willkür* des BR durch eine „Billigkeitskontrolle" entsprechend § 315 BGB oder noch weitergehend durch die Aufstellung konkretisierter und justitiabler Regeln, z. B. ähnlich denen der BRL oder der NAO;

(2) die *Entbindung vom Mitbestimmungsrecht* bei der Einführung der Kurzarbeit (Ruhen des BR-Amtes) in Fällen arbeitskampfbedingten Arbeitsausfalls aus „kampfparitätischen Gründen", z. B. gemäß den Grundsätzen der BRL oder der NAO.

Zur Türe hinausgeworfen, kommen so die Probleme zum Fenster wieder herein. Schon das Gedankenspiel der Abschaffung der BRL genügt also zur Erkenntnis, daß solche Rechtsfortbildung („Reform") nicht befreien würde von der *Notwendigkeit objektiver Regeln* zur Entscheidung, ob und inwieweit der ArbGeb. oder die ArbN oder die BAnstArb. das arbeitskampfbedingte Lohnrisiko zu tragen haben.

Diese *objektiven Regeln* könnten aber *materiell* nichts anderes sein als die BRL, sei es mit dem bisherigen Inhalt oder ähnlich der NAO oder mit welchem Inhalt auch immer. Ich brauche den Leser nicht mit der Wiederholung der Argumente zu ermüden, um verständlich zu machen, daß die m. E. „richtigen" objektiven Regeln zur *Bindung der Willkür* oder zur *Entbindung vom Mitbestimmungsrecht* keine anderen sein könnten als das oben in § 4 gewonnene Ergebnis zur Fortbildung der BRL; das bedeutet:

(1) Die *Bindung der Willkür* entsprechend § 315 BGB[6] gemäß den in § 4 dargestellten Grundsätzen zur *Fortentwicklung der BRL* würde dahin erfolgen, daß der BR seine Zustimmung zur Einführung der Kurzarbeit bei arbeitskampfbedingtem Lohnausfall nicht verweigern dürfte,

a) wenn der betroffene Betrieb *innerhalb* der Leistungsverbote der NAO gelegen ist, weil dem ArbGeb. Lohnfortzahlungen an die ArbN nicht zugemutet werden können, wenn die BAnstArb. aus Neutralitätsgründen nicht leisten darf;

b) wenn der betroffene Betrieb *außerhalb* der Leistungsverbote der NAO gelegen ist, weil der soziale Schutz der ArbN dann durch die Leistungen der BAnstArb. gewährleistet ist.

---

[6] Vgl. oben § 2 III, 3 b.

Dem Mitbestimmungsrecht des BR unterworfen bliebe dann die Frage, ob der Arbeitsausfall dem *Risikobereich des Arbeitskampfs* zuzuordnen ist und die *Feststellung der Voraussetzungen* der BRL, d. h. die Frage, ob die Arbeitsleistungen der ArbN unmöglich oder sinnlos geworden sind.

Könnten sich ArbGeb. und BR über diese Frage nicht einigen, müßte entsprechend § 87 Abs. 2 BetrVG die *Einigungsstelle* entscheiden, womit deren Zuständigkeit zur Entscheidung von *Rechtsfragen* um einen weiteren mehr als problematischen Fall erweitert würde[6a].

(2) Die *Entbindung vom Mitbestimmungsrecht* gemäß den in § 4 dargestellten Grundsätzen zur *Fortentwicklung der BRL* würde dahin erfolgen, daß der BR kein Mitbestimmungsrecht hat, wenn auf Grund *arbeitskampfbedingten* Arbeitsausfalls Kurzarbeit eingeführt werden muß.

Bestünde keine Einigkeit zwischen ArbGeb. und BR über die Frage, ob der Arbeitsausfall arbeitskampfbedingt ist, müßte darüber durch die *Arbeitsgerichte* im *Beschlußverfahren* gemäß §§ 80 ff. ArbGG entschieden werden.

3. Unterschiedlicher Verfahrensgang

Die Ersetzung der BRL durch die Einrichtung der *mitbestimmten Kurzarbeit* würde also *unmittelbar* materiell-rechtlich zu keinen anderen Regeln über die Verteilung des arbeitskampfbedingten Lohnrisikos führen können, jedoch *verschiedene Verfahrensgänge* eröffnen. Auch verschiedene Verfahrensgänge können jedoch materiell, ja sogar verfassungsrechtlich erheblich sein.

a) Verfahren bei der Betriebsrisikolehre

Stellt der ArbGeb. auf Grund der BRL den Betrieb still und die Lohnzahlungen ein, so können die ArbN, wenn sie die tatsächlichen oder rechtlichen Voraussetzungen der BRL nicht für gegeben erachten, den ArbGeb. in Annahmeverzug setzen und *Klage auf Zahlung des Lohns* erheben. Das ArbG muß dann im *Urteilsverfahren* die Tat- und Rechtsfragen prüfen und entscheiden (§ 46 i. V. m. § 2 Abs. 1 Nr. 2 ArbGG).

b) Verfahren bei Bindung der Willkür

Würde die BRL durch die *Einrichtung der Kurzarbeit* ersetzt und das Mitbestimmungsrecht des BR an *objektive Regeln* gebunden, so müßte,

---

[6a] Vgl. dazu unten § 5 I, 3 b.

wenn der BR die Zustimmung verweigert, eine *Einigungsstelle* entscheiden oder die Zustimmung ähnlich wie gemäß § 99 Abs. 4 BetrVG durch das ArbG ersetzt werden.

Eine Regelung entsprechend § 99 Abs. 4 BetrVG kann durch „Richterrecht" jedoch nicht geschaffen werden, auch nicht im Wege der Analogie[7].

Nach Inkrafttreten des BetrVG 1972 wird die Entscheidung von Rechtsfragen durch die *betriebliche* Einigungsstelle im allgemeinen zwar für zulässig erachtet[8], die *Zwangsschlichtung* einer *Rechtsfrage* über Folgen eines *Arbeitskampfs* würde dagegen die *Koalitionsfreiheit* verletzen und gegen Art. 9 Abs. 3 GG verstoßen.

Das ist unzweifelhaft, wenn — wie im Bereich der Metallindustrie auf Grund der geltenden Tarifverträge — nicht eine betriebliche, sondern eine *tarifliche Einigungsstelle* zur Entscheidung berufen ist[9].

Es wäre auch nicht zulässig, bei „arbeitskampfbedingter Kurzarbeit" die Zuständigkeit der tariflichen Einigungsstelle hinwegzuinterpretieren[10] und durch die *betriebliche Einigungsstelle* gemäß § 76 BetrVG zu ersetzen, zumal auch deren *Kompetenz zur Entscheidung von Rechtsfragen*, jedenfalls wenn diese auf einen Arbeitskampf bezogen sind, durch dessen Auswirkungen der Betrieb betroffen wird, gegen die Verfassung verstoßen würde.

c) Verfahren bei Entbindung vom Mitbestimmungsrecht

Würde die BRL durch die Einrichtung der Kurzarbeit *ersetzt* und die Einführung „arbeitskampfbedingter Kurzarbeit" gleichzeitig vom *Mitbestimmungsrecht* des BR *entbunden*, so könnte zwischen ArbGeb. und BR nur die Frage streitig werden, ob der Arbeitsausfall und damit das Lohnrisiko *arbeitskampfbedingt* ist. Darüber wäre durch die *Arbeitsgerichte* im *Beschlußverfahren* zu entscheiden.

Dagegen könnten zwar keine Bedenken erhoben werden, aber der materielle und formelle Unterschied zu der hier für richtig gehaltenen Rechtslage würde ins Nichts zerrinnen. Denn selbstverständlich könnte

---

[7] Vgl. unten § 6 IV.

[8] Vgl. *Dietz / Richardi*, § 76 Rdnr. 42 ff. sowie *Thiele, GK, § 76 Rdnr. 10 ff.*, 19 m. w. Nachw.

[9] Unglaublicherweise hält das *ArbG Düsseldorf* (Beschl. v. 29. 12. 78 — 1 BV Ga 31/78 — S. 12) jedoch sogar eine Entscheidung der tariflichen Einigungsstelle für unbedenklich; ebenso bedenkenlos *ArbG Duisburg*, Beschl. v. 5. 1. 1979 — 2 BV Ga. 11/78 — S. 14 sowie *ArbG Siegburg*, Beschl. v. 5. 4. 1978 — 1 BV Ga. 2/78 — S. 12; richtig dagegen *ArbG Düsseldorf, Beschl. v. 29. 12. 1978* — 1 BV Ga. 32/78 — S. 23 (oben zitiert § 3 IV, 6 e nach Fußn. 168).

[10] So aber *ArbG Siegen*, Beschl. v. 4. 1. 1979 — 1 BV Ga. 2/78 — S. 11.

auch bei solcher Entbindung des BR vom Mitbestimmungsrecht der ArbGeb. die Kurzarbeit *nicht einseitig und willkürlich einführen*[11], sondern müßte sich wiederum an *objektive Regeln* halten, die nur die der BRL sein könnten.

Und der Streit darüber, ob bei arbeitskampfbedingtem Arbeitsausfall die Voraussetzungen der BRL vorliegen und der ArbGeb. daher die Lohnzahlungen ohne Zustimmung des BR einstellen darf, kann auch nach bisher geltender und künftig gelten sollender Rechtslage — wie das Beispiel der Entscheidung des *LAG Hamm*[12] zeigt — im *Beschlußverfahren* entschieden werden; gewissermaßen als allgemeines Feststellungsurteil (ohne Rechtskraft im Verhältnis des ArbGeb. zu den ArbN) über den Annahmeverzug des ArbGeb.

4. Zwischenergebnis IV

a) Die Ersetzung der Betriebsrisikolehre durch die Einführung „arbeitskampfbedingter Kurzarbeit" würde die objektiven Regeln der BRL (mit welchem Inhalt auch immer) nicht entbehrlich machen.

b) Das Mitbestimmungsrecht bei der Einführung „arbeitskampfbedingter Kurzarbeit" müßte jedoch entfallen, weil auch die Bindung des BR an objektive Regeln im Falle der Verweigerung der Zustimmung entweder zu der Ersetzung der Zustimmung durch das ArbG (entsprechend § 99 Abs. 4 BetrVG) oder zu verfassungswidriger Zwangsschlichtung durch eine tarifliche oder betriebliche Einigungsstelle führen müßte.

c) Die Entbindung des BR vom Mitbestimmungsrecht bei „arbeitskampfbedingter Kurzarbeit" führt dagegen ebenso wie die Ersetzung der Zustimmung des BR durch das ArbG materiell und formell zum selben Ergebnis wie die Beibehaltung der BRL für den Fall arbeitskampfbedingten Arbeitsausfalls.

II. Ergänzung der Betriebsrisikolehre

Es ist auch gefragt worden[13], ob neben der BRL und über deren Reichweite hinaus „arbeitskampfbedingte Kurzarbeit" eingeführt werden kann und in solchen Fällen das Mitbestimmungsrecht des BR ausscheidet.

Darauf ist jetzt zu antworten.

---

[11] Eine arbeitsvertragliche Einheitsregelung könnte gem. § 315 BGB richterlich kontrolliert werden (vgl. oben § 2 I).

[12] DB 1979, 216 ff.

[13] Oben § 3 IV, 7.

1. Über die Betriebsrisikolehre hinaus

Nach der hier vertretenen Auffassung ist das arbeitskampfbedingte Lohnrisiko grundsätzlich von den ArbN zu tragen und wird, sofern nicht die Leistungsverbote der NAO entgegenstehen, großteils auf die BAnstArb. verlagert. Es besteht daher von dieser Auffassung aus *theoretisch* kein Bedürfnis zur Einführung von Kurzarbeit bei arbeitskampfbedingtem Arbeitsausfall.

Das Bedürfnis besteht freilich bei einer *eingeschränkten* BRL, die nur einen irgendwie umschriebenen Teil des arbeitskampfsbedingten Lohnrisikos vom ArbGeb. auf die ArbN bzw. auf die BAnstArb. verlagert[14]. Unzweifelhaft könnte der ArbGeb. bei solcher Rechtslage im Falle eines arbeitskampfbedingten Arbeitsausfalls — der von der BRL (in jener Gestalt) nicht erfaßt wird — *mit Zustimmung des BR* Kurzarbeit einführen. Ob die ArbN in solchem Falle *Kurzarbeitergeld* erhalten können, beurteilt sich nach § 116 AFG und der NAO.

Die Frage wäre jedoch, ob in solchen von der (hypothetischen) BRL nicht erfaßten Fällen eines arbeitskampfbedingten Arbeitsausfalls das *Mitbestimmungsrecht* des BR aus „kampfparitätischen Gründen" *ausscheiden* müßte.

Wie bereits vorstehend ausgeführt, könnte jedoch auch bei *Entbindung des BR* vom Mitbestimmungsrecht der ArbGeb. die Kurzarbeit nicht einseitig willkürlich einführen[15], sondern bedürfte dazu einer Rechtsgrundlage, die — mangels einer Kollektivvereinbarung oder einer arbeitsvertraglichen Einheitsregelung (mit Zustimmung des BR) — keine andere sein könnte als die jeweils für richtig gehaltene BRL.

Außerdem müßte dann auch das legislativpolitische Prinzip der *Kampfparität* wieder in justitiable Regeln konkretisiert und bestimmt werden, unter welchen Voraussetzungen bei arbeitskampfbedingtem Arbeitsausfall das BR-Amt ruhen soll. Nach meiner Auffassung gibt es jedoch keine tragfähigen Argumente, die eine Einschränkung der BRL über die oben in § 4 gewonnenen Ergebnisse hinaus rechtfertigen. In Literatur und Rspr. werden dafür bisher nur die *Grundsätze der NAO* angeboten[16]; wer dies für überzeugungskräftig hält, wird aber wohl auch die Entbindung des BR vom Mitbestimmungsrecht nach den *gleichen* Grundsätzen beschränken wollen[17].

---

[14] z. B. gem. dem Urteil des *LAG Hamm*, DB 1979, 216 ff.

[15] Vgl. Fußn. 11.

[16] Vgl. im Text § 4 III, insbes. Fußn. 40, 41, 42.

[17] So z. B. ArbG Rheine (vgl. § 5 III, 3 b), S. 10.

Freilich kann ich auch niemanden hindern, anders zu denken und die Einschränkung der BRL nach anderen Grundsätzen vorzunehmen als die Entbindung des BR vom Mitbestimmungsrecht bei arbeitskampfbedingtem Arbeitsausfall. Selbst wenn Rechtswissenschaft auf diesem Felde aber wirklich nichts anderes mehr ist, als eine Prophezeiung (evtl. noch ein Vorschlag), wie die Gerichte künftig entscheiden werden[18] (sollen), so endet sie auch insoweit an diesem Punkt und müßte übergehen zur Technik des Kaffeesatzlesens.

2. Neben der Betriebsrisikolehre

Gefragt worden ist auch[19], ob neben der BRL, also in Fällen, in denen nach der BRL (mit welchem Inhalt auch immer) das Lohnrisiko von den ArbN bzw. von der BAnstArb. zu tragen ist, auch *Kurzarbeit* eingeführt werden kann, etwa weil der ArbGeb. *unsicher* ist, ob die Voraussetzungen der BRL wirklich vorliegen. Die Frage ist uneingeschränkt zu bejahen, aber die Einführung der Kurzarbeit bedarf der *Zustimmung* des BR[20]. Das ergibt sich wiederum daraus, daß auch der ArbGeb. die Kurzarbeit nicht willkürlich einführen darf, und nur der *Konsens* mit dem BR kann von der Unsicherheit hinsichtlich des Vorliegens der tatsächlichen und rechtlichen Voraussetzungen der *objektiven Regeln* der BRL befreien.

III. Hilfs- und zum Be-weise: Das Prinzip der Kampfparität

Es ist auch (hilfsweise) gefragt worden[21], wie die *Kriterien* zur Einschränkung (Entbindung) des Mitbestimmungsrechts (Ruhen des Betriebsratsamtes) lauten müßten, wenn man entgegen aller in § 3 IV dieser Arbeit vorgetragenen Argumente die Feststellung der Voraussetzungen der BRL und die Geltendmachung ihrer Rechte (zur Einfüh-

---

[18] „Die Voraussagen darüber, wie die Gerichtshöfe in bestimmten Fällen entscheiden werden, und keine darüber hinausgehende Anmaßung, sind das, was ich unter dem Recht verstehe." (*Holmes*, The Path of the Law, 10. Harv. Law R. (1897), 467; zitiert nach *Fikentscher*, Rechtswiss. u. Demokratie, S. 22. *Fikentscher* (ebd.) bemerkt dazu: „Von diesem demokratisch-soziologischen Positivismus ist nur noch ein Schritt zu der Erkenntnis, daß die Richter erraten müssen, was die *künftige* Meinung der Masse sein werde, wohin der *Trend* gehe. Denn wenn die Mehrheit immer recht hat, dann werden künftige Mehrheiten auch recht haben. Rechtsentwicklung ist dann Beobachtung des herrschenden Trends. Der zu suchende ‚Wert' ist sozusagen das Rateergebnis, wohin die Reise geht. Wer am besten rät, hat am meisten recht." Beachte auch dazu *Mayer-Maly* (DB 1979, 96): *„Recht erwächst aus Werturteilen"*. Jedoch verkennt *Mayer-Maly* nicht, daß Recht auch durch Mehrheitsbildung (vgl. S. 95 nach den Fußn. 15, 16, 17) durch ontologische und sonstige logische und unlogische „Mißverständnisse" (vgl. S. 98) entstehen kann.

[19] Oben § 3 IV, 7.

[20] Insoweit, d. h. vom Standpunkt des Inhalts seiner BRL aus, richtig *LAG Hamm*, DB 1979, 216 ff.

[21] Oben § 3 IV, 7.

rung „arbeitskampfbedingter Kurzarbeit") grundsätzlich dem Mitbestimmungsrecht des BR unterwerfen würde.

1. Betriebsrisikolehre + Mitbestimmung = (arbeitskampfbedingte) Kurzarbeit

Von der hier vertretenen Auffassung aus ist die Antwort einfach, sie kann nicht anders lauten, als die unter I. auf die Frage nach der Abschaffung und Ersetzung der BRL durch die Einrichtung (arbeitskampfbedingter) Kurzarbeit, denn die Unterwerfung der Feststellung der Voraussetzungen der BRL und die Geltendmachung ihrer Rechte unter das Mitbestimmungsrecht kann im Ergebnis nichts anderes sein, als die Ersetzung der BRL durch das Institut der Kurzarbeit, insbes. wenn nicht gleichzeitig die Willkür des BR durch objektive Regeln gebunden wird[22]. Die Antwort ist vom hier vertretenen Standpunkt aus daher schon oben unter I, 2 zu (2) gegeben worden: die Entbindung des Mitbestimmungsrechts (Ruhen des BR-Amtes) hätte in allen Fällen arbeitskampfbedingten Arbeitsausfalls zu erfolgen.

Aber denkbar ist, daß andere anders denken.

So wird bei mittelbarer Betroffenheit eines Betriebes vom Arbeitskampf *ein Ruhen* des BR-Amtes teilweise in Lit. und Rspr. gänzlich abgelehnt[23], teilweise in Lit. und Rspr. stets[24] und teilweise entsprechend der NAO[24a] angenommen; weitere Möglichkeiten sind denkbar, bisher aber nicht vorgetragen worden.

2. Ruhen des Betriebsrats-Amtes im Kampfbetrieb

Es wird behauptet, eine bloß mittelbare Betroffenheit eines Betriebs vom Arbeitskampf schließe das Mitbestimmungsrecht des BR nicht aus[25].

---

[22] Was rechtlich jedoch an den unter § 5 I, 3 b genannten Gründen scheitert.

[23] *Literatur:* So insbes. *Farthmann*, RdA 1974, 70; *Borrmann*, DB 1978, 1981; im Ergebnis auch *Simitis / Weiss*, DB 1973, 1244 f.
Rspr.: So ausdrücklich *ArbG Dortmund*, Beschl. S. 4; *ArbG Düsseldorf*, Beschl. S. 9; *ArbG Siegen*, Beschl. S. 11; *ArbG Duisburg*, Beschl. S. 12 ff.; im Ergebnis ebenso *ArbG Siegburg* sowie *ArbG Iserlohn*, alle zitiert in § 3 Fußn. 59.

[24] *Literatur: Galperin / Löwisch*, § 74 Rdnr. 13.
Rspr.: LAG Frankfurt, Beschl. v. 3. 4. 1978 — 5 Ta. BV Ga. 27/78 — S. 14 (in DB 1978, 2496 nicht abgedruckt); *ArbG Köln*, Beschl. v. 30. 8. 1978 — 3 BV Ga. 31/78 — S. 12; *ArbG Oberhausen*, Beschl. v. 8. 1. 1979 — 1 BV Ga. 1/79 — S. 9; wohl auch *ArbG Düsseldorf*, Beschl. v. 29. 12. 1978 — 2 BV Ga. 32/78 — S. 16.

[24a] *ArbG Rheine*, Beschl. v. 6. 4. 1978 — 1 BV Ga. 5/78 — S. 9 f.

[25] So insbes. *Farthmann*, RdA 1974, 70; *Borrmann*, DB 1978, 1981; im Ergebnis auch *Simitis / Weiss*, DB 1973, 1244 f.; unter Berufung auf diese Autoren auch *ArbG Duisburg*, Beschl. v. 5. 1. 1979 — 2 BV 11/78 — S. 15.

Richtig an dieser Behauptung ist, daß das *BAG* bisher nur in den Fällen *unmittelbar* vom Arbeitskampf betroffener Betriebe zum Problem des Ruhens des Mitbestimmungsrechts des BR Stellung genommen hat[26]. Das *BAG* hat aber auch noch keine Gelegenheit gehabt, zur Frage des Mitbestimmungsrechts des BR im Falle von *Fernwirkungen* von Arbeitskämpfen Stellung zu nehmen. Die Auffassung, daß in solchen Fällen der BR — womöglich ein in völlig *freiem Belieben* (vgl. § 319 Abs. 2 BGB) stehendes — Mitbestimmungsrecht habe, ist darum auch von mehreren ArbG[27] und dem LAG Frankfurt[28] im Hinblick auf den *Grundsatz der Kampfparität* mit der Begründung abgelehnt worden,

„daß die Mitbestimmung nicht dazu dienen kann und darf, zu einer anderen Risikoverteilung zu verhelfen"[29].

Im übrigen ergibt sich die Unhaltbarkeit der Auffassung aus den vorstehenden Ausführungen[30].

3. Ruhen nach den Grundsätzen der Kampfparität

In den Bereich vertretbarer Erwägungen kommt jedoch die Auffassung, der BR habe zwar ein Mitbestimmungsrecht, es ruhe jedoch, wenn eine Verletzung der Grundsätze der Kampfparität zu besorgen sei[31]. Inwieweit eine solche Auffassung ernsthaft „vertretbar" ist, hängt ganz davon ab, *mit welchem Inhalt* die „Grundsätze der Kampfparität" gefüllt werden.

a) Im Ergebnis richtig Löwisch

Ist man mit *Löwisch* der Auffassung, daß das Mitbestimmungsrecht des BR bei der Entscheidung über „arbeitskampfbedingte Kurzarbeit" *stets*[32] ausscheide, so bleibt es bei der BRL; bei *Löwisch* also bei Ergebnissen, die weitgehend mit der hier vertretenen Auffassung übereinstimmen[33].

---

[26] Nämlich: *BAG* AP Nr. 44 zu Art. 9 GG Arbeitskampf (mit Anm. *Richardi*, Bl. 15 R ff.) Bl. 8 R; *BAG* DB 1978, 1231.

[27] *ArbG Köln*, wohl auch *ArbG Oberhausen* und *ArbG Düsseldorf*, alle zitiert in Fußn. 24.

[28] Beschl. v. 3. 4. 1978 — 5 Ta. BV Ga. 27/78 —, auszugsweise abgedruckt in DB 1978, 2496.

[29] Beschl. S. 14 (in DB 1978, 2496 *nicht* abgedruckt).

[30] Insbes. unten § 3 IV.

[31] So insbes. *Galperin / Löwisch*, § 74 Rdnr. 13; darauf stützend *ArbG Rheine*, Beschl. v. 6. 4. 1978 — 1 BV Ga. 5/78 — S. 9 (vgl. dazu unter b) sowie *ArbG Köln*, Beschl. v. 30. 8. 1978 — 3 BV Ga. 31/78 — S. 12; wohl auch so *LAG Frankfurt*, Beschl. v. 3. 4. 1978 — 5 Ta. BV Ga. 31/78 — S. 12 und *ArbG Oberhausen*, Beschl. v. 8. 1. 1979 — 1 BV Ga. 1/79 — S. 9.

[32] *Löwisch* (§ 74 Rdnr. 13) schreibt zwar nicht „stets", die Stelle ist jedoch in diesem Sinne zu verstehen, vgl. das genaue Zitat oben § 3 IV, 7.

[33] Vgl. *Löwisch*, DB 1963, 899; *ders.*, RdA 1967, 45; *ders.*, RdA 1973, 22; *ders.*, AcP 174, 202 ff.; *ders.*, SAE 1976, 246; *ders.*, SAE 1976, 250 ff.

b) *ArbG Rheine: Ruhen gemäß Neutralitätsanordnung*

Unter Berufung auf *Löwisch* ist auch das ArbG Rheine[34] davon ausgegangen, daß das Mitbestimmungsrecht des BR bei „arbeitskampfbedingter Kurzarbeit“ ausscheide, „wenn die Kampfparität der Tarifpartner tangiert ist“.

Zur Konkretisierung dieser „wertausfüllungsbedürftigen Generalklausel“[35] benutzt das Gericht dann gleichfalls § 116 AFG und die NAO der BAnstArb., schließt das Mitbestimmungsrecht also *innerhalb* des Geltungsbereichs der Leistungsverbote der NAO aus[36].

Diese Auffassung ist ebenso unhaltbar, wie die vom *LAG Hamm*[37] vertretene Anpassung der BRL an die NAO, denn sie führt zu demselben Ergebnis, nämlich, daß der ArbGeb. *innerhalb* des Geltungsbereichs der Leistungsverbote der NAO ohne Zustimmung des BR die Lohnzahlung einstellen kann: die ArbN erhalten dann weder Lohn noch Kurzarbeitergeld; *außerhalb* der Leistungsverbote kann der ArbGeb. nach dieser Auffassung die Lohnzahlung nicht einstellen, weil die BR die Zustimmung verweigern: die ArbN erhalten dann Lohn und deswegen kein Kurzarbeitergeld, d. h. die Regelungen der §§ 70, 116 AFG über die Gewährung von Arbeitslosen- oder Kurzarbeitergeld an mittelbar vom Arbeitskampf betroffene ArbN laufen praktisch leer[38].

4. Exkurs zum Prinzip der Kampfparität

a) *Regelungsauftrag an den Gesetzgeber*

„Die Kampfparität ist ein Gebot des Rechtsstaates“[39], jedoch mit „bescheidenem normativem Gehalt[40]“. Das will heißen, die *Kampfparität* ist ein „legislativpolitisches Prinzip“, ein „Regelungsauftrag an den Gesetzgeber“[41] aus Art. 9 Abs. 3 und/oder Art. 3 GG, aber kein justitiabler und unmittelbar geltender *Rechtssatz*, sondern „eine wertausfüllungsbedürftige Generalklausel von großer Interpretationsbreite“[42].

---

[34] Beschl. v. 6. 4. 1978 — 1 BV Ga. 5/78 — S. 9.

[35] *Rüthers*, Zur Kampfparität im Arbeitskampfrecht, JurA (AR u. SR) 1970, S. 85 ff. (108).

[36] Beschl. S. 10.

[37] DB 1979, 216 ff.

[38] Zur Absurdität dieses Ergebnisses vgl. insbes. oben § 4 III, 1.

[39] *Kaiser*, Parität, S. 53 unter Berufung auf *Reuss*, Die Grenzen legaler Arbeitskämpfe, Juristen-Jahrbuch 1963/64, S. 167.

[40] So *Rüthers*, JurA 1970, 110.

[41] So *Rüthers*, JurA 1970, 107; vgl. dazu *Zöllner*, Parität, S. 33.

[42] *Rüthers*, JurA 1970, 108.

Jedoch in vielen Bereichen des Arbeitsrechts — nicht im Betriebsverfassungsrecht — aber insbesondere im Arbeitskampfrecht sind Gerichte, weil der Gesetzgeber schweigt, zum *„Ersatzgesetzgeber"* berufen[43]. Deswegen und insoweit hat der (Arbeits-)Richter das Paritätsprinzip zu beachten. Dies kann und darf aber auch nur in der Weise geschehen, wie der Gesetzgeber zu verfahren hätte, wenn er die Aufgabe selbst übernähme[44], d. h. es müssen aus dem Paritätsprinzip allgemeine und abstrakte *Regeln* entwickelt werden, die zwar das Prinzip nicht erschöpfen können, aber doch über den Einzelfall hinausreichen und auf eine allgemeine Regelung für Fälle dieser Art hinweisen. Nur auf diese Weise kann der Gefahr einer reinen *Inversionsmethode*[45] und dem bekannten Vorwurf an den Zauberer mit Kaninchen und Zylinder entgangen sowie der Forderung *Hilgers*[46] auf *Ehrlichkeit der Begründung*, die sich nicht hinter Konstruktionen, *aber auch nicht hinter Leerformeln* verstecken darf, genügt werden. Aus diesem Grunde ist auf dem Feld des Arbeitsrechts in der Regel auch nur das *BAG* oder gar nur der *Große Senat* des *BAG* gemäß § 45 Abs. 2 Satz 2 ArbGG zu dieser Aufgabe berufen. Instanzgerichte können freilich eine Entscheidung auch nicht mangels einer Entscheidungsnorm verweigern und müssen bei solchem Mangel die Norm erst selbst aus der „Rechtsquelle" des *Richterrechts* „schöpfen"; liegen jedoch durch das *BAG* richterrechtlich geschaffene justitiable *Rechtssätze* vor, ist deren Nichtbeachtung durch ein Untergericht *contra legem*, wenn der Begriff des Richterrechts einen Sinn haben soll[47].

b) *Methode der Konkretisierung*

Es ist überaus schwierig, die *Methode der Konkretisierung* derartiger „legislativpolitischer Prinzipien", „wertausfüllungsbedürftiger Generalklauseln" *(Rüthers)* in allgemeinen Worten zu beschreiben. Lassen wir daher den zu Wort kommen, der es noch am ehesten und sicherlich am besten kann; *Larenz*[48] schreibt:

„Gewiß lassen sich aus solchen allgemeinen Rechtsgedanken und Prinzipien unmittelbar noch keine konkreten Entscheidungen gewinnen; gänzlich in-

[43] So deutlich vor allem *Rüthers*, JurA 1970, 108 und *Zöllner*, Parität, S. 33; vgl. auch *Hoffknecht*, Arbeitskampfrecht, S. 117 Fußn. 15.

[44] Vgl. *Rüthers*, JurA 1970, 108 mit Hinweis auf Art. 1 Schw. ZGB. Wobei *Mayer-Maly* (DB 1979, 99) zu Recht bemerkt, daß aus dem Paritätsprinzip nicht eine *einzige richtige* Arbeitskampfordnung entnommen werden kann.

[45] Vgl. *Heck*, Schuldrecht, Anhang, S. 471 ff. m. w. Nachw.

[46] Festschrift für Larenz, S. 115.

[47] Vgl. *Larenz*, Methodenlehre, 4. Aufl., S. 421 f.; *Coing*, JuS 1975, 277 f.; *Hilger*, Festschr. für Larenz, S. 116; *Redeker*, NJW 1972, 409 ff.; zum vergleichbaren Problem hinsichtlich des Verhältnismäßigkeitsgrundsatzes vgl. *Reuter*, JuS 1973, 286.

[48] Methodenlehre, 4. Aufl. 1979, S. 277 f.

haltslos sind sie aber nicht. Durch ihre Verdeutlichung an „einleuchtenden" Beispielen und sodann durch den Vergleich mit anderen, nach ihnen beurteilten Fällen sowie durch die Herausarbeitung weiterer, speziellerer Rechtsgedanken aufgrund einer rechtlichen Analyse derjenigen Fälle, an denen sie hervortreten, gelingt es der Rechtsprechung nach und nach, den relativ „unbestimmten" Maßstab inhaltlich anzureichern, mit Bezug auf bestimmte Fälle und Fallgruppen zu konkretisieren und dadurch schließlich ein Geflecht von Entscheidungsmustern zu schaffen, in das neu zu beurteilende Fälle größtenteils eingeordnet werden können. Die Kommentare zu § 242 BGB geben ein eindrucksvolles Beispiel hierfür.

Sehen wir uns die dabei zur Anwendung kommende Methode der Fallvergleichung und Typisierung noch etwas näher an. Wieder fällt hierbei auf, daß der gedankliche Prozeß nicht nur in *einer* Richtung, sondern gegenläufig erfolgt, nämlich einmal von dem allgemeinen Rechtsgedanken zu den nach ihm beurteilten Fällen hin und zum anderen von diesen über typische Fälle und speziellere Rechtsgedanken zu dem allgemeinen Prinzip zurück....

Da es ein Grundpostulat der Gerechtigkeit ist, „gleiche Fälle" gleich zu behandeln, so kommt es zunächst darauf an, zu erkennen, welche Umstände in welchem Ausmaß für die hier geforderte Bewertung (nach dem allgemeinen Maßstab) von Bedeutung sind, denn nur und alle solche Fälle, die sich hinsichtlich aller dieser Umstände gleichen, sind gleich zu beurteilen. Man kann nun von Fällen, deren Beurteilung (als „treuwidrig", „sittenwidrig", „unbillig") praktisch unbezweifelt ist, ausgehen und, indem man sie in Gedanken variiert, fragen, welche Umstände hier wohl für die Beurteilung ausschlaggebend sind. Man wird dann zugleich auf speziellere Wertungsgesichtspunkte geführt, wie z. B. „venire contra factum proprium", „Vertrauensmißbrauch", „Verwirkung", oder, denken wir an die „guten Sitten", solche Gesichtspunkte wie „Knebelungsverträge", „übermäßige Beschränkung der Berufsausübung", „vorsätzliche Schädigung Dritter", „Ausnutzung einer Monopolstellung" u. a."

„Eine Herausarbeitung weiterer speziellerer Rechtsgedanken auf Grund einer rechtlichen Analyse derjenigen Fälle, an denen sie hervortreten" *(Larenz)* ist im Hinblick auf das *Prinzip der Kampfparität* geleistet worden durch den Gesetzgeber in § 116 AFG und auf dessen Grundlage zur weiteren Konkretisierung durch die BAnstArb. in der NAO[49].

Diese im ganzen ausgewogene, von den Beteiligten und Betroffenen jetzt wohl überwiegend auch akzeptierte[50], Konkretisierung des Paritätsprinzips ist jedoch einzig und allein erfolgt zur Regelung der Frage, in welchen Fällen die BAnstArb. keine Leistungen an mittelbar vom Arbeitskampf betroffene ArbN erbringen darf, weil sie durch die Leistung von Arbeitslosen- oder Kurzarbeitergeld in die Arbeitskämpfe eingreifen würde. Die Neutralität der BAnstArb. ist aber

---

[49] Zutreffend *Kaiser*, Parität, S. 53; dazu vor allem *Säcker*, Gruppenparität; *Schwerdtfeger*, Arbeitslosenversicherung; *Kreuzer*, Neutralität der Bundesanstalt.

[50] Vom Streit um die richtige Auslegung des § 4 NAO einmal abgesehen; vgl. dazu *BSG* SAE 1976, 237 ff. m. Anm. *Löwisch*.

nur *ein* Regelungsproblem von vielen, das mit dem Leitprinzip der Kampfparität zu bewältigen ist. Zur Lösung *anderer Fälle,* anderer Probleme sind aus dem Prinzip der Kampfparität ganz *andere Regeln,* ganz *andere Rechtssätze* herauszuanalysieren.

Das Prinzip der Kampfparität soll „Waffengleichheit" gewährleisten hinsichtlich des gesamten institutionellen, rechtlichen, finanziellen und psychologischen Kampfpotentials der Verbände[51]. Zur Beurteilung, welcher Rechtstatsachen, Fälle, Regelungsprobleme das Prinzip der Kampfparität im einzelnen gebraucht wird, hat in vortrefflicher Weise, ganz im Sinne des von *Larenz* beschriebenen Vorgangs der Konkretisierung, *Zöllner*[52] dargelegt. Einige Stichworte aus dem Inhaltsverzeichnis der Schrift *Zöllners* sollen die Weite des zu beachtenden Feldes andeuten: Umständeabhängigkeit der Kampfwirkungen im Unternehmen; Lebensstandardminderung und Gewinnminderung; Arbeitsplatz- und Existenzrisiko; finanzielle Leistungsfähigkeit der Beteiligten; Unbestreikbarkeit von Betrieben?; Arbeitskampfklauseln; Solidaritätsmaßnahmen der ArbGeb.-Seite; Streikversicherung und Arbeitskampffonds; öffentliche Meinung etc.

Im Rahmen dieser Arbeit interessiert davon nur die Frage, ob es richtig ist, die zur Wahrung der Neutralität der BAnstArb. bei der Leistung von Arbeitslosen- und Kurzarbeitergeld entwickelten *Regeln der NAO ungeprüft* und *unverändert* zur *Verteilung des Lohnrisikos zwischen ArbGeb. und ArbN* (Ersetzung der BRL) und/oder zur Bestimmung des Ausschlusses des Mitbestimmungsrechts des BR bei der Einführung „arbeitskampfbedingter Kurzarbeit" zu verwenden.

Wenn auch verständlich ist, daß die Arbeitsrichter, wenn sie mit Hilfe des Prinzips der Kampfparität Recht sprechen sollen, zu den justitiablen Regeln der NAO greifen, weil es eben andere nicht gibt[53], so zeigt doch schon die allereinfachste und oberflächlichste Analyse, daß damit *Ungleiches mit gleichen Regeln mißhandelt* wird[54].

Nach den in den §§ 70, 116 AFG zum Ausdruck gekommenen Vorstellungen des Gesetzgebers, soll an die *mittelbar* durch einen Arbeitskampf „arbeitslos" gewordenen ArbN *grundsätzlich* Arbeitslosen- oder Kurzarbeitergeld gezahlt werden, sofern sie auf Grund der BRL (mit Sphärentheorie) *keinen* Lohn erhalten. Der NAO kommt dagegen die Aufgabe zu, auf der Grundlage des § 116 Abs. 3 AFG möglichst konkret

---

[51] Treffend *Konzen,* AcP 177, 527.

[52] *Zöllner,* Parität, insbes. S. 37 ff.; vgl. dazu auch *Konzen,* AcP 177, 527.

[53] Ein Schulbeispiel für das Normenbedürfnis („Normenhunger") der Menschen, vor allem der Juristen, vgl. *Rehfeld / Rehbinder,* Einführung in die Rechtswissenschaft, insbes. S. 27 ff.

[54] Diese Auslegung verstößt daher auch gegen Art. 3 GG.

zu bestimmen, in welchen Fällen *ausnahmsweise* keine Leistungen an die betroffenen ArbN, die infolge des Arbeitskampfs beschäftigungslos geworden sind und keinen Lohn erhalten, auch kein Arbeitslosen- oder Kurzarbeitergeld gezahlt werden darf, weil sonst durch die *Schonung der Streikkassen* die Gewerkschaften in ihrem Kampf unterstützt werden würden. Die §§ 70, 116 AFG und die NAO haben also nur das *soziale Bedürfnis* der ArbN (weswegen grundsätzlich Leistungen zu erbringen sind) einerseits und das *Verbot der Schonung der Streikkassen* der streikführenden Gewerkschaften andererseits im Blick. Die Leistungsverbote der NAO ziehen den Sozialleistungen eine notwendige Grenze, um die zur *Übermacht* führende *Kumulation* arbeitsrechtlicher Schutzprinzipien (Tarifautonomie plus Sozialleistung zur Finanzierung des Arbeitskampfs) zu vermeiden[55].

Völlig *außerhalb des Betrachts* der NAO bleibt jedoch das *Risiko des Unternehmers* eines Betriebs, der infolge der Fernwirkungen eines Arbeitskampfs vorübergehend wegen Unmöglichkeit oder Sinnlosigkeit von Arbeitsleistungen stillgelegt werden muß.

Völlig *außer Betracht* bleibt also die Frage, womit es gerechtfertigt ist, daß der ArbGeb. Lohn an ArbN zahlen muß[56], obwohl deren Arbeitsleistungen wegen eines Arbeitskampfs unmöglich geworden sind und sowohl der soziale Schutz der ArbN *außerhalb* der Leistungsverbote nach dem Willen des Gesetzgebers (§§ 70, 116 AFG) durch die Leistung von Arbeitslosen- und Kurzarbeitergeld *gewährleistet* ist.

Weil diese Regelungsprobleme außer Betracht bleiben, führt die Angleichung der BRL an die NAO zu dem *absurden Ergebnis*[57], daß die §§ 70, 116 AFG praktisch *leerlaufen* und auch *außerhalb* der Leistungsverbote der NAO Arbeitslosen- oder Kurzarbeitergeld *nicht* mehr bezahlt zu werden braucht, weil der ArbGeb. zur *Lohn-(„fort"-)zahlung* verpflichtet bleibt. Am Ergebnis sogar sieht man, daß *falsche Kaninchen* in den Zylinder der „Kampfparität" gesteckt worden sind.

Auch zur Beurteilung der Frage, wann das Mitbestimmungsrecht des BR in mittelbar vom Arbeitskampf betroffenen Betrieben auszuscheiden hat, enthalten die Regeln der NAO nicht die notwendigen Kriterien.

Die NAO regelt das Verhältnis zwischen den *ArbN* und den *Streikkassen* der Gewerkschaften einerseits und der *BAnstArb.* andererseits.

---

[55] Vgl. insbes. *Biedenkopf*, Grenzen der Tarifautonomie, S. 151; *Säcker*, Gruppenparität, S. 112 ff.; dazu oben § 4 III, 3 um Fußn. 74 u. § 4 IV, 2 um Fußn. 102.

[56] Zur Notwendigkeit der Rechtfertigung der Verlagerung des Lohnrisikos auf den ArbGeb. vgl. oben § 4 III, 3 vor Fußn. 84; insbes. aber im Text unter § 4 IV.

[57] Vgl. § 4 III, 1.

Die BRL soll regeln das Verhältnis zwischen *ArbGeb.* und *ArbN* hinsichtlich der gerechten Verteilung des arbeitskampfbedingten Lohnrisikos.

Die Frage, wann der BR wegen „*Befangenheit*" nicht mehr in der Lage ist, über die Verteilung des Lohnrisikos zwischen ArbGeb., ArbN und der BAnstArb. mitzubestimmen, ist wiederum ein *anderer Regelungssachverhalt*, bei dessen Entscheidung die elementarsten *Interessen von ArbGeb., BR und ArbN* in Fällen der Fernwirkung von Arbeitskämpfen berücksichtigt werden müssen. Auch diese oben[58] bereits vorgenommene Interessenanalyse ist in der NAO nicht enthalten und kann es nicht sein, denn diese Interessengegensätze sind in dem von der NAO zu regelnden Sachverhalt nicht gegeben. Daher ist die NAO *ungeeignet* zur Entscheidung der Frage, wann das BR-Amt in mittelbar vom Arbeitskampf betroffenen Betrieben zu ruhen hat.

Berücksichtigt man gemäß obiger Analysen die Interessen der BR und ArbN einerseits und des ArbGeb. bei der Fernwirkung von Arbeitskämpfen, die den Betrieb zum Stillstand bringen, andererseits, so kann auch aus dem *Prinzip der Kampfparität* keine andere Regelung herausgelesen werden, als daß in allen solchen Fällen das Mitbestimmungsrecht des BR ausscheidet, weil dieses Mitbestimmungsrecht nicht zur Verlagerung des arbeitskampfbedingten Lohnrisikos benützt werden darf, *weil die Macht der Gewerkschaften und der Betriebsräte sich im Arbeitskampf nicht gegen den Arbeitgeber vereinigen dürfen*[59].

Hilfs- und zum Be-weis ist also dargetan, daß man auch über das Prinzip der Kampfparität, wenn man *Löwisch* folgt, den Weg zum richtigen Ergebnis finden kann. Jedoch ist der Weg unsicherer, weil viele dort, wo *über die Kampfparität zur Kapitulation* der *Hayek'sche* „Weg zur Knechtschaft"[60] abzweigt, den Hin-weis übersehen können.

IV. Bemerkungen zur richterlichen Rechtsfortbildung

1. Allgemeines

Das *BVerfG*[61] hat erst jüngst wieder in der Frage der Begrenzung der Haftung von Sachverständigen auf die *Grenzen richterlicher Rechtsfortbildung* hingewiesen und ein Urteil des BGH[62] aufgehoben.

---

[58] Vgl. oben § 1 IV; § 3 IV, 2 b, cc; § 4 IV; § 5 I, 1.

[59] Auch das gehört zum Kumulationsverbot, vgl. die Nachweise Fußn. 55.

[60] Lies: *F. A. Hayek*, Der Weg zur Knechtschaft, Neu-Herausgabe, München 1971.

[61] Beschl. v. 11. 10. 1978, NJW 1979, 305 ff. unter Bezugnahme auf *Krey*, JZ 1978, 465 ff.

[62] BGHZ 62, 54 = NJW 1974, 312.

Es kann allerdings in diesem Rahmen nicht mehr vertieft eingestiegen werden in die *Problematik des Richterrechts* und seiner Grenzen[63] denn dies würde wirklich ins Uferlose führen. Nur einige Bemerkungen, die an anderer Stelle näher behandelt werden müssen, seien im Zusammenhang dieses Themas erlaubt.

Die Grenzen des Richterrechts sind je weiter, desto mehr der Gesetzgeber es an der notwendigen Normsetzung mangeln läßt, desto *lückenhafter* also die gesetzlichen Regelungen sind.

So ist gesagt worden, der Richter sei der „eigentliche Herr des Arbeitsrechts“[64].

Das gilt sicherlich für das *Arbeitskampfrecht*, das der Gesetzgeber „ausgespart“[65] hat, aber nicht für das gesamte Arbeitsrecht, z. B. nicht für das *Betriebsverfassungsrecht*, wo der Gesetzgeber jedenfalls den Bereich der Mitbestimmung in sozialen Angelegenheiten im Katalog des § 87 Abs. 1 Ziff. 1 - 12 BetrVG *abschließend und erschöpfend* geregelt hat[66]. Der Satz gilt auch nicht, zumindest nicht uneingeschränkt, für die BRL, die durch eine ständige höchstrichterliche Rspr. zu einer Art *Gewohnheitsrecht* geworden ist.

Wenn die *Arbeitsgerichte* — wie viele Entscheidungen insbesondere von Instanzgerichten zeigen — dennoch mit Gesetz und Recht (Art. 20 Abs. 3 GG) auf diesem weitgehend „lückenlosen“ Gebiet viel *freizügiger* umgehen, als in entsprechenden Fällen die *ordentliche Gerichtsbarkeit*, so liegt dies einmal daran, daß die arbeitsgerichtliche Rspr. in einem weitgehend gesetzesfreien Raum das Arbeitsrecht erst schaffen mußte[67]. Diese Tradition und der Zwang, auf vielen Feldern des Arbeitsrechts (insbesondere des Arbeitskampfrechts) auch heute noch die zur Entscheidung notwendigen Rechtsnormen erst *schöpfen* zu müssen (Rechtsquelle: Richterrecht), hat die Richter auch freier gemacht im Umgang mit gesetzlichen Normen, sie nehmen die Gesetze, auch dort, wo es welche gibt, im Vergleich zur ordentlichen Gerichtsbarkeit weniger ernst.

---

[63] Vgl. dazu *Larenz*, Methodenlehre, 4. Aufl. 1979, S. 421 ff.; *Hilger*, Überlegungen zum Richterrecht, Festschrift für Larenz, S. 109 ff.; *Coing*, Zur Ermittlung von Sätzen des Richterrechts, JuS 1975, 277 ff.; *Jörn Ipsen*, Richterrecht und Verfassung, Berlin 1975.

[64] So *Gamillscheg*, AcP 164, 388; vgl. dazu *Redeker*, Legitimation und Grenzen richterlicher Rechtsetzung, NJW 1972, 409 ff. (414); ferner *Ipsen*, Richterrecht, insbes. S. 79 ff. m. w. Nachw.

[65] So *Hilger*, Festschrift für Larenz, S. 111.

[66] Vgl. dazu oben § 3 IV, 1 m. Nachw.

[67] In ihren Heidelberger Vorlesungen bemerkte Frau *Hilger* einst ironisch, das Arbeitsrecht sei *nicht* 1/3 Treu und Glauben, 1/3 Fürsorgepflicht und 1/3 allgemeine Rechtsgrundsätze.

Zum anderen haben deutsche Richter — wenigstens in den Instanzgerichten — den *Umgang mit Richterrecht* nicht richtig gelernt[68]. Zu Recht weist *Coing*[69] darauf hin, daß die Rechtssätze einer ständigen Rspr. der „binding authority" der „precedents" des englischen Rechts nahe stehen müssen. Die Art dieser Bindung gibt *Coing* mit folgendem Satz an:

„Every court is bound to follow any case decided by a court above it in the hierarchy, and appellate courts (other than the House of Lords) are bound by their previous decisions[70]."

Von solcher Bindung und solchen Tugenden[71] ist insbesondere bei den Instanzgerichten der deutschen Arbeitsgerichtsbarkeit, wie die Prozeßlawine der Aussperrungsklagen und auch die Entscheidungen zur BRL überdeutlich zeigen, wenig zu spüren.

Das Thema ist jedoch hinreichend „hervorgelockt", es bedarf gründlicher Bearbeitung.

2. Im Betriebsverfassungsrecht

Im Betriebsverfassungsrecht sind die Arbeitsgerichte nicht „Herr des Arbeitsrechts", sondern *an das Gesetz* wie Zivil- und Strafrichter *gebunden*. Die Arbeitsgerichte können daher den abschließenden Katalog der Mitbestimmungstatbestände in sozialen Angelegenheiten (§ 87 Abs. 1 Ziff. 1 - 12 BetrVG) *nicht* erweitern. Auch die *Methode der Analogie* zu solchem Ziel wäre wegen der abschließenden „lückenlosen" Regelung dieser Materie ebenso wie für Strafrichter im Strafrecht oder für Zivilrichter z. B. in bezug auf Gefährdungshaftungstatbestände ein Verstoß gegen das Gesetz und gegen die Verfassung[72].

---

[68] Dazu *Coing*, JuS 1975, 277 ff.

[69] JuS 1975, 279 f.; vgl. auch *Larenz*, Methodenlehre, 4. Aufl., S. 425.

[70] JuS 1975, 279. *Coing* zitiert dazu: *Cross*, Precedent in English Law, 2. Aufl. 1968, S. 6: „Das House of Lords hat durch ein Practice Statement von 1966 erklärt, daß es u. U. von seinen eigenen Vorentsch. abweichen wird." Vgl. auch *Blumenwitz*, Einführung in das anglo-amerikan. Recht, 1971, S. 22.

[71] Deren Wert auch *Hilger* (Festschrift für Larenz, S. 116) hervorhebt: „Das *BAG* hat mehrfach den — freilich umstrittenen — Leitsatz aufgestellt, ein oberstes Bundesgericht solle von seiner bisherigen Rechtsprechung nicht abweichen, wenn sowohl für die eine wie für die andere Ansicht gute Gründe sprechen."

[72] Vgl. oben § 3 IV, 3. Das BVerfG hebt in der eingangs zitierten Entscheidung (NJW 1979, 305) unter Bezug auf seine „Soraya-Entscheidung" (BVerfGE 34, 269 ff. (280) = NJW 1973, 1221) besonders hervor, daß der *methodische* Weg, auf dem das Fachgericht zu seinem Ergebnis gelangt, die verfassungsrechtliche Nachprüfung gebieten kann.

3. Im Gewohnheitsrecht, hier: Betriebsrisikolehre

Schwieriger ist der richterliche „Entscheidungsfreiraum" auf dem Felde einer nahezu zu *Gewohnheitsrecht* gewordenen ständigen Rspr.[73], konkret bei der BRL, zu bestimmen.

Man muß anerkennen, daß es unerträglich wäre, wenn eine auf bestimmte ökonomische, soziale, auch sonstige „politische" oder weltanschauliche *Daten* gebaute Rspr. durch die Rspr. selbst — wenn der Gesetzgeber nicht tätig wird — trotz *Veränderung* einer oder aller dieser *Daten* nicht mehr korrigiert werden könnte[74]. *Cessante ratione cessat lex ipsa*[75], das gilt auch für Gewohnheitsrecht kraft ständiger Rspr.

Die zu Recht von *Hilger* in ihren „Überlegungen zum Richterrecht" erhobene *Forderung nach Kontinuität* und *Begründungsehrlichkeit*[76] macht es jedoch erforderlich, daß offengelegt wird, wegen der Veränderung welcher Daten, welcher Rechtssatz zu welchem Zwecke und aus welchem Grund verändert werden soll.

Ich habe in den vorstehenden Ausführungen dargelegt — um nur den Kern zu wiederholen — daß das *Reichsgericht* aus „sozialen Rücksichten" das Lohnrisiko im Falle nicht zu vertretender Unmöglichkeit der Arbeitsleistung entgegen § 323 BGB auf den ArbGeb. verlagert hat, was zu jener Zeit richtig war; daß aber eine entscheidende *Wandlung der Normsituation* eingetreten ist mit der Möglichkeit der Gewährung von *Arbeitslosen- oder Kurzarbeitergeld* an mittelbar vom Arbeitskampf betroffene und „arbeitslos" gewordene ArbN. Diese Veränderung der sozialen Verhältnisse, verbunden damit, daß der ArbGeb. *auch bei sonstigem unvermeidbarem Arbeitsausfall* durch die Einführung von *Kurzarbeit* das Lohnrisiko, mit Zustimmung des BR freilich, großteils auf die BAnstArb. verlagern kann, zwingen dazu, daß der ArbGeb. auch von dem arbeitskampfbedingten Lohnrisiko *entlastet* wird[77].

Im Gegensatz dazu haben das *LAG Hamm*[78] und einige andere ArbG[79] auf der Grundlage der Andeutungen in der „Rohrleitungsmonteur-Entscheidung" des *5. Senats* des *BAG*[80] die BRL entgegen den

---

[73] Vgl. *Larenz*, Methodenlehre, 4. Aufl., S. 425.

[74] Für die BRL so schon *Mayer-Maly / Nipperdey*, Risikoverteilung, S. 40 f.

[75] Vgl. *Hilger*, Festschrift für Larenz, S. 110.

[76] Festschrift für Larenz, S. 123 et passim.

[77] Insbes. § 4 IV.

[78] DB 1979, 216 ff.

[79] *ArbG Siegburg; ArbG Dortmund; ArbG Duisburg; ArbG Düsseldorf; ArbG Siegen; ArbG Iserlohn*, alle zitiert in § 3 Fußn. 59.

[80] AP Nr. 30 zu § 615 BGB Betriebsrisiko.

offensichtlichen Intentionen des AFG, die in den §§ 70, 116 AFG zum Ausdruck kommen, zu *Lasten des ArbGeb.* verändert, indem sie ohne hinreichende Begründung mittels des Prinzips der Kampfparität entweder die BRL an die NAO anpaßten oder dem Mitbestimmungsrecht des BR unterwarfen und damit die §§ 70, 116 AFG faktisch aufhoben. Solchen Umgang mit Gesetzen und Gewohnheitsrecht erachte ich für einen Verstoß gegen Art. 3, 9 Abs. 3, 20 Abs. 3 GG.

Damit soll nicht gesagt werden, daß mit dem Inkrafttreten der §§ 70, 116 AFG oder der NAO die zu diesem Zeitpunkt „geltende" BRL gesetzlich *festgeschrieben* worden ist[81], sondern nur, daß sie nicht ohne hinreichende Begründung so verändert werden kann, daß die Regelungen der §§ 70, 116 AFG *praktisch inhaltslos* werden.

Was ich für richtig halte, habe ich insbesondere in § 4 dieser Arbeit dargelegt und brauche es hier nicht zu wiederholen.

---

[81] So aber wohl *Schwerdtfeger,* Arbeitslosenversicherung, S. 54 sowie *Hoffknecht,* Arbeitskampfrecht, S. 117; gegen die „Versteinerungstheorie" *Lieb* (Fernwirkungen vor Fußn. 43), der jedoch andererseits meint, daß „einer richterrechtlichen Fortbildung der bisherigen Betriebsrisikolehre ... noch auf lange Sicht unübersteigbare methodische Grenzen gesetzt sein dürften" (nach Fußn. 38). Die Ausführungen *Liebs* (unter IV, 1 b zw. Fußn. 38 u. 45) sind nicht ohne Widerspruch, so auch wenn er einerseits ausführt, daß *de lege ferenda* über eine weitergehende Schutzbedürftigkeit der ArbN hinsichtlich arbeitskampfbedingter Arbeitsunmöglichkeit neu nachzudenken sei (und damit dem Zeitgeist Rechnung trägt), andererseits aber erkennt, daß die ArbN in „viel größerem Umfang als bisher Arbeitslosenversicherung erhalten können" (vgl. dazu insbes. im Text § 4 IV, 2).

§ 6 Abgrenzung des arbeitskampfbedingten vom sonstigen Lohnrisiko

I. Das Abgrenzungsproblem

1. Das arbeitskampfbedingte Lohnrisiko

Nach vorstehend dargelegter Auffassung wird das arbeitskampfbedingte Lohnrisiko *gemäß der BRL* grundsätzlich *auf die ArbN verlagert* und von den ArbN in den durch die NAO gezogenen Grenzen durch die Gewährung von Arbeitslosen- oder Kurzarbeitergeld großteils (68 % plus Lohnsteuerausgleich) *auf die BAnstArb. weiterverlagert*[1].

2. Das sonstige Lohnrisiko

Im Unterschied dazu wird das durch sonstigen unvermeidbaren Arbeitsausfall auf Grund wirtschaftlicher Ursachen entstehende Lohnrisiko durch die *Einführung von Kurzarbeit* mit Zustimmung des BR gemäß § 87 Abs. 1 Ziff. 3 BetrVG *auf die ArbN verlagert* und von den ArbN bei Vorliegen der Voraussetzungen der §§ 63 ff. AFG großteils *auf die BAnstArb. weiterverlagert*[2].

3. Verschiedene Risikobereiche

Die *verschiedenen* Voraussetzungen der *Verlagerung* (auf die ArbN) und *Weiterverlagerung* (auf die BAnstArb.) des *arbeitskampfbedingten* und *sonstigen* Lohnrisikos machen eine Abgrenzung der *verschiedenen Risikobereiche* notwendig.

II. Causa proxima-Lehre

1. Das Prinzip: „Bahia-Blanca"

Wie oben dargestellt wurde, hat das *BAG* in der „Personal-Leasing"[3]- und in der „Rohrleitungsmonteur"[4]-Entscheidung das Arbeitskampf- und Unternehmerrisiko unzutreffend abgegrenzt, indem es verlangte,

---

[1] Vgl. oben §§ 3 u. 4.

[2] Vgl. oben § 2.

[3] AP Nr. 29 zu § 615 BGB Betriebsrisiko.

[4] AP Nr. 30 zu § 615 BGB Betriebsrisiko.

daß der Arbeitskampf die *alleinige Ursache* für die Unmöglichkeit der Beschäftigung sein müsse, „sonst geriete man ins Uferlose“[5].

Solche *Abgrenzungsprobleme* können nicht nur in Fällen auftreten, in denen die ArbGeb. ihre ArbN bei Drittfirmen oder Kunden unterbringen müssen, sondern auch bei warenproduzierenden Unternehmen. Bei solchen Unternehmen kann es fraglich sein, ob die Liefer- oder Absatzstörungen und damit der Arbeitsausfall durch den Arbeitskampf oder durch sonstige wirtschaftliche Ursachen bedingt ist[6].

Schönefelder / Kranz / Wanka[7] meinen, es müsse ein *adäquater Kausalzusammenhang* zwischen dem Arbeitskampf und der Arbeitslosigkeit vorliegen. Das kommt der Sache zwar näher, ist aber für das Problem der Abgrenzung von Arbeitskampf- und Unternehmerrisiko nicht der richtige Gedanke, weil es hier zwar auch, aber nicht allein, um die *Zurechnung von Schadensfolgen* zu einer Handlung (Anwendungsbereich der Adäquanztheorie), sondern um die *Abgrenzung* zwischen zwei oder mehreren *verschiedenen Gefahrenbereichen* geht.

Diese Problematik tritt besonders häufig im Privat- (insbesondere See-) und im Sozialversicherungsrecht auf und wird dort mit Hilfe der *causa-proxima-Lehre* bzw. der *Theorie von der wesentlichen Bedingung* geregelt[8].

Im Schulbeispiel der deutschen Judikatur[9] mußte der Dampfer *„Bahia-Blanca“*, der in unterschiedlicher Höhe gegen See- und Kriegsgefahr versichert war, einem fremden Flottenverband ausweichen und durch Treibeis gefährdetes Gebiet schiffen; er lief gegen einen Eisberg und sank.

Das *Reichsgericht* hat als *causa proxima* Seegefahr, nicht Kriegsgefahr angenommen, weil der Kapitän durch geeignete nautische Maßnahmen der Eisgefahr hätte ausweichen können und dieses nautische Fehlverhalten „dem Geschehensablauf erst die entscheidende, den Unfall unvermeidlich machende Richtung gegeben hat“[10].

---

[5] Zum Sophisma des Grenzenlosigkeitsschlusses im allgemeinen vgl. *U. Huber*, Festschrift für *E. R. Huber*, S. 267.

[6] Zutreffend *Seiter*, Anm. Bl. 4 AP Nr. 30 zu § 615 BGB Betriebsrisiko.

[7] *AFG*, § 116 Rdnr. 26.

[8] Ausführlich dazu *Karin Kurtz-Eckhardt*, Causa proxima und wesentliche Bedingung, Diss. Heidelberg 1977 (angeregt und betreut v. *Weitnauer*); vgl. ferner *Bruck-Möller*, Kommentar zum Versicherungsvertragsgesetz, 1966, § 49 Noten 144 ff. m. w. Nachw.; *Lauterbach*, Unfallversicherung 3. Aufl., § 548 Anm. 8 ff. m. w. Nachw.

[9] *RGZ* 169, 1 ff.; vgl. aber auch schon *RGZ* 67, 251ff. (Romulus-Fall).

[10] *RGZ* 169, 1 ff. (23).

Setzt man das nautische Fehlverhalten gleich mit der *unternehmerischen Fehlleistung* und die Kriegsgefahr mit dem *Arbeitskampfrisiko*, so tritt die Parallelität der Problematik klar zutage, und die Kriterien zur Abgrenzung von Arbeitskampf- und Unternehmerrisiko sind in der durch Wissenschaft und Rspr. hoch entwickelten *causa proxima-Lehre* gefunden.

2. Vorratshaltung, Vorlaufproduktion etc.

Ein ganz spezielles Problem ist die Frage, inwieweit die Behauptungen, durch größere *Vorratshaltung*, durch *Produktion auf Lager*, durch andere und/oder zusätzliche *Zuliefer-* und *Absatzwege* (z. B. Stahllieferungen aus dem Ausland) hätte trotz arbeitskampfbedingten Störungen der Arbeitsausfall verhindert werden können, nachprüfbar und entscheidungserheblich sein dürfen.

Da es sich bei den Fragen des Umfangs der Vorratshaltung, der Vorlaufproduktion (auf Lager) und der Zuliefer- und Absatzorganisation um grundsätzlich mitbestimmungsfreie *unternehmerische Entscheidungen* (mit evtl. enormen Kostenfolgen) handelt, kann das Gericht diese Entscheidungen nur *beschränkt* nachprüfen[11], weil es die *Verantwortung* für die im unternehmerischen Bereich liegenden Ermessensentscheidungen nicht übernehmen kann[12]. Die Grenze der Nachprüfung ist ähnlich zu ziehen wie bei Maßnahmen, die die Grundlage zu *betriebsbedingten Kündigungen* sein können[13].

Die unternehmerischen Entscheidungen über Zuliefer- und Absatzwege sowie den Umfang der Vorratshaltung und Vorlaufproduktion können auch nicht mittelbar über drohende Fernwirkungen von Arbeitskämpfen der *(Mit-)Bestimmung durch die Gewerkschaften* unterworfen werden. Die Entscheidung über diese Fragen steht in der alleinigen Verantwortung des Unternehmers, dafür hat er das unternehmerische Risiko zu tragen.

Wenn die getroffenen Entscheidungen für die gegebene Organisation in Zeiten des *Arbeitsfriedens* für ausreichend erachtet werden, kann nicht verlangt werden, daß der Unternehmer für Fälle des *Arbeitskampfs* besonders vorsorgt[14].

Bei der Zumutbarkeit von Vorlaufproduktion (auf Lager) ist zu bedenken, daß diese zu späteren Beschäftigungsproblemen führen

---

[11] Richtig *LAG Kiel*, AP Nr. 8 zu § 615 BGB Betriebsrisiko; ebenso *ArbG Kassel*, DB 1972, 1122 u. 1124; vgl. auch unten § 3 IV, 2 b, dd vor Fußn. 103.

[12] Ähnlich *Löwisch*, SAE 1976, 251; auch *Lieb* (Fernwirkungen, um Fußn. 24) empfiehlt in dieser Frage größte Zurückhaltung.

[13] Vgl. dazu *Schaub*, Handbuch, S. 648 m. w. Nachw.

[14] Zutreffend *ArbG Kassel*, DB 1972, 1124.

kann, weil insbesondere bei einer Verbundproduktion nicht mit einem späteren größeren Absatz gerechnet werden kann; ferner ist zu beachten, daß die Lagerfähigkeiten und Lagerflächen meist begrenzt sind, daß Konservierungs- und Entkonservierungskosten und Umstapelungsaufwand entsteht etc. Schließlich kann es sogar wirtschaftlich sinnvoll und damit im Sinne der BRL Rechtens sein, die Lager nicht bis zur letzten Schraube „leerzufahren", weil auch nach Beendigung des unmittelbaren Arbeitskampfs die störenden Fernwirkungen noch eine Zeitlang andauern. Es kann wirtschaftlich und sozialpsychologisch vernünftiger sein, am Tag der Beendigung des Arbeitskampfs auch in den Drittbetrieben die Arbeit sofort wieder aufzunehmen.

Gegen das Argument, die Verbundproduktion, die große Unternehmen, insbesondere die Automobilindustrie, so anfällig macht für die Fernwirkung von Arbeitskämpfen, sei als unternehmerische Entscheidung auch allein von diesen Unternehmen zu verantworten[15], ist zu bedenken, daß solche Verbundproduktion einen volkswirtschaftlich und sozialpolitisch höchst erwünschten *Beschäftigungsausgleich* schafft und die katastrophalen Folgen vermeidet, die wirtschaftliche Schwierigkeiten größerer Werke für die ganze Region, in der sie gelegen sind, regelmäßig mit sich bringen.

Solche unternehmenspolitische Entscheidungen sind jedenfalls der *Nachprüfung der Gerichte* bei der Frage, ob die Voraussetzungen der BRL vorliegen, und der Arbeitsämter bei der Frage, ob der Arbeitsausfall unvermeidbar war, *entzogen.*

Wenn ein Betrieb für die Zeit des Arbeitsfriedens hinreichend organisiert ist und infolge eines Arbeitskampfs ein Arbeitsausfall eintritt, ist dieses Risiko dem *Arbeitskampf* zuzurechnen und darf nicht mit der Begründung, der Betrieb hätte anders organisiert werden müssen, dem *Unternehmerrisiko* zugeschoben werden.

In solchem Falle war der Arbeitskampf nicht nur die zeitlich letzte Ursache *(causa ultima)*[16], sondern er hat auch „dem Geschehensablauf erst die entscheidende, den Unfall (Arbeitsausfall) unvermeidbar machende Richtung gegeben"[17].

Die Anwendung der *causa-proxima-Lehre* zur Abgrenzung des arbeitskampfbedingten vom sonstigen Lohnrisiko wird zur weiteren Konkretisierung auf diesem Feld einiger höchstrichterlicher Entscheidungen bedürfen, aber — das zeigt die zitierte Rspr. auf dem Gebiet des Ver-

[15] So insbes. *Loderer* (oben § 4 IV nach Fußn. 135).

[16] Vgl. RGZ 67, 251 ff., (254 f.); 153, 113 ff. (120 f.).

[17] RGZ 169, 23.

sicherungsrechts — sie führt nicht ins „Uferlose“, sondern ist eine jener „wertausfüllungsbedürftigen Generalklauseln“, deren Konkretisierung den Gerichten zur Findung des Rechts aufgegeben ist[18].

III. Ausländische Arbeitskämpfe

Schwierig ist auch die Frage, ob die Fernwirkungen ausländischer Arbeitskämpfe noch dem *Arbeitskampfrisiko* oder dem *Unternehmerrisiko* zuzurechnen sind.

Hanau will angesichts der *internationalen Verflechtung des Kapitals* und der Gewerkschaften ausländische Arbeitskämpfe wie inländische behandeln[19]. Eine so pauschale Lösung ist m. E. jedoch nicht gerechtfertigt.

Wenn ein Arbeitskampf in *Hongkong* eine deutsche Textilfirma zum Stillstand bringt, scheint mir das Risiko klar im unternehmerischen Bereich zu liegen. Bei Arbeitskämpfen des Personals internationaler *Luftfahrtgesellschaften* ist dagegen eine genaue Analyse der Interessen zur Abgrenzung der Risikobereiche notwendig.

Die zur Grenzziehung notwendigen allgemeinen rechtlichen Kriterien können nur auf der Grundlage einer derartigen Analyse eines größeren Fallmaterials unter Beachtung der verschiedenen tatsächlichen und rechtlichen Ein- und Auswirkungen inländischer und ausländischer Arbeitskämpfe gewonnen werden. Dazu ist eine gesonderte Untersuchung erforderlich.

IV. Rechtswidrige Arbeitskämpfe

Die vorstehenden Ausführungen sind grundsätzlich entwickelt im Hinblick auf *rechtmäßige* Arbeitskämpfe. Das soll nicht heißen, daß sie nicht auch gelten können bei *rechtswidrigen* Arbeitskämpfen. Jedoch wird wohl ähnlich wie bei der Zulässigkeit der Aussperrung zur Abwehr rechtswidriger Streiks[20] zu unterscheiden sein zwischen Streiks, die von einer Gewerkschaft geführt werden, wilden Streiks und Streiks, die um Ziele geführt werden, die der tarifvertraglichen Regelung nicht fähig sind. Ebenso wie kollektive Reaktionen gegenüber rechtswidrigen Streiks allenfalls dann zulässig erscheinen, wenn die Kampfmaßnahmen von einer Gewerkschaft geführt werden und die

---

[18] Vgl. oben § 5 III, 4 b.

[19] *Hanau / Adomeit*, ArbR, S. 174 Fußn. 31 m. w. Nachw.

[20] Vgl. *Löwisch*, AR-Blattei, Arbeitskampf III, Aussperrung, Bl. 7; ebenso *Seiter*, JZ 1978, 422 m. w. Nachw.

Rechtswidrigkeit zweifelhaft ist, können nur in solchen Fällen die individualrechtlichen Folgen dem Arbeitskampfrisiko im vorstehenden Sinne zugerechnet werden[21]. In den anderen Fällen muß der ArbGeb. gegenüber dem rechtswidrig Handelnden die gegebenen Rechtsmittel einsetzen (Kündigung, Schadenersatz etc.).

Auch die Problematik der Folgen rechtswidriger Arbeitskämpfe bedürfte jedoch einer sorgfältigen gesonderten Untersuchung, der jedoch zum Glück keine hervorragende praktische Bedeutung zukommt. So mag diese Sache hier dahinstehen.

[21] *Richardi*, RdA 1970, S. 70; *Ehmann*, DB 1973, 2000 Fußn. 120; ebenso *Seiter*, Streikrecht, S. 372 ff.; *Konzen*, AcP 177, 533; *Kalb*, Betriebsrisikolehre, 129 ff.; *Schwerdtner*, ArbR I, S. 102; a. A. jedoch *BAG* AP Nr. 3 zu § 615 BGB Betriebsrisiko; *Zöllner*, Arbeitsrecht, S. 287.

§ 7 Zusammenfassung mit Thesen zur Fortentwicklung der Betriebsrisikolehre

Kernproblem der Arbeit

1. Das materielle Kernproblem der Arbeit ist, ob die ArbGeb oder die ArbN das Lohnrisiko tragen sollen, wenn die Arbeitsleistungen der ArbN im Arbeitskampf und Arbeitsfrieden in weder vom ArbGeb noch von den ArbN zu vertretender Weise deswegen unmöglich werden, weil der jeweilige ArbGeb das erforderliche Leistungssubstrat in Form von Rohstoffen, Energie, Fertigteilen, Maschinen, Mitarbeitern etc. nicht zur Verfügung stellen kann oder wenn die Arbeitsleistungen sinnlos werden, weil die Arbeitsprodukte in wirtschaftlich vernünftiger Weise nicht mehr abgesetzt oder gelagert werden können (S. 17 f., 85 f.).

Das BGB ist tot, das Reichsgericht sein Totengräber

2. Die Arbeit geht davon aus, daß es — vor allem im Arbeitskampf — nicht sachgerecht wäre, die Problematik mittels der dogmatischen Figuren und Begriffe des BGB (Unmöglichkeit, Annahmeverzug etc.) zu lösen, weil die rechtstatsächlichen Voraussetzungen und die Rechtsfolgen der aufgeworfenen (arbeitsrechtlichen) Regelungsproblematik in der Dogmatik und den Begriffen des BGB nicht hinreichend mitbedacht sind (S. 85 ff., 114 f.).

Arbeitskampf und Arbeitsfrieden

3. Die Analyse der Interessen (S. 20 ff.) zeigt, daß es *sachlich notwendig* — die Analyse der vorhandenen gesetzlichen (insbes. S. 58 ff.) und tariflichen (S. 73 ff.) Vorschriften zeigt, daß es *rechtlich geboten* ist, die Verteilung des Lohnrisikos im Arbeitsfrieden einerseits und im Arbeitskampf andererseits nach verschiedenen rechtlichen Regelungen zu bestimmen.

Im Arbeitsfrieden

4. Im Arbeitsfrieden ist das Lohnrisiko in den genannten Fällen (Betriebs- und Wirtschaftsrisiko) nach völlig unbestrittener Auffassung *grundsätzlich* vom ArbGeb zu tragen (S. 17 f.).

Kurzarbeitergeld

5. Beruht ein unvermeidbarer, vorübergehender Arbeitsausfall auf wirtschaftlichen Gründen, so können die Arbeitsämter zum Zweck der Erhaltung funktionsfähiger Betriebe und ihrer Arbeitsplätze unter den Voraussetzungen der §§ 63 ff. AFG steuerfreies Kurzarbeitergeld in Höhe von 68 % des Nettogehaltes gewähren, wenn die ArbN infolge von Kurzarbeit ein vermindertes oder gar kein Arbeitsentgelt beziehen (S. 42 f.).

Verkürzung der betrieblichen Arbeitszeit

6. Im Hinblick auf diese Möglichkeit der Gewährung von Kurzarbeitergeld ist es üblich geworden, das Lohnrisiko in Fällen eines unvermeidbaren Arbeitsausfalls durch die Verkürzung der betriebsüblichen Arbeitszeit („Einführung von Kurzarbeit") mit der Folge entsprechender Lohnkürzungen vom ArbGeb auf die ArbN zu übertragen (S. 32 ff.); von den ArbN wird das Lohnrisiko im 2. Schritt dann durch die Gewährung des Kurzarbeitergeldes großteils auf die BAnstArb überwälzt (S. 42 f.).

Rechtsformen zur Einführung von Kurzarbeit

7. Die Einführung der Kurzarbeit („Verkürzung der betriebsüblichen Arbeitszeit", § 87 Abs. 1 Ziff. 3 BetrVG) setzt jedoch eine rechtsgeschäftliche Änderung der Arbeitsverträge voraus, die auf verschiedene Weise erfolgen kann, z. B. (S. 32 ff.):

(1) Auf Grund eines Tarifvertrags:
durch Betriebsvereinbarung oder durch einseitige Anordnung;

(2) durch Betriebsvereinbarung;

(3) durch Vereinbarung mit jedem einzelnen ArbN;

(4) durch einseitige Anordnung auf der Grundlage einer Ermächtigung im Einzelarbeitsvertrag;

(5) durch Änderungskündigung.

Notwendige Mitbestimmung des Betriebsrats

8. In welcher Rechtsform auch immer die Kurzarbeit eingeführt wird, die Abänderungen der Arbeitsverträge zum Zwecke der Verkürzung der Arbeitszeit und der Lohnzahlungspflicht sind nur wirksam mit Zustimmung des BR gemäß § 87 Abs. 1 Ziff. 3

BetrVG. Erfolgt die Änderung der Einzelarbeitsverträge durch die normative Wirkung einer Betriebsvereinbarung, so ist selbstverständlich die Zustimmung des BR in dieser Betriebsvereinbarung mitenthalten. Erfolgt die Änderung der Arbeitsverträge nicht durch förmliche Betriebsvereinbarung, sondern durch arbeitsvertragliche Einheitsregelung, so genügt auch eine Regelungsabrede (S. 38 ff.).

Kein Initiativrecht

9. Ein Initiativrecht zur Einführung von Kurzarbeit steht dem BR nicht zu (S. 40).

voluntas stat pro ratione

10. Objektive Gründe zur Einführung der Kurzarbeit sind nicht notwendig; es genügt die Einigung des ArbGeb mit den ArbN und dem BR oder dem BR allein (Betriebsvereinbarung); im Falle einer *arbeitsvertraglichen Einheitsregelung* besteht jedoch eine *Ermessenskontrolle,* objektive Gründe (z. B. unvermeidbarer Arbeitsausfall) sollten daher vorliegen (S. 31 f.).

Nach billigem Ermessen

11. Es steht nicht in der Willkür des BR, ob er der Einführung der Kurzarbeit zustimmt; er ist im Arbeitsfrieden grundsätzlich zur Zustimmung verpflichtet, wenn die Voraussetzungen zur Gewährung von Kurzarbeitergeld gegeben sind (S. 41 f., 84).

Tarifliche Kurzarbeitsklauseln

12. Tarifliche Ermächtigungsklauseln zur Einführung von Kurzarbeit sind keine Betriebsnormen im Sinne des § 3 Abs. 2 TVG, sondern Inhaltsnormen. Sie sperren jedoch weder Betriebsvereinbarungen noch arbeitsvertragliche Einheitsregelungen (nebst Regelungsabreden), die im konkreten Fall für alle ArbN (tarifgebundene und nicht tarifgebundene) eines betroffenen Betriebes Kurzarbeit einführen (S. 35 ff.).

Abschied vom sog. existenzgefährdenden Betriebsrisiko

13. Der Satz der BRL, wonach das Betriebsrisiko von den ArbN zu tragen sei, wenn die Zahlung der Löhne die Existenz des Betrie-

bes gefährden würde, ist in der Möglichkeit der Einführung von Kurzarbeit aufgehoben und daher obsolet geworden (S. 44).

Regelungsmechanismus

14. Ob also der ArbGeb oder die ArbN das Lohnrisiko im Arbeitsfrieden zu tragen haben, wird zwischen *ArbGeb und BR* durch Betriebsvereinbarung oder zwischen *ArbGeb und ArbN* mit Zustimmung des BR durch kollektive Einzelvereinbarungen (arbeitsvertragliche Einheitsregelung) bestimmt. ArbGeb und BR (mit-) entscheiden nach billigem Ermessen; können sie sich nicht einigen, entscheidet die *Einigungsstelle*. Die Zustimmung des BR ist letztlich geboten, wenn Kurzarbeitergeld gemäß §§ 63 ff. AFG gewährt werden kann (S. 31 ff., 41 f.).

15. Ob die ArbN oder die BAnstArb (größtenteils) das Lohnrisiko zu tragen haben, d. h. Kurzarbeitergeld gewährt wird, entscheiden die *Arbeitsämter* gemäß §§ 63 ff. AFG (S. 42 f.).

Ein funktionsfähiges System

16. Dieses System ist nicht nur theoretisch fundiert und geschlossen, es funktioniert auch in der Praxis.

17. Die praktische Funktionsfähigkeit des Systems der Verteilung des Lohnrisikos im Arbeitsfrieden beruht auf dem wohlgelungenen Ausgleich der Interessen durch die gegebenen rechtlichen Regelungen (S. 20 ff.).

Quintessenz der Interessenanalyse

18. Im Falle eines unvermeidbaren Arbeitsausfalls aus wirtschaftlichen Gründen sind die Existenzgrundlagen des ArbGeb (der Betrieb) und der ArbN (die Arbeitsplätze) gleichermaßen gefährdet. Die Gewährung von Kurzarbeitergeld durch die von den ArbGeb und den ArbN gemeinsam finanzierte BAnstArb hebt die Interessengegensätze zwischen ArbGeb und ArbN praktisch auf. ArbGeb und ArbN sitzen in einem gefährdeten Boot; die Gewerkschaft und die BR unterstützen die Rettungsaktion, die BAnstArb versorgt derweilen die ArbN.

Im Arbeitskampf

19. Zur Verteilung des Lohnrisikos in mittelbar vom Arbeitskampf betroffenen Betrieben gelten *de lege lata* andere rechtliche Re-

geln. Es herrschen andere Interessen (S. 25 ff.). Daher ist auch *de lege ferenda* eine Angleichung der Regelung für das arbeitskampfbedingte Lohnrisiko an die im Arbeitsfrieden geltende rechtliche Regelung nicht sachgerecht.

Risikoverteilung nach objektivem Recht

20. Die Verteilung des Lohnrisikos zwischen ArbGeb und ArbN in Fällen arbeitskampfbedingten Arbeitsausfalls erfolgt nach objektivem Recht durch die BRL (mit Sphärentheorie) (S. 48 ff., 85 ff.).

Kurzarbeitergeld im Arbeitskampf

21. Haben die ArbN das arbeitskampfbedingte Lohnrisiko im Verhältnis zum ArbGeb zu tragen, so kann gleichfalls — wie im Arbeitsfrieden — Arbeitslosen- und Kurzarbeitergeld gewährt werden (S. 51 ff.). Jedoch ist zur Wahrung staatlicher Neutralität die Gewährung des Kurzarbeitergelds im Arbeitskampf durch §§ 70, 116 AFG und die NAO eingeschränkt (S. 54 ff.). Innerhalb der Leistungsverbote der NAO bleibt daher der volle Interessengegensatz zwischen ArbGeb und ArbN hinsichtlich des Lohnrisikos bestehen, was eine Einigung über die „Einführung von Kurzarbeit" letztlich unmöglich macht (S. 30).

Die alte Betriebsrisikolehre

22. Die bis etwa Ende der 60er Jahre geltende und fast allgemein anerkannte BRL (mit Sphärentheorie) kann in folgende Sätze gefaßt werden (S. 48 f.):

22.1 Hinsichtlich des Lohnrisikos ist zu unterscheiden zwischen Betriebs- und Wirtschaftsrisiko.

22.2 Zum Betriebsrisiko werden die Fälle gerechnet, in denen der ArbGeb unverschuldet das Leistungssubstrat (Energie, Rohstoffe, Maschinen, Mitarbeiter etc.), d. h. einen funktionsfähigen Betrieb, nicht zur Verfügung stellen kann und infolgedessen die ArbN nicht arbeiten können.

22.3 Zum Wirtschaftsrisiko werden demgegenüber die Fälle gerechnet, in denen die Arbeitsleistung zwar technisch noch möglich, wirtschaftlich aber sinnlos ist, weil die Produkte nicht mehr abgesetzt oder gelagert werden können.

22.4 Das Wirtschaftsrisiko hat grundsätzlich der Unternehmer zu tragen.

22.5 Das Betriebsrisiko hat ebenfalls grundsätzlich der Unternehmer zu tragen; ausnahmsweise ist das Betriebsrisiko jedoch von den ArbN zu tragen, insbesondere wenn es durch einen Streik verursacht wird, wobei es gleichgültig ist, ob es sich um einen gewerkschaftlich geführten oder einen wilden Streik handelt, ob im eigenen oder fremden Betrieb gestreikt wird, ob die ArbN der Gewerkschaft angehören, von der der Streik ausgeht oder ob es sich um Arbeiter oder Angesetllte handelt.

22.6 Das Betriebsrisiko (Lohnrisiko) sollte ausnahmsweise auch dann von den ArbN zu tragen sein, wenn die Betriebsstillegung den Betrieb so schwer trifft, daß die Zahlung der vollen Löhne die Existenz des Betriebs gefährden würde.

22.7 Die vorstehenden Grundsätze (BRL mit Sphärentheorie) sind dispositives objektives Recht.

Neutralitätsanordnung

23. Unter der Voraussetzung dieser BRL und auf der Grundlage der §§ 70, 116 des Arbeitsförderungsgesetzes vom 25. Juni 1969 hat die BAnstArb am 22. 3. 1973 eine Neutralitätsanordnung erlassen, wonach an mittelbar vom Arbeitskampf betroffene ArbN kein Arbeitslosen- oder Kurzarbeitergeld bezahlt werden darf in folgenden Fällen (S. 54 ff.):

23.1 Bei *Teilstreiks*, wenn die Forderungen der Kampfparteien auch die Arbeitsbedingungen der nichtkämpfenden ArbN desselben Betriebs bestimmen würden;

23.2 bei *Schwerpunktstreiks*, wenn die mittelbar betroffenen ArbN in demselben fachlichen und räumlichen Geltungsbereich des umkämpften Tarifvertrags beschäftigt sind und dieser Tarifvertrag auch ihre Arbeitsbedingungen bestimmen würde;

23.3 bei *Modellstreiks*, wenn die mittelbar betroffenen ArbN zwar im fachlichen, nicht aber im räumlichen Geltungsbereich des Tarifvertrags beschäftigt sind und die Gewerkschaften für den Tarifvertragsbereich dieser ArbN „nach Art und Umfang gleiche Forderungen wie für die am Arbeitskampf beteiligten ArbN erhoben haben“.

Gegenargumente

24. Gegen dieses weder theoretisch ausreichend fundierte noch praktisch zufriedenstellende System der Verteilung des Lohnrisikos im Arbeitskampf sind aus den verschiedensten Gründen schwerwiegende Argumente vorgetragen worden, die sich wie folgt zusammenfassen lassen (S. 49 ff., 89):

24.1 Die Unterscheidung zwischen Wirtschafts- und Betriebsrisiko sei nicht gerechtfertigt, denn es sei rein zufällig, ob ein Unternehmen als Zulieferer oder als Abnehmer der Kampfbetriebe zur Einstellung der Arbeit gezwungen werde.

24.2 Die Unterscheidung von Streiks und Aussperrungen als Ursache von Betriebsstörungen werfe insbesondere bei Abwehraussperrungen verwickelte Kausalitätsprobleme und unlösbare Beweisprobleme auf.

24.3 Die Sphärentheorie und der ihr zu Grunde liegende Gedanke der Solidarität aller ArbN beruhe auf dem Kommunistischen Manifest und habe keine rechtliche Grundlage.

24.4 Der Umfang des von den ArbN zu tragenden Risikos müsse abhängig sein vom Umfang ihrer Mitbestimmungsrechte.

24.5 Schließlich habe ich im Jahre 1973 vorgetragen, die Schadensfolgen eines Arbeitskampfs hätten grundsätzlich diejenigen zu tragen, bei denen sie eintreten, d. h. auch das arbeitskampfbedingte Lohnrisiko sei nach der Veränderung der sozialen Verhältnisse durch die Möglichkeit der Gewährung von Kurzarbeiter- oder Arbeitslosengeld grundsätzlich von den ArbN zu tragen, gleichgültig, ob es durch einen Streik oder eine Aussperrung ausgelöst oder dem Betriebs- oder Wirtschaftsrisiko zugerechnet werden könne.

Verunsicherung

25. Die Argumente gegen die alte Lehre haben zunächst zu einer allgemeinen Verunsicherung der Rechtslage geführt. Rechtswissenschaft und Rechtsprechung haben sich in vielfältiger Weise bemüht, eine neuere, bessere Regelung zu entwickeln. Das Bemühen dauert an (S. 85 ff.).

Wandel der Rechtsprechung

26. Die Wandlung der Normsituation ist in der Rspr. vor allem manifest geworden durch die Entscheidungen des ArbG Kassel (DB 1972, 1121), die Urteile des BAG AP Nr. 45 zu Art. 9 GG Arbeitskampf (Fliesenleger), AP Nr. 29 (Leiharbeitnehmer) und 30 (Rohrleitungsmonteure) zu § 615 BGB Betriebsrisiko sowie den Beschluß des LAG Hamm (DB 1979, 216); weitere unveröffentlichte Entscheidungen von Instanzgerichten aus neuerer Zeit sind in die vorstehende Arbeit eingegangen (S. 89 ff.).

BAG AP Nr. 30 (Rohrleitungsmonteure)

27. Besondere Bedeutung kommt dem Urteil des BAG vom 7. 11. 1975 zu, in welchem der 5. Senat sich bei Fernwirkungen auf

Drittbetriebe vorsichtig von der Sphärentheorie distanziert (S. 91 ff.):

„Es mag richtiger sein, das Lohnrisiko bei derartigen Tatbeständen nach arbeitskampfrechtlichen Erwägungen, insbesondere dem *Grundsatz der Kampfparität* (Hervorh. v. Verf.) zu verteilen."

„bescheidener normativer Gehalt"

28. Mit diesem noch völlig offenen Hinweis auf den *„Grundsatz der Kampfparität"* (S. 128 ff.) ist in Literatur und Rechtsprechung eine Schleuse geöffnet worden.

Angleichung der Betriebsrisikolehre an die Neutralitätsanordnung

29. Weil niemand weiß, welchen Rechtssatz der „Grundsatz der Kampfparität" im konkreten Fall abgeben soll (S. 83 f., 128 ff.) haben sich theoretisierende und praktizierende Juristen aller Chargen mit großem Normenhunger auf die einzige rechtssatzmäßige Konkretisierung des Prinzips der Kampfparität gestürzt (S. 131) und die BRL an die NAO der BAnstArb angeglichen (vgl. insbes. LAG Hamm, DB 1979, 216; dazu S. 95 f.).

Ein absurdes Ergebnis

30. Das Ergebnis dieser Angleichung der BRL an ein zu einem anderen Sachverhalt entwickeltes Regelungssystem bringt ein absurdes Ergebnis hervor (S. 96 ff.):

30.1 Soweit die Leistungsverbote der NAO eingreifen, darf kein Arbeitslosen- oder Kurzarbeitergeld gezahlt werden; entsprechend braucht kein Lohn gezahlt zu werden.

30.2 Soweit die Leistungsverbote der NAO nicht eingreifen, muß der ArbGeb Lohn zahlen, ohne dafür eine Arbeitsleistung zu erhalten; es braucht dann kein Arbeitslosen- oder Kurzarbeitergeld gezahlt zu werden, weil die ArbN Arbeitsentgeld erhalten (§§ 117, 65 Abs. 1 Ziff. 2 AFG).

Aushöhlung der §§ 70, 116 AFG

31. Das Ergebnis ist absurd, weil die Angleichung der BRL an die NAO die §§ 70, 116 AFG und die NAO praktisch leerlaufen ließe. Die Fälle, in denen wegen eines arbeitskampfbedingten Arbeitsausfalls auf Grund der BRL der Lohnanspruch entfällt

und dafür Arbeitslosen- oder Kurzarbeitergeld gewährt wird, gäbe es nicht mehr. Die NAO hätte den Zweck, zu dem sie geschaffen wurde, praktisch verloren; sie würde hauptsächlich nur noch als „BRL-Ersatz" zur Verteilung des Lohnrisikos zwischen ArbGeb und ArbN dienen (S. 96 f.).

Verletzung der Kampfparität

32. Die völlige Aushöhlung der §§ 70, 116 AFG und der NAO ist jedoch nicht nur absurd, sie verstößt auch darüber hinaus gegen das in Art. 9 Abs. 3 GG wurzelnde Prinzip der Kampfparität; bisher jedenfalls ist die Regelung des § 116 AFG und der NAO fast allgemein als ausgewogene Konkretisierung des Paritätsgedankens betrachtet worden (S. 130).

Verschiedene Regelungszwecke

33. Die Angleichung der BRL an § 116 AFG und die NAO ist aber nicht nur vom Ergebnis her, sondern auch deswegen verfehlt, weil die beiden Regelungssysteme auf ganz verschiedenen Gründen beruhen (S. 102 ff.).

Staatliche Neutralitätspflicht

34. Tragender, rechtfertigender Grund für § 116 AFG und die NAO ist die Neutralitätspflicht des Staates in Arbeitskämpfen. Die Regelung dient der Lösung der Frage, wie erreicht werden kann, daß der Staat nicht einerseits durch die Zahlung von Arbeitslosengeld die ArbN-Seite und andererseits nicht durch Nichtzahlung die ArbGeb-Seite unterstützt (S. 102 f.).

Individualrechtliche Gefahrtragungsregel

35. Die BRL hat demgegenüber einen ganz anderen Grund, sie dient einem ganz anderen Zweck. Die BRL ist eine *individualrechtliche Gefahrtragungsregel,* nicht ein arbeitskampfrechtliches Institut. Die BRL soll das arbeitskampfbedingte Lohnrisiko gerecht zwischen den Parteien des Arbeitsvertrags, des Individualvertrags verteilen, d. h. bestimmen, wer das Lohn-(Gegenleistungs-)risiko trägt, wenn der ArbN wegen eines weder vom ArbGeb noch vom ArbN zu vertretenden Arbeitsausfalls die Arbeitsleistung nicht erbringen kann (S. 103).

Zielvorstellungen der IG Metall

36. Das dargestellte Ergebnis der Angleichung der BRL an die NAO entspricht jedoch den Zielvorstellungen des IG Metall-Vorsitzenden *Loderer* (S. 116 f.).

Rechtfertigungsversuche

37. Gewerkschaftsfunktionäre, Professoren und Richter haben sich jedoch bemüht, das Ergebnis juristisch zu rechtfertigen. Diese Rechtfertigungsversuche teilweise kritischer Juristen sind kritisch zu würdigen (insbes. S. 62 ff.).

38. Die Rechtfertigung erfolgt meist mit dem Satz, es sei nicht einzusehen, daß die ArbN sich auf das „geringere Arbeitslosengeld" verweisen lassen müssen (*Schwerdtner*) (S. 97), die ArbN treffe ein Lohnentzug ungleich schwerer als den ArbGeb eine Lohnzahlung ohne Arbeit (*Schmid*) (S. 107).

Entwicklung der Lohnquoten

39. Die Entwicklung der Lohnquoten und der Reallohnposition einerseits sowie der Unternehmergewinne andererseits kann eine weitere Verlagerung des arbeitskampfbedingten Lohnrisikos auf die ArbGeb nicht rechtfertigen (S. 106 f.).

Taktik und Strategie

40. Bei dem Bemühen, die Zielvorstellungen des IG Metall-Vorsitzenden *Loderer* juristisch zu rechtfertigen, werden wichtige Gesichtspunkte verkannt oder verschwiegen, nicht beachtet und/oder verdeckt.

40.1 Verschwiegen wird, daß die ArbN 68 % des Nettogehalts als steuerfreies Kurzarbeitergeld erhalten, wodurch nach dem Lohnsteuerjahresausgleich (je nach Steuerbelastung) bis über 90 % des Nettogehalts erreicht werden können.

40.2 Wohl verkannt wird, daß der ArbGeb nicht an einen einzelnen, sondern meist an die gesamte Belegschaft den Lohn fortzahlen muß und dazu das übrige Unternehmerrisiko (fixe Kosten, Marktverluste etc.) tragen muß.

40.3 Letztlich wird verdeckt, daß weniger die Differenz zwischen Kurzarbeitergeld und Nettogehalt, d. h. „soziale Rücksichten" das

Ziel dieser rechtspolitischen Kampagne sind, als vielmehr die Verhinderung der Entlastung der Unternehmer vom arbeitskampfbedingten Risiko in mittelbar betroffenen Betrieben.

Schärfung des Schwerpunktstreiks

41. Auf diese Weise soll die Waffe des über den Tarifbereich hinaus wirkenden Modell- und Schwerpunktstreiks geschärft werden. Die „sozialen Rücksichten" (RGZ 106, 275) sind zum bloßen Vorwand verkommen (S. 111).

Sympathieaussperrung

42. Die ArbGeb könnten nach derartiger Einschränkung der BRL sich der Lohnzahlungspflicht im Falle arbeitskampfbedingten Arbeitsausfalls außerhalb der Leistungsverbote der NAO nur noch durch eine Sympathieabwehraussperrung entziehen, mit der für die ArbN nachteiligen Folge, daß sie weder Lohn- noch Kurzarbeitergeld erhalten würden (S. 98 ff.).

43. Freilich ist auch die Zulässigkeit von Sympathie-Abwehraussperrungen außerhalb des Geltungsbereichs des umkämpften Tarifvertrags umstritten (S. 99 f.).

Oder Einschränkung des Streikrechts

44. Die Einschränkung der BRL und das gleichzeitige Verbot der Sympathie-Abwehraussperrung oder der Aussperrung überhaupt müßten aber zur Wahrung der Kampfparität zugleich eine Beschränkung des Streikrechts mit sich bringen, z. B. dahingehend, daß ein Streik wegen Verletzung des Verhältnismäßigkeitsgrundsatzes rechtswidrig wäre, wenn die wirtschaftlichen Auswirkungen über die bestreikten Betriebe bzw. über den bestreikten Tarifbereich hinauswirken und dort zu Betriebsstillegungen und Arbeitsausfall führen. Die durch die Fernwirkungen betroffenen Betriebe könnten ihren Schaden dann als Schadenersatz von der streikführenden Gewerkschaft liquidieren (S. 102).

Aussperrung statt Betriebsrisikolehre

45. Die BRL („kalte Aussperrung") darf auch nicht im Hinblick auf die Möglichkeit der Aussperrung abgeschafft werden (S. 99 ff.).

Betriebsrisikolehre statt Aussperrung

46. Umgekehrt kann jedoch auch nicht die Aussperrung im Hinblick auf die Möglichkeit der BRL abgeschafft werden, denn die BRL läßt im Falle eines bloßen Konkurrenzverbundes einen einzelnen ArbGeb schutzlos (S. 101).

Mitbestimmung des Betriebsrats

47. In einem zweiten rechtspolitischen Vorstoß zum Zwecke der Veränderung der Kampfparität werden die BR mobilisiert (S. 19 f., 57 ff.).

48. Seit den Fernwirkungen der Arbeitskämpfe in der Metallindustrie Nordwürtt./Nordbaden im Frühjahr 1978 und in der Stahlindustrie von Nordrhein-Westfalen im Winter 1978/79 beanspruchen die BR ein Mitbestimmungsrecht bei der Feststellung der Voraussetzungen der BRL und der Geltendmachung der sich daraus ergebenden Rechte (Betriebsstillegung und Lohnzahlungseinstellung) (S. 17).

Begriffsvertauschung

49. Die Forderung wird mittels einer Begriffsvertauschung auf § 87 Abs. 1 Ziff. 3 BetrVG gestützt (S. 19 f., 62 f.):

49.1 § 87 Abs. 1 Ziff. 3 gewähre ein Mitbestimmungsrecht bei der „Einführung von Kurzarbeit".

49.2 Die Betriebsstillegung und Zahlungseinstellung auf Grund der BRL wird — weil auch in solchem Falle *Kurzarbeitergeld* gewährt werden kann — gleichfalls als „Einführung von Kurzarbeit" bezeichnet.

49.3 Daraus wird geschlossen, also habe der BR bei der Feststellung der Voraussetzungen und der Geltendmachung der Rechte der BRL ein Mitbestimmungsrecht.

Aber Odysseus, der alte Fuchs, hatte doch nur zwei Beine.

„ursachenindifferentes" Mitbestimmungsrecht (Simitis)

50. Den Wortlaut des Gesetzes, den Willen des Gesetzgebers und die Entstehungsgeschichte des § 87 Abs. 1 Ziff. 3 BetrVG mißachtend wird behauptet, das Mitbestimmungsrecht an dieser Vorschrift sei „ursachenindifferent" (*Simitis;* S. 62 f.).

„Quasi-Automatik“ und „Ausübungskontrolle“

51. Schließlich wird behauptet, die Fernwirkungen eines Arbeitskampfs brächten einen Betrieb nicht „quasi-automatisch“ *(Borrmann, Lieb)* zum Stillstand, zur Feststellung der Voraussetzungen und der Geltendmachung der Rechte der BRL seien „willentliche Entscheidungen“ erforderlich; aus § 87 Abs. 1 Ziff. 3 BetrVG sei die Wertung zu entnehmen, daß dem BR an diesen Willensentscheidungen eine Art „Ausübungskontrolle“ *(Lieb)* zustehe (S. 65, 68).

Unterscheide: Subsumtionsentscheidung und Willenserklärung

52. Diese Autoren und die ihnen folgenden Instanzgerichte unterscheiden nicht zwischen der Verkürzung der Arbeitszeit durch Rechtsgeschäft und kraft Gesetzes (S. 46 f., 70).

53. Falsch ist die Gleichsetzung der Subsumtionsentscheidung (mit „Beurteilungsspielraum“) hinsichtlich der Voraussetzungen der BRL mit einer rechtsgeschäftlichen Willenserklärung, die auf die Verkürzung der Beschäftigungs- und Lohnzahlungspflicht gerichtet ist (S. 47, 65, 69 f.).

Rechtsfrage, nicht Regelungsangelegenheit

54. Die Entscheidung darüber, ob die Voraussetzungen der BRL gegeben sind, ist eine Rechtsfrage, keine Regelungsangelegenheit (S. 47, 70, 121).

Ausschluß des Mitbestimmungsrechts durch § 87 Abs. 1 Eingangssatz

55. Falsch ist jedoch auch die Auffassung, das Mitbestimmungsrecht des BR bei „arbeitskampfbedingter Kurzarbeit“ sei durch das gesetzesvertretende Richterrecht der BRL kraft des Normenvorbehalts des § 87 Abs. 1 Eingangssatz ausgeschlossen. Aus dem Nachweis dieses Fehlers darf jedoch nicht geschlossen werden, also habe der BR in solchen Fällen ein Mitbestimmungsrecht (S. 67, 72 f.).

Arbeitsstreckung

56. Der BR hat jedoch ein Mitbestimmungsrecht gemäß § 87 Abs. 1 Ziff. 3 BetrVG, wenn der ArbGeb im Hinblick darauf, daß der

Betrieb infolge der Fernwirkungen in absehbarer Zeit zum Stillstand zu kommen droht, die noch vorhandene Arbeit (Rohstoffe, Zulieferteile etc.) „strecken" und zur Vermeidung vollständiger Stillegung Kurzarbeit einführen will (S. 71 f.).

Der BR hat jedoch kein Initiativrecht auf derartige Kurzarbeit (S. 40, 72).

Betriebsrisikolehre + Mitbestimmung = Kurzarbeit

57. Im praktischen Ergebnis bedeutet die contra legem vorgenommene Erweiterung des Mitbestimmungskatalogs des § 87 Abs. 1 BetrVG auf den Tatbestand des arbeitskampfbedingten Arbeitsausfalls die Abschaffung der BRL und ihre Ersetzung durch das Institut der Kurzarbeit, das im Arbeitsfrieden der Verteilung des Lohnrisikos dient (S. 119 ff., 126).

58. Das im Arbeitsfrieden funktionierende System kann jedoch wegen der unterschiedlichen Interessenlage im Arbeitskampf nicht funktionieren (S. 119 ff.).

Arbeitskampfbedingte Kurzarbeit statt BRL

59. Die Ersetzung der BRL durch die Einführung „arbeitskampfbedingter Kurzarbeit" würde die objektiven Regeln der BRL (mit welchem Inhalt auch immer) nicht entbehrlich machen (S. 119 ff., 123).

Verfassungswidrige Zwangsschlichtung

60. Das Mitbestimmungsrecht bei der Einführung „arbeitskampfbedingter Kurzarbeit" müßte jedoch entfallen, weil auch die Bindung des BR an objektive Regeln im Falle der Verweigerung der Zustimmung entweder zu der Ersetzung der Zustimmung durch das ArbG (entsprechend § 99 Abs. 4 BetrVG) oder zu verfassungswidriger Zwangsschlichtung durch eine tarifliche oder betriebliche Einigungsstelle führen müßte (S. 119 ff., 123).

Notwendigkeit einer objektiven Regelung

61. Die Entbindung des BR vom Mitbestimmungsrecht bei „arbeitskampfbedingter Kurzarbeit" führt dagegen ebenso wie die Er-

setzung der Zustimmung des BR durch das ArbG materiell und formell zum selben Ergebnis wie die Beibehaltung der BRL für den Fall arbeitskampfbedingten Arbeitsausfalls (S. 119 ff., 123).

Interessenlage im Arbeitskampf

62. Im Arbeitskampf beherrschen aufgewärmte Klassenkampfparolen das Feld. Die Arbeiterschaft, insbesondere die Mitglieder der streikführenden Gewerkschaft, auch die BR fühlen sich daher ihren kämpfenden Genossen in der Regel — auch über den Bereich des umkämpften Tarifvertrags hinaus — mehr verbunden als ihrem ArbGeb. Der mittelbar betroffene Betrieb befindet sich regelmäßig auch nicht in existenziellen Schwierigkeiten. Die mittelbar betroffenen ArbN und ihre BR sind deswegen in aller Regel am Erfolg des Arbeitskampfs mehr interessiert als an der Entlastung ihrer ArbGeb vom arbeitskampfbedingten Lohnrisiko. Innerhalb des Bereichs der Leistungsverbote der NAO wird diese Beurteilung der Interessenlage allgemein akzeptiert; sie besteht aber auch in mehr oder weniger abgeschwächter Form über diesen Bereich hinaus insoweit, als der Arbeitskampf „Modellcharakter“ hat oder von ihm eine „Signalwirkung“ ausgeht (S. 25 ff.).

Keine Einigungsmöglichkeit

63. Auf die Hoffnung, daß sich die Willkür des ArbGeb mit der Willkür des BR bzw. der ArbN vernünftig vereinigt, kann bei arbeitskampfbedingten Betriebsstörungen auf Grund der dargestellten Interessenlage nicht gebaut werden.

Auch die Tarifvertragsparteien können sich bei Tarifvertragsverhandlungen *vor* oder *nach* einem Arbeitskampf nicht über die Risikoverteilung der Fernwirkungen von Arbeitskämpfen einigen; es kann daher unmöglich darauf vertraut werden, daß sich die BR *während* eines Arbeitskampfs mit dem ArbGeb über einen derartigen Tatbestand einigen können (S. 119).

Verschiebung des Lohnrisikos

64. Die Mitbestimmung des BR im Falle arbeitskampfbedingten Arbeitsausfalls müßte daher das Lohnrisiko zu Ungunsten der ArbGeb verschieben, weil die BR infolge der anderen Interessenlage im Arbeitskampf (S. 25 ff.) der Verkürzung der Arbeitszeit in der Regel nicht zustimmen werden (S. 127, 133).

Beachtung der Kampfparität

65. Autoren und Instanzgerichte, die bewußt oder unbewußt die Begriffsvertauschung mitmachen und auch die sog. „arbeitskampfbedingte Kurzarbeit" der Mitbestimmung des BR unterwerfen, jedoch die andere Interessenlage im Arbeitskampf nicht verkennen, wollen teilweise das Mitbestimmungsrecht des BR in Beachtung des *Grundsatzes der Kampfparität* einschränken oder gar ganz ausscheiden (S. 83 f., 126 ff.).

Konkretisierung des Prinzips der Kampfparität

66. Soll das BR-Amt ruhen, wenn eine Verletzung des Prinzips der Kampfparität zu befürchten ist, so stellt sich wiederum die Frage nach der Konkretisierung dieses Prinzips (S. 83 f., 126 ff.).

Allgemeiner Ausschluß

67. Soll das BR-Amt stets ruhen, wenn ein Fall arbeitskampfbedingten Arbeitsausfalls vorliegt (S. 126), so bleibt es bei der Entscheidung des ArbGeb nach den Regeln der BRL mit der Möglichkeit gerichtlicher Kontrolle in Lohnzahlungsklagen wegen Annahmeverzugs.

Ungeklärt bleibt dann allein, warum ein Mitbestimmungsrecht in solchen Fällen tatbestandlich überhaupt bejaht wird, wenn es sogleich in allen Fällen nach dem Prinzip der Kampfparität wieder ausgeschlossen wird.

Ausschluß gemäß der Neutralitätsanordnung

68. Das *ArbG Rheine* hat den Ausschluß des Mitbestimmungsrechts mittels des Prinzips der Kampfparität differenziert, indem es dieses Prinzip auch für diese Sachentscheidung gemäß den Regeln der NAO konkretisierte. Das bedeutet, daß das Mitbestimmungsrecht des BR innerhalb der Leistungsverbote der NAO ausgeschlossen, außerhalb der Leistungsverbote der NAO aber bestehen bleiben soll. Materiell führt diese Methode — weil die BR in der Regel nicht gegen die kampfführende Gewerkschaft entscheiden und also der „Einführung von arbeitskampfbedingter Kurzarbeit" nicht zustimmen werden — zum selben absurden Ergeb-

nis wie die unmittelbare Angleichung der BRL an die NAO. Es gelten daher auch hiergegen die oben Nr. 30 - 46 angeführten Einwendungen (S. 128, 132 f.).

Grenzen des Richterrechts

69. Letztlich ist ein Mitbestimmungsrecht des BR bei „arbeitskampfbedingter Kurzarbeit" deswegen ausgeschlossen, weil die erschöpfende Regelung des § 87 Abs. 1 BetrVG diesen Tatbestand nicht dem Mitbestimmungsrecht des BR unterwirft.

Eine richterliche Erweiterung des Katalogs — auch im Wege der Analogie — würde gegen das Gesetz und die Verfassung verstoßen (S. 67 ff., 133 ff.).

Tarifliche Kurzarbeitsklauseln

70. Eine Analyse der Kurzarbeitsklauseln in den Manteltarifverträgen der Metallindustrie zeigt, daß diese den Tatbestand des arbeitskampfbedingten Arbeitsausfalls nicht erfassen. Die tariflichen Kurzarbeitsklauseln lassen die BRL unberührt, insbesondere schaffen sie nicht in Erweiterung des Katalogs des § 87 Abs. 1 BetrVG ein Mitbestimmungsrecht des BR bei der Entscheidung über die Voraussetzungen der BRL und die Geltendmachung ihrer Rechte (S. 73 ff.).

Tarifliche Einigungsstellen

71. Würden die tariflichen Kurzarbeitsklauseln auch die Fälle „arbeitskampfbedingter Kurzarbeit" erfassen und dem BR ein Mitbestimmungsrecht einräumen, müßten Meinungsverschiedenheiten vor den tariflichen Einigungsstellen entschieden werden, was als Zwangsschlichtung gegen Art. 9 Abs. 3 GG verstoßen würde (S. 81 f., 122).

de lege ferenda

72. Ein Mitbestimmungsrecht des BR in den Fällen arbeitskampfbedingten Arbeitsausfalls ist daher nicht nur de lege lata nicht gegeben, sondern auch de lege ferenda abzulehnen.

Thesen zur Fortentwicklung der Betriebsrisikolehre

Unternehmerrisiko und Lohnrisiko

73. (1) Es ist zu unterscheiden zwischen dem Unternehmerrisiko (fixe Kosten, Gefährdung von Absatzchancen und Geschäftsbeziehungen) und dem Lohnrisiko.

74. (2) Das *Unternehmerrisiko* hat der ArbGeb stets zu tragen.

75. (3) Das *Lohnrisiko* betrifft die Fälle, in denen die Arbeitsleistung des ArbN infolge weder vom ArbGeb noch vom ArbN zu vertretenden Gründen unmöglich oder sinnlos wird.

Arbeitsrechtliche Lösung

76. (4) Soweit die Unmöglichkeit der Arbeitsleistungen der ArbN eintritt, während sich der ArbGeb im Verzug der Annahme befindet, trägt der ArbGeb das Lohnrisiko gem. §§ 324 Abs. 2, 615 BGB. Soweit während eines Arbeitskampfes zweifelhaft ist, ob der ArbGeb sich im Verzug der Annahme befindet, wenn die Arbeitsleistungen der ArbN deswegen unmöglich werden, weil der ArbGeb infolge des Arbeitskampfs aus nicht zu vertretenden Gründen die zur Erfüllung (§ 362 BGB) der Arbeitsverhältnisse erforderlichen Mitwirkungshandlungen unterläßt, oder das erforderliche Leistungssubstrat (Rohstoffe, Fertigteile, Energie, Maschinen, Mitarbeiter etc.) nicht zur Verfügung stellen kann, verdrängen die nachfolgenden Sätze die Regelungen des BGB (S. 85 ff., 114 f.).

Arbeitskampf- und sonstiges Risiko

77. (5) Hinsichtlich des Lohnrisikos ist zu unterscheiden zwischen *arbeitskampfbedingtem* Arbeitsausfall und sonstigem, betrieblich oder wirtschaftlich bedingtem Arbeitsausfall.

78. (6) Unter *betrieblich bedingtem* Arbeitsausfall sind zu verstehen die Fälle des *nicht* arbeitskampfbedingten Betriebsrisikos, d. h. fehlende Rohstoffe, Fertigteile, Energie etc., oder Nichtfunktionieren des Betriebs infolge Brand, Erdbeben, Hochwasser, sonstiger Katastrophen oder Organisationsmängel und sonstiger Mißwirtschaft.

79. (7) Unter wirtschaftlich bedingtem Arbeitsausfall sind die Fälle des *nicht* arbeitskampfbedingten Wirtschaftsrisikos zu verstehen, d. h. die Fälle, in denen der Unternehmer die produzierten

Güter nicht mehr auf dem Markt absetzen und auch nicht mehr in wirtschaftlich vertretbarer Weise lagern kann; ferner die Fälle, in denen der Unternehmer seine ArbN (z. B. Fliesenleger, Leiharbeitnehmer, Monteure) infolge Auftragsmangels bei Kunden oder Drittfirmen nicht mehr einsetzen kann.

Unternehmerrisiko

80. (8) Das betrieblich oder wirtschaftlich bedingte Lohnrisiko hat der ArbGeb entsprechend dem sonstigen Unternehmerrisiko (These 2) zu tragen.

Der Unternehmer kann sich von diesem Lohnrisiko nur durch Kündigung einzelner Arbeitsverhältnisse oder Massenkündigungen oder Betriebsstillegung oder vorübergehender Verkürzung der betriebsüblichen Arbeitszeit unter Beachtung der jeweiligen Mitbestimmungsrechte des BR (§§ 102, 106, 111, 87 Abs. 1 Ziff. 3 BetrVG, 17 KSchG) entlasten.

Arbeitskampfrisiko

81. (9) Hinsichtlich des arbeitskampfbedingten Lohnrisikos ist nicht zu unterscheiden, ob der Arbeitsausfall durch einen Streik oder durch eine Aussperrung verursacht worden ist; es ist auch nicht danach zu unterscheiden, ob die betroffenen ArbN der streikführenden Gewerkschaft angehören oder nicht, oder ob es sich um Arbeiter oder Angestellte handelt (S. 49).

causa proxima-Lehre

82. (10) Die Abgrenzung des arbeitskampfbedingten vom sonstigen betrieblichen oder wirtschaftlichen Lohnrisiko erfolgt nach den Grundsätzen der causa proxima-Lehre (S. 138 ff.).

Vorratshaltung, Vorlaufproduktion

83. (11) Die unternehmerischen Entscheidungen über Zuliefer- und Absatzwege sowie den Umfang der Vorratshaltung und Vorlaufproduktion können von den Gerichten nur begrenzt nachgeprüft werden (S. 140).

Teilstreik

84. (12) Das arbeitskampfbedingte Lohnrisiko haben die ArbN jedenfalls dann zu tragen, wenn der Arbeitsausfall durch einen

rechtmäßigen Streik (Teilstreik) im eigenen Betrieb verursacht wurde (S. 92).

Bei der Feststellung der tatsächlichen Voraussetzungen dieser Rechtslage und der Geltendmachung der Rechte durch den ArbGeb hat der BR kein Mitwirkungsrecht (S. 57 ff.).

Fernwirkungen auf Drittbetriebe

85. (13) Die ArbN tragen grundsätzlich auch das arbeitskampfbedingte Lohnrisiko in Drittbetrieben (S. 85 ff.).

Bei der Feststellung der tatsächlichen Voraussetzungen dieser Rechtslage und der Geltendmachung der Rechte durch den ArbGeb hat der BR gleichfalls kein Mitwirkungsrecht (S. 57 ff.).

Wilder Streik

86. (14) Das durch einen wilden Streik im eigenen Betrieb bedingte Lohnrisiko hat grundsätzlich der Unternehmer zu tragen.

Die Arbeitsverhältnisse der am wilden Streik beteiligten ArbN können fristlos gekündigt werden; die beteiligten ArbN haften außerdem dem ArbGeb für den entstandenen Schaden als Gesamtschuldner (S. 142 f.).

Dispositives Recht

87. (15) Durch Einzel- oder Kollektivvereinbarung kann über die Verteilung des Lohnrisikos etwas anderes vereinbart werden (S. 49, 71, 72 f.).

Begründung der Thesen zur neuen Betriebsrisikolehre

88. Die alte BRL bildete nur zusammen mit der Sphärentheorie ein in etwa ausgewogenes und funktionsfähiges System.

Was rechtfertigt die Durchbrechung des § 323 BGB?

89. Mit dem Abschied vom Solidaritätsgedanken und der Sphärentheorie muß auch die *Grundfrage* neu gestellt werden, wer das arbeitskampfbedingte Lohnrisiko zu tragen hat. Es darf also nicht nur gefragt werden, ob es gerechtfertigt ist, das Lohnrisiko in-

folge von Streiks unbegrenzt den ArbN zuzurechnen, sondern es muß auch gefragt werden, ob es gerechtfertigt ist, das Lohnrisiko infolge von Streiks und Aussperrungen den ArbGeb aufzubürden, denn auch diese Rechtsfolge ist keine Selbstverständlichkeit, sondern bedarf eines zureichenden Grundes (S. 104, 113 f.).

Wandlung der Normsituation

90. Das macht es notwendig, die Gründe, die für eine gerechte Verteilung bzw. Verlagerung des Lohnrisikos ins Feld geführt werden, noch einmal in Betracht zu ziehen (S. 105 ff.):

90.1 Die sozialen Verhältnisse und die Unternehmergewinne, d. h. die Einkommens- und Vermögensverteilung einschließlich des sozialen Sicherungssystems;

90.2 die Organisationsgewalt des Unternehmers und die Mitbestimmung der ArbN;

90.3 die kollektive Kampfparität und die individualrechtliche Gefahrtragung.

Die Änderung der sozialen Verhältnisse

91. Die sozialen Verhältnisse, die das Reichsgericht im Jahr 1923 veranlaßten, auch das arbeitskampfbedingte Lohnrisiko im Falle nicht zu vertretender Betriebsstörungen entgegen § 323 BGB auf den ArbGeb zu verlagern, sind andere geworden (S. 85 ff., 105 ff.).

Kurzarbeitergeld statt Lohnfortzahlung

92. Jedenfalls können „soziale Rücksichten" die Verlagerung des arbeitskampfbedingten Lohnrisikos von den ArbN auf die ArbGeb in solchen Fällen nicht mehr rechtfertigen, in denen die sozialen Bedürfnisse der ArbN durch die Zahlung von Arbeitslosen- oder Kurzarbeitergeld befriedigt werden (S. 105 ff., 107).

Notfalls: Sozialhilfe

93. Die ArbN, die infolge eines Arbeitskampfes auf Grund der BRL und der Leistungsverbote der NAO weder Lohn noch Kurzarbeitergeld und, weil sie nicht Mitglied der Gewerkschaft sind, auch kein Streikgeld erhalten, können im Bedarfsfall Sozialhilfe beantragen.

Das Existenzminimum ist auch während eines Arbeitskampfs im sozialen Rechtsstaat der Bundesrepublik Deutschland für jeden ArbN stets gesichert (S. 106 f.).

Die Waffe des sozialen Arguments

94. Außerhalb der Leistungsverbote der NAO ist das soziale Argument hauptsächlich nur noch eine propagandistische Begründung zur Verweigerung der Entlastung der betroffenen ArbGeb zum Zwecke der Schärfung der Waffe des Modell- und Schwerpunktstreiks; denn die mittelbar betroffenen ArbGeb außerhalb des umkämpften Tarifvertrags werden in der Regel auf die kämpfenden ArbGeb aus ihrem Interesse heraus einwirken. Dieses Interesse ist dadurch bestimmt, daß die mittelbar betroffenen ArbGeb die Schäden der Fernwirkungen des Arbeitskampfs tragen müssen, nicht aber die im umkämpften Tarifbereich erhobenen Forderungen der Gewerkschaft bezahlen müssen.

Gegnerunterstützung unzumutbar

95. Innerhalb der Leistungsverbote der NAO wird nahezu allgemein anerkannt, daß dem ArbGeb Lohnzahlungen nicht mehr zugemutet werden können, wenn der BAnstArb die Gewährung von Kurzarbeitergeld aus Neutralitätsgründen verboten ist.

Mitherrschaft und Mithaftung

96. Auch die durch mannigfache Mitbestimmungsrechte gebrochene *Organisationsgewalt* des ArbGeb vermag, insbesondere hinsichtlich des unbeherrschbaren Arbeitskampfrisikos, eine Verlagerung des Lohnrisikos, womöglich zur Unterstützung des sozialen Gegenspielers (vor allem bei Teilstreiks), nicht mehr zu rechtfertigen (S. 88, 109 ff.).

Betriebsrisikolehre als Gefahrtragungsregel

97. Die alte BRL (mit Sphärentheorie) diente auch zur Wahrung der Kampfparität („Regelung zwischen zwei Gruppen der Gesellschaft, dem Unternehmertum und der Arbeiterschaft“, RGZ 106, 275). Diese Aufgabe ist von § 116 AFG und der NAO übernommen worden. Die BRL ist damit von diesen kollektivrechtlichen Aufgaben befreit worden; die Lösung des Problems der Verteilung

des Gegenleistungs-(Lohn-)risikos zwischen ArbGeb und ArbN kann daher wieder nach individualrechtlichen Grundsätzen erfolgen (S. 87, 111 ff.).

Ohne Arbeit kein Lohn

98. Der Grundsatz: Ohne Arbeit kein Lohn kann individualrechtlich wieder zum Ausgangspunkt der Überlegungen werden, weil die kollektivrechtlichen und sozialen Rücksichten sozialversicherungsrechtlich durch § 116 AFG und die NAO befriedigt werden (S. 114 f.).

Verbot der Kumulation von Schutzprinzipien

99. Der Verlagerung des arbeitskampfbedingten Lohnrisikos auf die ArbGeb steht auch das Verbot der Kumulation von Schutzprinzipien entgegen (S. 108 f., 132).

ArbGeb außerhalb des umkämpften Tarifvertrags

100. Schließlich wäre es auch widersinnig, die ArbGeb im Arbeitsfrieden vom Lohnrisiko eines Arbeitsausfalls zu entlasten, der zwar im Sinne von § 64 AFG unvermeidbar, aber im Verhältnis zwischen ArbGeb und ArbN doch vom ArbGeb zu vertreten war, das Lohnrisiko eines Arbeitskampfes außerhalb des fachlichen und räumlichen Tarifbereichs des betroffenen Betriebs jedoch dem ArbGeb aufzubürden (S. 107). Der Sinn könnte nur darin liegen, die Waffe des Modell- und Schwerpunktstreiks zu Lasten außerhalb des umkämpften Tarifvertrags stehender ArbGeb zu schärfen.

Schluß

101. Zum Schluß sei nochmals festgehalten:

101.1 Nur innerhalb des Bereichs der Leistungsverbote der NAO haben die ArbN das arbeitskampfbedingte Lohnrisiko zu tragen. Dieses Ergebnis wird auch nahezu allgemein akzeptiert. Dem ArbGeb ist im Arbeitskampf eine Unterstützung des Kampfgegners durch „Lohnfortzahlung" nicht zuzumuten. Die ArbN im Geltungsbereich des umkämpften Tarifvertrags haben wie jeder andere Bürger die Schadensfolgen zu tragen, die infolge des Arbeitskampfs bei ihnen eintreten (S. 115 f.). Dieses Risiko der ArbN ist der Preis für die Arbeitskampffreiheit. Das Risiko wird durch Streikgelder und notfalls Sozialhilfe in erträglichen Grenzen gehalten.

101.2 Außerhalb des Bereichs der Leistungsverbote der NAO wird das arbeitskampfbedingte Lohnrisiko durch die Gewährung von Arbeitslosen- oder Kurzarbeitergeld größtenteils durch die BAnst-Arb übernommen; der Preis der Tarifautonomie wird damit für die ArbN auf die wenigen Prozentpunkte Differenz zwischen dem Nettogehalt und dem steuerfreien Kurzarbeitergeld reduziert.

101.3 Wer diesen Preis zu hoch findet, muß sich fragen lassen, ob er nicht letztlich statt der Tarifautonomie ein Tarifdiktat haben will.

Schrifttumsverzeichnis

Aristoteles, Nikomachische Ethik
Aristoteles: Nikomachische Ethik, in: Aristoteles Werke Bd. 6, übersetzt von Franz Dirlmeier, Wiss. Buchgesellschaft Darmstadt 1956.

Bachof, JZ 1955, 97 ff.
Otto Bachof: Beurteilungsspielraum, Ermessen und unbestimmter Rechtsbegriff im Verwaltungsrecht, in: Juristenzeitung 1955, 97 ff.

Badura / Rittner / Rüthers, Gemeinschaftsgutachten
Peter Badura, Fritz Rittner und Bernd Rüthers: Mitbestimmungsgesetz 1976 und Grundgesetz, Gemeinschaftsgutachten, München 1977.

Ballerstedt, AuR 1966, 225 ff.
Kurt Ballerstedt: Arbeitskampf und Lohnrisiko, in: Arbeit und Recht 1966, 225 ff.

Beyme, Gewerkschaften
Klaus von Beyme: Gewerkschaften und Arbeitsbeziehungen in kapitalistischen Ländern, München 1977.

Biedenkopf, Grenzen der Tarifautonomie
Kurt H. Biedenkopf: Grenzen der Tarifautonomie, Karlsruhe 1964

Biedenkopf, Betriebsrisikolehre
Kurt H. Biedenkopf: Die Betriebsrisikolehre als Beispiel richterlicher Rechtsfortbildung (Schriftenreihe der Karlsruher Studiengesellschaft, Heft 98), Karlsruhe 1970.

Blumenwitz, Einführung in das anglo-amerikanische Recht
Dieter Blumenwitz: Einführung in das angloamerikanische Recht, München 1971.

Borrmann, DB 1978, 1978 ff.
Helga Borrmann: Auswirkungen des Arbeitskampfes auf außerhalb des umkämpften Tarifvertrages liegende Betriebe. Zum Mitbestimmungsrecht des Betriebsrates bei Arbeitsausfall und Arbeitsstreckung sowie zur finanziellen Absicherung der Beschäftigten, in: Der Betrieb 1978, 1978 ff.

Böhm, BB 1974, 281 ff.
Wolfgang Böhm: Massenentlassungen und Kurzarbeit, in: Der Betriebsberater 1974, 281 ff.

Bruck / Möller, VVG
Ernst Bruck und Hans Möller: Kommentar zum Versicherungsvertragsgesetz, 8. Aufl., 2. Band, 1. Lief., Berlin 1966.

Coing, JuS 1975, 277 ff.
Helmut Coing: Zur Ermittlung von Sätzen des Richterrechts, in: Juristische Schulung 1975, 277 ff.

Däubler, JuS 1972, 642 ff. — Wolfgang Däubler: Die unverhältnismäßige Aussperrung — BAG (GS) AP, Art. 9 GG — Arbeitskampf — Nr. 43, in: Juristische Schulung 1972, 642 ff.

Däubler, Streik und Aussperrung — Wolfgang Däubler: Das soziale Ideal des Bundesarbeitsgerichts, Vortrag, gehalten auf der wissenschaftlichen Veranstaltung der Industriegewerkschaft Metall vom 13. bis 15. September 1973 in München, in: Streik und Aussperrung, Protokoll der Veranstaltung, herausgegeben von Michael Kittner, Frankfurt 1974.

Dietz / Richardi — Rolf Dietz / Reinhard Richardi: Betriebsverfassungsgesetz, Kommentar, 5. Auflage, München 1973.

Eckert / Maibaum / Schmidt / Schrader / Weber, AFG — Eckert, Maibaum, Schmidt, Schrader und Weber: Arbeitsförderungsgesetz, Kommentar, Loseblattausgabe, Neuwied 1976.

Ehmann, DB 1973, 1946 ff. und 1994 ff. — Horst Ehmann: Das Lohnrisiko der an einem rechtmäßigen Arbeitskampf nicht beteiligten Arbeitnehmer, in: Der Betrieb 1973, 1946 ff. und 1994 ff.

Ehmann, DB 1978, 2023 ff. — Horst Ehmann: Die Rechtslage der Arbeitnehmer im Arbeitskampf — Arbeitnehmerrisiko und Sozialversicherung —, in: Der Betrieb 1978, 2023 ff.

Ehmann, Betriebsstillegung und Mitbestimmung — Horst Ehmann: Betriebsstillegung und Mitbestimmung — Informationszeitpunkt, Verfahrensdauer, Sanktionen —, Düsseldorf und Frankfurt 1978.

Ehmann, Gesamtschuld — Horst Ehmann: Die Gesamtschuld, Berlin 1972.

Eisenmann, BB 1979, 218 ff. — Hans Eisenmann: Aussperrung und Betriebsrisiko, in: Der Betriebsberater 1979, 218 ff.

Erman-(Bearbeiter) — Walter Erman: Handkommentar zum Bürgerlichen Gesetzbuch, 1. Band, 6. Aufl., Münster 1975.

Esser, Vorverständnis — Josef Esser: Vorverständnis und Methodenwahl in der Rechtsfindung: Rationalitätsgarantien der richterlichen Entscheidungspraxis, Frankfurt 1970.

Fabricius, Leistungsstörungen im Arbeitsverhältnis — Fritz Fabricius: Leistungsstörungen im Arbeitsverhältnis: Eine Grundlagenstudie, Tübingen 1970.

Farthmann, AR-Blattei — Friedhelm Farthmann: Kurzarbeit, in: Arbeitsrechts-Blattei, Arbeitszeit V.

Farthmann, RdA 1974, 65 ff. — Friedhelm Fahrthmann: Die Mitbestimmung des Betriebsrats bei der Regelung der Arbeitszeit, in: Recht der Arbeit 1974, 65 ff.

Fikentscher, Rechtswiss. und Demokratie — Wolfgang Fikentscher: Rechtswissenschaft und Demokratie bei Justice Oliver Wendell Holmes: Eine rechtsvergleichende Kritik der politischen Jurisprudenz (Schriftenreihe der Karlsruher Studiengesellschaft, Heft 96), Karlsruhe 1970.

Fitting / Auffarth / Kaiser — Karl Fitting, Fritz Auffarth und Heinrich Kaiser: Betriebsverfassungsgesetz, Handkommentar, 12. Aufl., München 1977.

Flume, Rechtsgeschäft — Werner Flume: Allgemeiner Teil des Bürgerlichen Rechts, zweiter Band: Das Rechtsgeschäft, 2. Aufl., Berlin, Heidelberg und New York 1975.

Galperin / Löwisch — Hans Galperin und Manfred Löwisch: Kommentar zum Betriebsverfassungsgesetz, Band II, 5. Aufl., Heidelberg 1976.

Gamillscheg, AcP 164, 385 ff. — Franz Gamillscheg: Die Grundrechte im Arbeitsrecht, in: Archiv für civilistische Praxis 164, 385 ff.

Gamillscheg, AcP 176, 197 ff. — Franz Gamillscheg: Zivilrechtliche Denkformen und die Entwicklung des Individualarbeitsrechts, Zum Verhältnis von Arbeitsrecht und BGB, in: Archiv für civilistische Praxis 176, 197 ff.

Hanau / Adomeit, ArbR — Peter Hanau und Klaus Adomeit: Arbeitsrecht, 5. Auflage, Frankfurt 1978.

Hanau, BB 1972, 499 ff. — Peter Hanau: Praktische Fragen der Mitbestimmung in sozialen Angelegenheiten, in: Der Betriebsberater 1972, 499 ff.

Hanau, Chronik 1978 — Peter Hanau: Aussperrung und Kampfparität, in: Wirtschaftspolitische Chronik, 1978 (Heft 3), S. 173 ff.

Hayek, Der Weg zur Knechtschaft — Friedrich A. Hayek: Der Weg zur Knechtschaft, Neu-Herausgabe, München 1971.

Hayek, Die Verfassung der Freiheit — Friedrich A. Hayek: Die Verfassung der Freiheit, Tübingen 1971.

Heck, Schuldrecht — Philipp Heck: Grundriß des Schuldrechts, Tübingen 1929.

Hilger, Festschrift für Larenz — Marie Luise Hilger: Überlegungen zum Richterrecht, in: Festschrift für Larenz, München 1973, S. 109 ff.

Hoffknecht, Arbeitskampfrecht — Adalbert-Christian Hoffknecht: Die leitenden Angestellten im Koalitions- und Arbeitskampfrecht, Berlin 1975.

U. Huber, Festschrift für E. R. Huber, S. 267 — Ulrich Huber: Zum Sophisma des „Grenzenlosigkeitsschluß", in: Festschrift für Ernst Rudolf Huber.

Hueck, KSchG — Alfred Hueck und Götz Hueck: Kündigungsschutzgesetz, Kommentar, 9. Aufl., München 1974.

Hueck / Nipperdey I, 6. Aufl. — Alfred Hueck und Hans Carl Nipperdey: Lehrbuch des Arbeitsrechts, 1. Band, 6. Aufl., Berlin und Frankfurt 1955.

Hueck / Nipperdey I — Alfred Hueck und Hans Carl Nipperdey: Lehrbuch des Arbeitsrechts, 1. Band, 7. Aufl., Berlin und Frankfurt 1963.

Hueck / Nipperdey / Säcker II, 2 — Alfred Hueck, Hans Carl Nipperdey und Franz Jürgen Säcker: Lehrbuch des Arbeitsrechts, 2. Band, 2. Halbband, 7. Aufl., Berlin und Frankfurt 1970.

Ipsen, Richterrecht — Jörn Ipsen: Richterrecht und Verfassung, Berlin 1975.

Ihering, Geist des röm. Rechts II/2 — Rudolph v. Ihering: Geist des römischen Rechts auf den verschiedenen Stufen seiner Entwicklung II. Theil, 2. Abtheilung, 5. unveränderte Aufl., Leipzig 1898.

Jülicher, DB 1973, 720 ff. — Friedrich Jülicher: Die Neutralität der Bundesanstalt für Arbeit bei Arbeitskämpfen, in: Der Betrieb 1973, 720 ff.

Kaiser, Parität — Joseph H. Kaiser: Die Parität der Sozialpartner, Karlsruhe 1973.

Kalb, Betriebsrisikolehre — Hein-Jürgen Kalb: Rechtsgrundlage und Reichweite der Betriebsrisikolehre, Berlin 1977.

Kant, Metaphysik der Sitten, Rechtslehre — Immanuel Kant: Metaphysik der Sitten, Rechtslehre, in: Kant Werke, Band 7, Ausgabe der Wissenschaftlichen Buchgesellschaft, herausgegeben von Wilhelm Weischedel, Darmstadt 1971.

Kittner, GMH 1973, 91 ff. — Michael Kittner: Parität im Arbeitskampf? Überlegungen zur Forderung nach dem Verbot der Aussperrung, in: Gewerkschaftliche Monatshefte 1973, 91 ff.

Konzen, AcP 177, 473 ff. — Horst Konzen: Der Arbeitskampf im Verfassungs- und Privatrechtssystem, in: Archiv für civilistische Praxis 177, 473 ff.

Kraft, GK — Fritz Fabricius, Alfons Kraft, Wolfgang Thiele u. Günther Wiese: Betriebsverfassungsgesetz, Gemeinschaftskommentar, Neuwied und Berlin 1974.

Krause, DB 1974, Beilage Nr. 14 — Peter Krause: Der Arbeitskampf in der Sozialversicherung, in: Der Betrieb 1974, Beilage Nr. 14.

Krebs, AFG	Heinrich Krebs: Arbeitsförderungsgesetz, Kommentar, 3. Aufl., Sankt Augustin 1978.
Kreuzer, Neutralität der Bundesanstalt	Klaus Kreuzer: Die Neutralität der Bundesanstalt für Arbeit, Baden-Baden 1975.
Krey, JZ 1978, 361 ff.; 428 ff.; 465 ff.	Volker Krey: Zur Problematik richterlicher Rechtsfortbildung contra legem, in: Juristenzeitung 1978, 361 ff. (I), 428 ff. (II), 465 ff. (III).
Kurtz-Eckhardt, Causa proxima und wesentliche Bedingung	Karin Kurtz-Eckhardt: Causa proxima und wesentliche Bedingung, ein Beitrag zur Kausalitätslehre im Zivilrecht, Diss. Heidelberg 1977.
Larenz, Methodenlehre, 2. Aufl.	Karl Larenz: Methodenlehre der Rechtswissenschaft, 2. Aufl., Berlin, Heidelberg u. New York 1969.
Larenz, Methodenlehre, 4. Aufl.	Karl Larenz: Methodenlehre der Rechtswissenschaft, 4. Aufl., Berlin, Heidelberg u. New York 1979.
Larenz, SchuR I	Karl Larenz: Lehrbuch des Schuldrechts, 1. Band, 11. Aufl., München 1976.
Laufs, Festschrift für Wahl	Adolf Laufs: Über die Form im Rechtsgang, in: Festschrift für Wahl, S. 3 ff.
Lauterbach, Unfallversicherung	Herbert Lauterbach: Gesetzliche Unfallversicherung, 3. Aufl., Stuttgart 1975.
Lieb, Fernwirkungen	Manfred Lieb: Fernwirkungen von Arbeitskämpfen, in: Ausgewählte Vorträge der Akademie für Erwachsenenbildung Köln im Haus der Begegnung, Köln 1978.
Loderer, Streik und Aussperrung	Eugen Loderer: Begrüßungsansprache und Schlußwort auf der wissenschaftlichen Veranstaltung der Industriegewerkschaft Metall vom 13. bis 15. September 1973 in München, in: Streik und Aussperrung, Protokoll der Veranstaltung, herausgegeben von Michael Kittner, Frankfurt 1974.
Löwisch, AR-Blattei	Manfred Löwisch: Aussperrung, in: Arbeitsrechts-Blattei, Arbeitskampf III.
Löwisch, DB 1963, 899 ff.	Manfred Löwisch: Zur Frage des Anspruchs auf Arbeitsentgelt bei Betriebsstörungen infolge von Arbeitskämpfen, in: Der Betrieb 1963, 899 ff.
Löwisch, RdA 1967, 45 ff.	Manfred Löwisch: Lohnansprüche bei Arbeitsausfall infolge von Arbeitskämpfen, in: Recht der Arbeit 1967, 45 ff.
Löwisch, RdA 1973, 22 ff.	Manfred Löwisch: Arbeitslosengeld und Arbeitskampf, in: Recht der Arbeit 1973, 22 ff.

Löwisch, AcP 174, 202 ff.	Manfred Löwisch: Arbeitskampf und Vertragserfüllung, in: Archiv für civilistische Praxis 174, 202 ff.
Mansfeld, Komm zum AOG	Mansfeld: Die Ordnung der nationalen Arbeit, Handausgabe mit Erläuterungen, Berlin 1941.
Mansfeld / Pohl / Steinmann / Krause, AOG	Mansfeld, Pohl, Steinmann und Krause: Die Ordnung der nationalen Arbeit, Kommentar, Berlin, Leipzig, Mannheim und München 1934.
Mayer - Maly / Nipperdey, Risikoverteilung	Theodor Mayer-Maly und Hans Carl Nipperdey: Risikoverteilung in mittelbar von rechtmäßigen Arbeitskämpfen betroffenen Betrieben, in: Schriftenreihe Recht und Staat, Heft 304/305, Tübingen 1965.
Mayer-Maly, DB 1979, 95 ff.	Theo Mayer-Maly: Aussperrung und Parität, in: Der Betrieb 1979, 95 - 100.
Mao-Bibel	Worte des Vorsitzenden Mao Tse-Tung, Verlag für Fremdsprachige Literatur, Peking 1967.
Mugdan II	Die gesammelten Materialien zum Bürgerlichen Gesetzbuch für das Deutsche Reich, herausgegeben und bearbeitet von B. Mugdan, 2. Band, Berlin 1899.
Muhr, RdA 1973, 9 ff.	Gerd Muhr: Arbeitskampf, Verwirklichung des Sozialstaatsauftrags und Neutralität der Bundesanstalt für Arbeit; zu § 116 AFG, in: Recht der Arbeit 1973, 9 ff.
Nassauer, Sphärentheorien	Friedemann Nassauer: „Sphärentheorien“ zu Regelungen der Gefahrtragungshaftung in vertraglichen Schuldverhältnissen, in: Beiträge zum Arbeitsrecht, hrsg. v. *Ernst Wolf*, Marburg 1978.
Nikisch I	Arthur Nikisch: Arbeitsrecht, 1. Band: Allgemeine Lehren und Arbeitsvertragsrecht, 3. Aufl., Tübingen 1961.
Oppermann, ArbR 1925, 255 ff.	Oppermann: Der Untergang des Bürgerlichen Gesetzbuches, in: Arbeitsrecht (Zeitschrift) 1925, 255 ff.
Radke, RdA 1973, 21 ff.	Olaf Radke: Arbeitskampf und Neutralitätspflicht der Bundesanstalt für Arbeit, in: Recht der Arbeit 1973, 21 ff.
Raiser, Aussperrung	Thomas Raiser: Die Aussperrung nach dem Grundgesetz, Berlin 1975.
Raiser, BB 1979 377	Thomas Raiser: Aussperrung und Grundgesetz, in: Betriebsberater 1979, 377.
Ramm, Festschrift für Abendroth	Thilo Ramm: Arbeitgeber und Arbeitskampf, in: Gesellschaft, Recht und Politik, Festschrift für Wolfgang Abendroth zum 60. Geburtstag, Neuwied und Berlin 1968, S. 275 ff.

Redeker, NJW 1972, 409 ff.	Konrad Redeker: Legitimation und Grenzen richterlicher Rechtsetzung, in: Neue Juristische Wochenschrift 1972, 409 ff.
Rehfeldt / Rehbinder, Einführung in die Rechtswissenschaft	Bernhard Rehfeldt und Manfred Rehbinder: Einführung in die Rechtswissenschaft, Berlin und New York 1973.
Reuss, Juristen-Jahrbuch 1963/64 S. 163 ff.	Wilhelm Reuss: Die Grenzen legaler Arbeitskämpfe, in: Juristen-Jahrbuch 1963/64, S. 163 ff.
Reuter, JuS 1973, 284 ff.	Dieter Reuter: Nochmals: Die unverhältnismäßige Aussperrung — BAG (GS) AP, Art. 9 GG — Arbeitskampf — Nr. 43, in: Juristische Schulung 1973. 284 ff.
Richardi, RdA 1970, 65 ff.	Reinhard Richardi: Aussperrung und Arbeitsverhältnis, in: Recht der Arbeit 1970, 65 ff.
Richardi, NJW 1978, 2057 ff.	Reinhard Richardi: Die Verhältnismäßigkeit von Streik und Aussperrung, in: Neue Juristische Wochenschrift 1978, 2057 ff.
Rüthers, JurA, 1970, 85 ff.	Bernd Rüthers: Zur Kampfparität im Arbeitskampfrecht, in: Juristische Analysen (AR u. SR) 1970, 85 ff.
Rüthers, ZfA 1972, 403 ff.	Bernd Rüthers: Solidaritätsprinzip und Vertragstreue im Arbeitskampf, in: Zeitschrift für Arbeitsrecht 1972, 403 ff.
Säcker, Gruppenautonomie	Franz-Jürgen Säcker: Gruppenautonomie und Übermachtkontrolle im Arbeitsrecht, Berlin 1972
Säcker, Gruppenparität	Franz-Jürgen Säcker: Gruppenparität und Staatsneutralität als verfassungsrechtliche Grundprinzipien des Arbeitskampfrechts, Heidelberg 1974
Säcker, ZfA Sonderheft 1972	Franz-Jürgen Säcker: Die Regelung sozialer Angelegenheiten im Spannungsfeld zwischentariflicher und betriebsvereinbarungsrechtlicher Normsetzungsbefugnis, in: Zeitschrift für Arbeitsrecht Sonderheft 1972.
Seiter, Streikrecht	Hugo Seiter: Streikrecht und Aussperrungsrecht — Ein Arbeitskampfsystem auf der Grundlage subjektiv-privater Kampfrechte —, Tübingen 1975.
Seiter, NJW 1976, 1369 ff.	Hugo Seiter: Kodifizierung des Arbeitskampfrechts?, in: Neue Juristische Wochenschrift 1976, 1369 ff.
Seiter, JZ 1978, 413 ff.	Hugo Seiter: Die Aussperrung nach dem Grundgesetz, in: Juristenzeitung 1978, 413 ff.

Siebert, Festschrift für Lehmann — Wolfgang Siebert: Schadenersatz und Lohnfortzahlung, in: Festschrift für Lehmann zum 80 Geburtstag, II. Band, Tübingen, Berlin und Frankfurt 1956, S. 670 ff.

Simitis / Weiss, DB 1973, 1240 ff. — Spiros Simitis u. Manfred Weiss: Zur Mitbestimmung des Betriebsrats bei Kurzarbeit, in: Der Betrieb 1973, 1240ff.

Sinzheimer, Betriebsrisiko — Hugo Sinzheimer: Zur Frage des Betriebsrisikos nach der arbeitsgerichtlichen Rechtsprechung, in: Schriften der Vela (Vereinigung der Leitenden Angestellten), Heft, 5, 1929.

Sitzungsbericht M — Deutscher Juristentag: Sind im Interesse einer gerechteren Verteilung der Arbeitsplätze Begründung und Beendigung der Arbeitsverhältnisse neu zu regeln? Sitzungsbericht M zum 52. Deutschen Juristentag Wiesbaden 1978.

Söllner, Einseitige Leistungsbestimmung — Alfred Söllner: Einseitige Leistungsbestimmung im Arbeitsverhältnis, Mainz 1966.

Söllner, AcP 167, 132 ff. — Alfred Söllner: Ohne Arbeit kein Lohn in: Archiv für civilistische Praxis 167, 132 ff.

Schaub, ArbR — Günter Schaub: Arbeitsrechtshandbuch, 3. Auflage, München 1977.

Schaub, Betriebsrat — Günter Schaub: Der Betriebsrat, 2. Aufl., München 1978.

Schönefelder / Kranz / Wanka — Erwin Schönefelder, Günter Kranz und Richard Wanka: Kommentar zum Arbeitsförderungsgesetz — AFG — vom 25. Juni 1969 mit Änderungen, Stuttgart, Berlin, Köln u. Mainz 1972.

Scholz, Gewerkschaften — Rupert Scholz: Status der Gewerkschaften im System der deutschen Arbeitsverfassung, in: Deutsche öffentlich-rechtliche Landesberichte zum X. Internationalen Kongreß für Rechtsvergleichung in Budapest, 23. - 28. Aug. 1978, hrsg. von Kurt Madlener, Tübingen 1979.

Schmid, JuS 1977, 92 ff. — Hans Dieter Schmid: Das Lohnrisiko bei Streik im Drittbetrieb — BAG, NJW 1976, 990 und NJW 1973, 1295, in: Juristische Schulung 1977, 92 ff.

Schwerdtfeger, Arbeitslosenversicherung — Gunther Schwerdtfeger: Arbeitslosenversicherung und Arbeitskampf, Neue Aspekte zum unbestimmten Gesetzesbegriff, Berlin 1974.

Schwerdtner, ArbR I — Peter Schwerdtner: Arbeitsrecht I, Individualarbeitsrecht, München 1976.

Schwerdtner, Persönlichkeitsrecht — Peter Schwerdtner: Das Persönlichkeitsrecht in der deutschen Zivilrechtsordnung, Berlin 1977.

Stebut, RdA 1974, 332 ff. — Dietrich von Stebut: Die Zulässigkeit der Einführung von Kurzarbeit, in: Recht der Arbeit 1974, 332 ff.

Stege / Weinspach, BetrVG — Dieter Stege und F. K. Weinspach: Betriebsverfassungsgesetz, Handbuch für die betriebliche Praxis, 3. Aufl., Köln 1978.

Stützel, Wirtschafts- und gesellschaftspolitische Perspektiven — Wolfgang Stützel: Strategien für einen hohen Beschäftigungsstand — Gemeinsame Aufgaben von Staat und Sozialpartnern, Referat auf der Mitgliederversammlung 1978 der Bundesvereinigung der Deutschen Arbeitgeberverbände, in: Wirtschafts- und gesellschaftspolitische Perspektiven, Vorträge und Referate der Mitgliederversammlung, Bonn-Bad Godesberg 1978.

Thiele, GK — Fritz Fabricius, Alfons Kraft, Wolfgang Thiele, Günther Wiese: Betriebsverfassungsgesetz, Gemeinschaftskommentar, Neuwied und Berlin 1974.

Vollmer, DB 1979, 308 ff. u. 355 ff. — Lothar Vollmer: Aufgaben- und Zuständigkeitsverteilung zwischen mitbestimmungsrechtlicher und tarifvertraglicher Interessenvertretung, in: Der Betrieb 1979, 308 ff. (I) und 355 ff. (II).

Weiss, RdA 1974, 269 ff. — Manfred Weiss: Die Haftung des Betriebsrats, in: Recht der Arbeit 1974, 269 ff.

Weiss, AuR 1974, 37 ff. — Manfred Weiss: Arbeitskampfbedingte Störungen in Drittbetrieben und Lohnanspruch der Arbeitnehmer, in: Arbeit und Recht 1974, 37 ff.

Weitnauer, ZfA 1978, 597 ff. — Hermann Weitnauer: Zwei Gutachten zur Mitbestimmung, in: Zeitschrift für Arbeitsrecht 1978, 597 ff.

Wiedemann, RdA 1969, 321 ff. — Herbert Wiedemann: Die deutschen Gewerkschaften — Mitgliedsverband oder Berufsorgan? Gedanken zur Stellung der Gewerkschaften gegenüber der nichtorganisierten Arbeitnehmerschaft, in: Recht der Arbeit 1969, 321 ff.

Wiedemann / Stumpf, TVG — Herbert Wiedemann und Hermann Stumpf: Tarifvertragsgesetz, Kommentar, 5. Aufl., München 1977.

Wiese, GK — Fritz Fabricius, Alfons Kraft, Wolfgang Thiele u. Günther Wiese: Betriebsverfassungsgesetz, Gemeinschaftskommentar, Neuwied und Berlin 1974.

Wiese, Initiativrecht — Günther Wiese: Das Initiativrecht nach dem Betriebsverfassungsgesetz, Neuwied und Darmstadt 1977.

Wohlgemuth, BB 1979, 111 ff. — Hans Hermann Wohlgemuth: Aussperrung und Grundgesetz, in: Der Betriebsberater 1979, 111 ff.

Zöllner, Arbeitsrecht — Wolfgang Zöllner: Arbeitsrecht, München 1977.

Zöllner, Parität — Wolfgang Zöllner: Aussperrung und arbeitskampfrechtliche Parität, Düsseldorf 1974.

Zöllner, AcP 176, 221 ff. — Wolfgang Zöllner: Privatautonomie und Arbeitsverhältnis, Bemerkungen zu Parität und Richtigkeitsgewähr beim Arbeitsvertrag, in: Archiv für civilistische Praxis 176, 221 ff.

Entscheidungsverzeichnis

Die vorangestellte fette Ziffer bezeichnet den Paragraphen, die nachgestellte(n) Ziffer(n) die Fußnote(n), in der (oder bei der im Text) die Entscheidung zitiert ist.

Die Angabe der Parallelfundstellen ist nicht vollständig.

1. Reichsgericht

18. 12. 1907	Rep. I 120/07	RGZ 67, 251 ff.	**6** 9, 16
6. 2. 1923	III 93/22	RGZ 106, 272 ff.	**3** 10, 26, **4** 5, 7, 8, 9, 11, 12, 13, 82, 87, 108, 116, 117
5. 12. 1936	I 67/36	RGZ 153, 113 ff.	**6** 16
28. 11. 1941	I 61/41	RGZ 169, 1 ff.	**6** 9, 10, 17

2. Reichsarbeitsgericht

22. 12. 1928	RAG 239 - 247/28	RAG 3, 69 ff. = ARS 5, 32	**3** 11

3. Bundesarbeitsgericht

7. 9. 1956	1 AZR 646/54	BAGE 3, 207 = AP Nr. 2 zu § 56 BetrVG 1952 *(Dersch)* = BB 57, 853 = DB 56, 895 = NJW 57, 726 = SAE 58, 8 *(Pawelke)*	**2** 6
8. 2. 1957	1 AZR 338/55	BAGE 3, 346 = AP Nr. 2 zu § 615 BGB Betriebsrisiko *(Hueck)* = BB 57, 183, 366 = DB 57, 165, 310, 718 *(Müller)*, 845 *(Kauffmann)* = NJW 57, 687	**2** 68, **3** 16, 17, 18, **4** 17, 70, 86, 106
25. 7. 1957	1 AZR 194/56	AP Nr. 3 zu § 615 BGB Betriebsrisiko *(Hueck)* = BB 57, 965 = DB 57, 922 = SAE 57, 181 *(Kauffmann)*	**3** 15, **4** 18, 20, 51, **6** 21
24. 1. 1958	1 AZR 132/57	AP Nr. 4 zu § 615 BGB Betriebsrisiko *(Hueck)* = BB 58, 340 = DB 58, 572 *(Natzel)*	**3** 17, **4** 19, 51
4. 7. 1958	1 AZR 559/57	AP Nr. 5 zu § 615 BGB Betriebsrisiko *(Hueck)* = RdA 58, 476	**3** 19

24. 9. 1959	2 AZR 28/57	BAGE 8, 112 = AP Nr. 11 zu § 611 BGB Akkordlohn *(Nikisch)* = BB 59, 1247 = DB 59, 1403 = SAE 60, 53	3 141
8. 10. 1959	2 AZR 503/56	BAGE 8, 143 ff. = AP Nr. 14 zu § 56 BetrVG 1952 *(Hueck)* = BB 59, 1137, 1172; 60, 453 *(Galperin)* = DB 59, 1257 = SAE 61, 140 *(Wiedemann)*	2 45, 49, 3 141, 4 78, 79, 80, 128
8. 3. 1961	4 AZR 223/59	BAGE 11, 34 = AP Nr. 13 zu § 615 BGB Betriebsrisiko *(Hueck)* = BB 61, 641 = DB 61, 747 = NJW 61, 1693	3 14, 82 a
18. 8. 1961	4 AZR 132/60	AP Nr. 20 zu § 615 BGB *(Zöllner)* = BB 61, 1128 = DB 61, 1360	4 2
15. 12. 1961	1 AZR 310/60	BAGE 12, 135 = AP Nr. 2 zu § 56 BetrVG 1952 Arbeitszeit *(Küchenhoff)* = BB 62, 295 = DB 62, 338 = SAE 63, 15 *(Neumann-Duesberg)*	2 46, 49, 3 77, 79, 81, 82
15. 12. 1961	1 AZR 492/59	BAGE 12, 117 = AP Nr. 1 zu § 56 BetrVG 1952 Arbeitszeit *(Küchenhoff)* = RdA 62, 127 = BB 62, 371; 63, 562 *(Boers)* = DB 62, 442 = NJW 62, 932 = SAE 63, 15 *(Neumann-Duesberg)*	2 46, 49, 3 77, 79
15. 12. 1961	1 AZR 207/59	AP Nr. 1 zu § 615 BGB Kurzarbeit *(Neumann-Duesberg)* = BB 62, 220 = DB 62, 306	3 82 a
19. 1. 1962	1 ABR 14/60	BAGE 12, 184 = AP Nr. 13 zu § 2 TVG *(Neumann-Duesberg)* = BB 62, 218 = DB 62, 242 = SAE 62, 57 *(Nikisch)*	4 131
7. 12. 1962	1 AZR 134/61	AP Nr. 14 zu § 615 BGB Betriebsrisiko = BB 62, 1434 = DB 63, 591 = SAE 63, 200 *(Ziepke)*	3 19, 4 86, 106
30. 5. 1963	5 AZR 282/62	AP Nr. 15 zu § 615 BGB Betriebsrisiko *(Nikisch)* = BB 63, 731 = DB 63, 836 = SAE 63, 224 *(Larenz)*	2 68, 3 18, 19, 153, 4 86, 106
3. 3. 1964	1 AZR 209/63	BAGE 15, 281 = AP Nr. 18 zu § 615 BGB Betriebsrisiko = BB 64, 473 = DB 64, 592 = NJW 64, 1199	4 1
6. 11. 1968	4 AZR 186/68	AP Nr. 16 zu § 615 BGB Betriebsrisiko *(Hueck)* = BB 69, 444 = DB 69, 399 = SAE 69, 115 *(Hanau)*	3 19

17. 12. 1968	5 AZR 149/68	BAGE 21, 263 = AP Nr. 19 zu § 615 BGB Betriebsrisiko *(Hueck)* = BB 69, 314 = DB 69, 446 = NJW 69, 766 = SAE 69, 272 *(Diederichsen)*	**4** 1
10. 7. 1969	5 AZR 323/68	BAGE 22, 111 = AP Nr. 2 zu § 615 BGB Kurzarbeit *(Söllner)* = BB 69, 997 = DB 69, 1512 = NJW 69, 1734 = SAE 70, 1 *(Beitzke)*	**3** 14, 82 a
21. 4. 1971	GS 1/68	BAGE 23, 292 = AP Nr. 43 zu Art. 9 GG Arbeitskampf = BB 71, 701 = DB 10, 61 = NJW 71, 1668 = SAE 72, 1 *(Richardi)*	**4** 66
26. 10. 1971	1 AZR 245/68	BAGE 23, 512 = AP Nr. 45 zu Art. 9 GG Arbeitskampf *(Zeuner)* = BB 72, 267 = DB 72, 440 = NJW 72, 600 = SAE 73, 15 *(Kraft)*	**3** 12
26. 10. 1971	1 AZR 113/68	BAGE 23, 484 = AP Nr. 44 zu Art. 9 GG Arbeitskampf *(Richardi)* = DB 72, 143 = NJW 72, 599 = SAE 73, 33 *(Buchner)*	**5** 26
28. 9. 1972	2 AZR 506/71	BAGE 24, 446 = AP Nr. 28 zu § 615 BGB Betriebsrisiko *(Beuthien)* = BB 73, 196 = DB 73, 187 = NJW 73, 342 = SAE 73, 193 *(Herschel)*	**2** 68, **3** 18, 108, **4** 1, 86
1. 2. 1973	5 AZR 382/72	BAGE 25, 28 = AP Nr. 29 zu § 615 BGB Betriebsrisiko *(Mayer-Maly)* = BB 73, 564 = DB 73, 827 = NJW 73, 1295, 1629 *(Becker)* = SAE 75, 11 *(Buchner)*	**3** 19, **4** 30, 33, 35, 36, 37, 38, **6** 3
13. 3. 1973	1 ABR 16/72	BAGE 25, 93 = AP Nr. 1 zu § 87 BetrVG 1972 Werkmietwohnungen *(Richardi)* = BB 73, 845 = DB 73, 1458 = NJW 73, 1900 = SAE 73, 229 *(Bötticher)*	**2** 30
5. 3. 1974	1 ABR 28/73	AP Nr. 1 zu § 87 BetrVG 1972 Kurzarbeit *(Wiese)* = BB 74, 931 = DB 74, 1389 = NJW 74, 1724 = SAE 74, 201 *(Bötticher)*	**2** 15, 29, 30, 50, **3** 75
14. 11. 1974	1 ABR 65/73	AP Nr. 1 zu § 87 BetrVG 1972 *(Richardi)* = BB 75, 420 *(Gumpert)* =DB 75, 647 = SAE 76, 14 *(Reuter)*	**2** 28, **3** 138
7. 11. 1975	5 AZR 61/75	AP Nr. 30 zu § 615 BGB Betriebsrisiko *(Seiter)* = BB 76,	**3** 29, **5** 80, **6** 4

		511 = DB 76, 776 = NJW 76, 990 = SAE 76, 249 *(Löwisch)*	
13. 7. 1977	1 AZR 336/75	AP Nr. 2 zu § 87 BetrVG 1972 Kurzarbeit *(Löwisch)* = BB 77, 1702 = DB 77, 2235	**2** 15, 50, 52
14. 2. 1978	1 AZR 54/76	DB 78, 1231	**5** 26

4. Landesarbeitsgerichte

LAG Elberfeld			
4. 4. 1928	6 LS 28/28	ARS 3, 127 ff. (LAG Nr. 38)	**3** 11, **4** 14, 15
LAG Kiel			
10. 12. 1959	1 Sa 62-75/59	AP Nr. 8 zu § 615 BGB Betriebsrisiko = BB 60, 484 = DB 60, 267	**3** 38, 58, 103, 138, **6** 11
LAG Frankfurt			
3. 4. 1978	5 Ta BV Ga 27/78	auszugsweise veröffentlicht in: DB 78, 2496	**1** 3, 8, **3** 137, **4** 40, **5** 24, 28, 29, 31
LAG Niedersachsen			
20. 4. 1978	8 Ta BV 1/78	BArbBl 1979, 32	**3** 129
LAG Hamm			
3. 11.1978	3 Ta BV 96/78	DB 79, 216	**1** 3, 8, **3** 28, 95, 110, 137, 147, 148, 150, 151, 157, **4** 40, 42, 74, 97, 115, 124, 137, **5** 12, 14, 20, 37, 78

5. Arbeitsgerichte

ArbG Kassel			
17. 4. 1972	3 Ga 643/71	DB 72, 1121 ff.	**3** 28, 38, **6** 11, 14
ArbG Siegburg			
5. 4. 1978	1 BV Ga 2/78	— nicht veröffentlicht —	**1** 8, **3** 59, 101, 145, **4** 115, 139, **5** 9, 23, 79
ArbG Rheine			
6. 4. 1978	1 BV Ga 5/78	— nicht veröffentlicht —	**4** 40, 42, **5** 17, 24 a, 31, 34, 36
ArbG Berlin			
17. 7. 1978	8 BV 4/78	— nicht veröffentlicht —	**3** 97
ArbG Köln			
30. 8. 1978	3 BV Ga 31/78	DB 1979, 458	**3** 147, **4** 40, 63, **5** 24, 27, 31

ArbG Dortmund			
27. 12. 1978	3 BV Ga 15/78	— nicht veröffentlicht —	**3** 59, 145, **4** 115, 139, **5** 23, 79
ArbG Düsseldorf			
29. 12. 1978	1 BV Ga 31/78	— nicht veröffentlicht —	**1** 8, **3** 2, 59, 106, 147, **4** 115, 139, **5** 9, 23, 79
ArbG Düsseldorf			
29. 12. 1978	2 BV Ga 32/78	— nicht veröffentlicht —	**1** 8, **4** 63, **5** 9, 24, 27
ArbG Duisburg			
29. 12. 1978	2 BV Ga 11/78	— nicht veröffentlicht —	**3** 59, 158, **4** 115, 139, **5** 9, 23, 25, 79
ArbG Iserlohn			
4. 1. 1979	2 BV Ga 2/78	— nicht veröffentlicht —	**3** 59, 137, **4** 115, 139, **5** 23, 79
ArbG Siegen			
4. 1. 1979	1 BV Ga 2/78	— nicht veröffentlicht —	**1** 8, **3** 59, 87, 146, **4** 115, 139, **5** 10, 23, 79
ArbG Oberhausen			
8. 1. 1979	1 BV Ga 1/79	— nicht veröffentlicht —	**3** 169, **4** 40, **5** 24, 27, 31

6. *Bundesverfassungsgericht*

6. 5. 1964	1 BvR 79/62	BVerfGE 18, 18 = AP Nr. 15 zu § 2 TVG = BB 64, 594, 1311 *(Kunze)* = DB 64, 700 = NJW 64, 1267 = SAE 64, 137 *(Nikisch)*	**4** 131
14. 2. 1973	1 BvR 112/65	BVerfGE 34, 269 = NJW 73, 1221	**5** 72
27. 2. 1973	2 BvL 27/69	BVerfGE 34, 307 = AP Nr. 7 zu § 19 HAG = BB 73, 987 = NJW 73, 1320 = SAE 73, 174 *(Pestalozza)*	**3** 46
24. 5. 1977	2 BvL 11/74	BVerfGE 44, 322 = NJW 77, 2255	**3** 46
23. 1. 1978	1 BvR 104/74	— nicht veröffentlicht —	**3** 46
11. 10. 1978	1 BvR 84/74	NJW 79, 305 ff.	**3** 120, 130, **5** 61, 72

7. *Bundesgerichtshof*

18. 12. 1973	VI ZR 113/71	BGHZ 62, 54 = NJW 74, 312 = LM 49 zu § 823 (Ah) BGB(L) = MDR 74, 300 = JZ 74, 548 = BB 74, 202	5 62

8. *Bundessozialgericht*

15. 12. 1971	3 RK 87/68	BSGE 33, 254 = AP Nr. 46 zu Art. 9 GG Arbeitskampf (*Neumann-Duesberg*) = BB 72, 1096 = NJW 72, 1101	3 31
9. 9. 1975	7 RAr 5/73	BSGE 40, 190 = AP Nr. 1 zu § 116 AFG = SAE 76, 237 (*Löwisch*) = NJW 76, 689	3 54, 4 48, 71, 5 50

Stichwortverzeichnis

FSC
www.fsc.org
MIX
Papier | Fördert gute Waldnutzung
FSC® C083411

Kolibri 360 GmbH
Ferdinand-Jühlke-Straße 7
99095 Erfurt, Deutschland
produktsicherheit@kolibri360.de

Druck:
CPI Druckdienstleistungen GmbH
im Auftrag der
Kolibri 360 GmbH
Ferdinand-Jühlke-Str. 7
99095 Erfurt